城镇化公路运营
安全评价及保障措施研究

赵利莘　著

郑州大学出版社

图书在版编目(CIP)数据

城镇化公路运营安全评价及保障措施研究／赵利苹著.—郑州：郑州大学出版社，2022.7
 ISBN 978-7-5645-8923-3

Ⅰ.①城… Ⅱ.①赵… Ⅲ.①公路运输-交通运输安全-安全管理 Ⅳ.①U492.8

中国版本图书馆 CIP 数据核字(2022)第 132857 号

城镇化公路运营安全评价及保障措施研究
CHENGZHENHUA GONGLU YUNYING ANQUAN PINGJIA JI BAOZHANG CUOSHI YANJIU

策划编辑	祁小冬	封面设计	苏永生
责任编辑	李 蕊	版式设计	苏永生
责任校对	杨飞飞	责任监制	李瑞卿
出版发行	郑州大学出版社	地 址	郑州市大学路40号(450052)
出 版 人	孙保营	网 址	http://www.zzup.cn
经 销	全国新华书店	发行电话	0371-66966070
印 刷	郑州市今日文教印制有限公司		
开 本	787 mm×1 092 mm 1 / 16		
印 张	15.75	字 数	375 千字
版 次	2022 年 7 月第 1 版	印 次	2022 年 7 月第 1 次印刷
书 号	ISBN 978-7-5645-8923-3	定 价	79.00 元

本书如有印装质量问题,请与本社联系调换。

前　言

目前,我国已进入城镇化阶段,公路的发展可以加强城镇之间的往来和信息交流,而且对区域城镇发展和区域城镇经济结构升级及城镇形态产生重大影响。但由于交通和城镇规划职能部门目标不同,造成公路交通规划与城镇规划分离,城镇和对外交通难以融合,存在的问题也较多。怎样解决公路沿线城镇化后运营的交通问题,保障公路营运安全,已成为目前的热点问题。本书在上述背景下,以浙江省城镇化公路为依托,基于大量交通数据的调查与分析,建立了城镇化公路的交通安全保障体系和管理体系。本书的内容主要包括:

(1)分析了城镇化公路交通事故的统计特征、典型路段特征,获得了城镇化公路交通事故发生机理,为城镇化公路安全保障技术的研究奠定了工作基础。

(2)研究了数据采集方法以及城镇化公路运行速度特性;在分析平、纵、横断面参数与运行速度模型关系的基础上,提出了模型的建立方法,建立了城镇化公路运行速度预测模型,为进行城镇化公路线形安全评价及安全保障措施的实施奠定了基础。

(3)提出了基于运行速度的城镇化公路线形评价标准与方法。结合城镇化公路线形设计特点,提出了城镇化公路线形安全设计及改善方法,从设计阶段和运营阶段两个角度,提出了城镇化公路安全改善对策,有利于提高城镇化公路安全设计水平。

(4)在分析运行速度与限制速度关系的基础上,提出了城镇化公路的限速方法和城镇化公路的限速标准;根据城镇化公路实际情况,推荐了合理的限速方法;根据城镇化公路的横向干扰建立运行速度与横向干扰的关系模型,确定了限速的标准。

(5)分析了城镇化公路平面交叉口主要的安全影响因素,提出了基于交通冲突技术的城镇化公路平面交叉口的安全评价方法及交通安全改善方法,并对平面交叉口进行了交通系统仿真,进一步验证改进措施的有效性,为平面交叉口的安全保障提供了有效的方法。

(6)确立了浙江省城镇化公路路侧安全关键影响因素,包括道路线形、路侧净区宽度、路侧环境、边坡、路侧固定物、路侧开口、排水设施等;建立了城镇化公路路侧安全评估体系;提出了适合于城镇化公路路侧安全的保障措施及对应不同路侧安全等级的效益成本分析法。

(7)分析了不良气候对城镇化公路交通安全的影响,重点研究了雨、雾两种不良气象对交通安全的影响;提出了不良气候条件下,适合城镇化公路的交通安全保障措施。

本书可供公路工程、交通安全、城镇发展等领域的科技工作人员和工程技术人员参考使用。

编 者

2022 年 2 月

目录

第1章 概 述 1
    1.1 研究背景及意义 1
    1.2 国内外研究现状 2
    1.3 主要研究内容和技术路线 20

第2章 城镇化公路交通事故特征分析 22
    2.1 城镇化公路交通事故统计分析 22
    2.2 城镇化公路交通事故典型地点分析 26
    2.3 城镇化公路交通事故隐患路段分析 32
    2.4 城镇化公路交通事故发生机理 41

第3章 城镇化公路运行速度预测模型 42
    3.1 运行速度预测模型建立方法 42
    3.2 数据的采集与分析 44
    3.3 平曲线段运行速度预测模型 50
    3.4 直坡段运行速度预测模型 62
    3.5 平纵组合段速度预测模型 72
    3.6 横断面要素对速度影响分析 75

第4章 城镇化公路安全评价与设计方法研究 85
    4.1 城镇化公路安全评价标准 85
    4.2 城镇化公路平面线形安全评价 87
    4.3 城镇化公路纵断面线形安全评价 93
    4.4 城镇化公路安全设计方法 94

第 5 章 城镇化公路合理限速方法研究 ······ 101
5.1 运行速度与限速标准的关系研究 ······ 101
5.2 城镇化公路限速方法的研究 ······ 107
5.3 城镇化公路限速标准的研究 ······ 109
5.4 城镇化公路限速措施的研究 ······ 117

第 6 章 城镇化公路平面交叉口安全保障技术研究 ······ 127
6.1 城镇化公路平面交叉口交通安全分析 ······ 127
6.2 基于交通冲突技术的城镇化公路平面交叉口安全评价 ······ 131
6.3 城镇化公路平面交叉口安全改善对策及安全措施适应性评价 ······ 162
6.4 城镇化公路平面交叉口交通安全措施的计算机仿真研究 ······ 176

第 7 章 城镇化公路路侧安全保障技术研究 ······ 180
7.1 城镇化公路路侧安全概述 ······ 180
7.2 城镇化公路路侧安全影响因素 ······ 182
7.3 城镇化公路路侧安全评估体系研究 ······ 192
7.4 城镇化公路路侧安全保障研究 ······ 199

第 8 章 不良气候条件下城镇化公路安全保障措施研究 ······ 208
8.1 不良气候对交通影响分析 ······ 208
8.2 不良气候条件下城镇化公路交通安全保障措施 ······ 225

参考文献 ······ 240

第1章

概 述

1.1 研究背景及意义

城镇化是农村人口和各种生产要素不断向城镇聚集而形成的经济结构、生产方式、生活方式以及社会观念等向城镇性质演变的过程。城镇化公路则是由于公路本身的集散功能,在城镇化过程中,人口和各种生产要素向公路两侧聚集而形成的,兼具城市道路和公路特点的特殊公路形态。由于对城镇化公路的交通功能缺乏明确的界定,对两侧土地开发和开口要求不严,造成过境道路两侧房屋密集、占道经营现象严重,行人、机动车与非机动车三者之间相互交叉干扰,不仅妨碍交通快速、流畅,而且易于导致交通事故。

近年来,公路交通安全问题成为交通管理部门和相关研究机构关注的热点问题。近年全国公路交通部门投入大量资金对交通事故隐患点进行了治理,取得了良好的效果,但交通安全形势仍然不容乐观。2020年中国统计年鉴显示,全国道路交通事故发生数量为24.5万起,造成直接财产损失为13.14亿元;因交通事故死亡人数为61703人,受伤人数为250723人,虽然交通事故造成的损失较上年有所降低,但是交通安全仍不容忽视。从事故原因与事故形态分析,机动车的未按规定让行、违法会车、超车、掉头等行为,非机动车的逆向行驶、违法占道行驶、未按规定让行等行为,行人违反交通信号、随意横穿马路等行为,是二、三级公路和一般城市道路交通事故频发的主要原因,而上述行为在城镇化公路中表现得尤为突出。

相关研究机构和学者对道路交通事故发生原因进行了深入研究和分析,普遍认为虽然各种统计资料表明90%以上的事故是由于驾驶员的错误或操作矢误造成的,而与道路因素有关的交通事故仅占1%以下。然而进一步研究表明,在诸如超速、未按规定让行、不正当超车、不正当转向、夜间不良视距等造成的交通事故中,除少数是由驾驶员粗心大意引起的以外,大部分事故是由困难的行驶条件引起的。在城镇化公路中,由于路侧违章建筑、随意开口、占道经营、非机动车和行人随意穿行、交通标志设置不当等造成的恶劣行车条件是导致交通事故的重要原因之一。

为改善道路交通环境,提高道路安全水平,交通部西部交通建设科技项目管理中心组织了一系列公路交通安全的研究工作,包括"西部地区公路交通安全评价""公路交通安全应用技术"等重大课题的研究,各省交通厅也组织了与公路交通安全保障技术有关的一系列课题研究。但总体来看,这些研究课题主要倾向于高等级公路及一般公路的安全问题,对于城镇化公路的交通安全问题则缺乏研究。

基于此,本书从分析公路沿线城镇化后交通事故发生机理出发,对城镇化公路安全评价指标与方法、合理限速方法、交叉口安全保障、路侧安全保障、不良气候下安全保障等关键技术进行研究,从而达到指导城镇化公路安全保障工程实施,提高城镇化公路安全水平的目的。

1.2 国内外研究现状

1.2.1 国外研究现状

(1)交通事故与交通流特征

国外对于事故发生机理分析的研究开始较早,并且在各方面取得很多成果,广泛应用于工程技术领域,见表1.1、表1.2。

表1.1 城镇化公路事故发生机理国外研究现状

时间	研究单位和学者	研究内容和结论
1947年	美国航空科学院	报道了一篇题为"安全工程"的论文,其中写道:"正如飞机性能、稳定性和结构完整性一样,必须进行安全设计,并使之成为飞机不可分割的一部分。安全组也应像应力组、空气动力系组和荷载组一样,必须成为制造厂的重要组织机构之一。"这是最早提出系统安全概念的一篇论文
1962年	H. A. Watson 和 A. B. Mearns	美国贝尔电话公司的 H. A. Watson 和 A. B. Mearns 提出事故机理分析中故障树分析技术
1969年	Goeller 和 William Haddon	Goeller 把交通事故分为事故前、事故中、事故后三阶段的事故模型。之后,William Haddon 将道路交通系统描述为一个设计得不好的"人造机器"系统,需要对它全面系统地进行治疗。将人、车、路在交通事故中的相关关系用矩阵形式表示,称为著名的哈顿矩阵
1974年	美国麻省理工学院的以拉斯姆逊教授为首的14名专家	用了2年多的时间,耗资300万美元,对核电站的危险性进行研究和评价。该报告题为"商用核电站风险评价报告(WASH-1400)",报告中收集了核电站各部位历年发生的事故,计算其事故发生概率,并采用事件树和故障树的分析方法对核电站的安全性进行了系统的分析和评价,从而成功地开发应用了系统安全分析和系统安全评价技术。该报告的科学性和对事故预测的准确性也在"三里岛核事件"中得到证实,并促进了系统安全分析技术的发展。之后,故障树的研究在世界各国的不同行业和领域中得到广泛的应用。故障树分析不仅能分析出事故的直接原因,而且能够挖掘出事故的潜在原因,因此在工程或设备的设计阶段、在事故查询或编制新的操作方法时,都可以使用故障树分析对它们的安全性做出评价
1991年	Hitchcock 和 Nancy G. Leveson 等	美国加州大学伯克利分校的 Hitchcock 教授和华盛顿大学的 Nancy G. Leveson 教授等分别于1991年、1995年和1997年发表了关于使用故障树技术分析智能公路系统(automated highway systems,简称 AHS)的安全性和其中传感器的使用可靠性的研究报告

表1.2 城镇化公路交通流特征国外研究现状

时间	研究学者	研究内容和结论
1967年	G.W.Ynn	开创了交通流与安全关系研究的先河,他在评价美国新泽西州一分向四车道公路安全性时,就道路事故率与小时交通量的关系进行了研究,认为当交通量较小时事故率较高,而当交通量在某一值时有最低的事故率,即事故率与交通量的关系呈U形
1982—1999年	Aljanahi et al.；Garber et al.；Baruya et al.；Ceder、Sullivan；Persaud、Dzbik	Aljanahi及Garb等还发现事故率与平均车速和速度差有关。Baruya et al.发现事故水平与速度的变异系数有关。此外,Ceder、Sullivan和Persaud、Dzbik对自由流状态和拥挤状态下事故特征进行了对比研究,结论几乎一致,即在拥挤状态下事故率更高
2001年	Garber和Subramanyan	研究认为,事故率的峰值与小时交通量的峰值并不一致,在最佳密度前事故率达到最高。同时,Garber和Ehrhart研究得出的结论是:"在不同交通量水平下,事故率与速度标准差直接相关"
2004年	Thomas F.Golobetal	用美国加州Orange郡1998年6条主要公路的事故数据和由感应线圈采集到的事故发生时的交通流状态信息,用主成分分析和聚类分析方法确定了与不同事故类型对应的8种交通流状态,可以用于指导公路运营中的事故预防工作

(2) 安全评价

国外对道路交通安全评价模型的研究较多,而对评价指标体系的研究较少,典型的有瑞典的Ghazwan博士建立的道路安全评价指标体系。该指标体系分为两个层次,第一个层次考虑了关系到道路交通安全的人、车、路、环境和规章制度等对道路交通安全状况有重要影响的各个因素,建立了交通危险性、个人危险性、健康指数、教育指数、车辆安全指数、道路状况指数、用户行为指数、生活水平、城市化水平等9个指标,第二层次在第一层次9个指标的基础上进一步细化,构建了14个指标,从而形成了评价指标体系。该指标系统最大的特点是从宏观的与道路交通安全相关的角度而不是单从事故率角度去评价道路的安全水平。

国外对交通安全评价研究较早,并且有较为成熟的研究成果。具体研究内容和成果见表1.3。

表1.3 国外公路交通安全评价

时间	国家	研究内容和结论
1985年	英国	提出道路安全评价(或审计)
20世纪90年代	澳大利亚、新西兰、美国、加拿大	普遍推行了道路安全评价制度。国外研究结果表明,此项措施能够有效预防交通事故的发生及降低交通事故的损失程度,并减少运营管理费用

续表 1.3

时间	国家	研究内容和结论
1991 年	英国	对所有新建高速公路和汽车专用公路进行公路安全评价。英国发布的道路安全评价指南中,定义道路安全评价为"在新建道路项目、现有的道路改善与养护项目的实施阶段,评价其产生事故的隐患和安全性能的正式的程序"。其主要目的是尽可能地保证新建公路运营后的道路安全
1994 年	澳大利亚	建立安全评价指南,通过可行性研究、初步设计、施工图设计、试通车及运营等五个阶段进行道路安全评价,审查一条道路或有关道路的事故隐患及安全性。该指南对项目选择,评价人员知识结构、独立性、公正性,实施细则等方面也做出了严格细致的规定
1999 年	美国	成立了专门的工作小组指导制定道路安全手册(HSM)。道路安全手册包括五部分,其中之一便是安全评价

(3)运行速度预测

1)运行速度与平面线形的关系

国外学者研究了平曲线半径、平曲线长度、曲率变化率等平面线形要素与运行速度的关系,取得了大量研究成果。主要成果如表 1.4 所示。

表 1.4　国外公路运行速度与平面线形的关系研究

时间	研究学者	研究内容和结论
1953 年	Taragin	第 90 位运行速度(v_{90})与曲线半径(R)呈反比例关系
20 世纪 80 年代	澳大利亚学者	研究了平曲线半径与运行速度的关系,结合外业实测数据,用幂函数形式建立了运行车速测算模型
20 世纪 90 年代	Glennon et al.、Lamm 和 Ottesen	研究了 v_{85} 与 $1/R$ 的关系模型
1993 年	Krammes et al.	发现平曲线长度(L_H)和曲线转角(I)也影响车辆运行速度,在对纽约、俄勒冈、宾夕法尼亚、得克萨斯和华盛顿五州的 138 处曲线进行研究,研究表明,v_{85} 与 $1/R$、L_H 和 I 呈正比例关系
1994 年	Morrall 和 Talarico	研究平曲线曲率与运行速度的关系
1996 年	Voigt	在 Krammes et al.研究的基础上加入了超高(e)因素的影响,建立了 v_{85} 与 $1/R$、L_H、I 和 e 的关系模型
1999 年	Lamm et al.	提出用单个曲线的曲率变化率来表示运行速度的变化

2)运行速度与纵断面线形的关系

国外学者对纵断面线形对运行速度的影响,主要是纵坡度、纵坡长度等要素,相关研究成果如表 1.5 所示。

表 1.5　国外公路运行速度与纵断面线形的关系研究

时间	研究学者	研究内容和结论
1986 年	Gillespie	研究了不同重量功率比的卡车在不同坡度上运行速度减小情况,并对运行速度进行预测
1997 年	Fambro	研究了凸形竖曲线上运行速度和设计速度之间的关系,发现凸形竖曲线上运行速度远远超过设计速度。得出:"凸形竖曲线上(无路肩)的运行速度是推测道路上运行速度的一个很好的预测变量。"
2000 年	AASHTO	指出视距良好的凹形竖曲线,运行速度不受影响,视距不良的凹形竖曲线对运行速度有一定的影响
2002 年	Fitzpatrick	提出由于竖曲线曲率的存在导致视距受限,以此来建立运行车速的理论模型

3) 运行速度与横断面要素的关系

国外学者对公路运行速度与横断面要素的关系研究如表 1.6 所示。

表 1.6　国外公路运行速度与横断面要素的关系研究

时间	研究学者	研究内容和结论
1970 年	Lamm 和 Choueiri	考虑了横断面因素的影响,建立了运行速度预测模型,初始模型中包括曲度、车道宽度、路肩宽度和平均日交通量等变量
20 世纪 90 年代	德国	引入平面曲度的概念,即路线平曲线任一时刻累计偏角的绝对值除以路线长度,绘制了平面曲度、横断面的路面宽度与行驶速度的关系图,直接查图即可得到运行速度

4) 运行速度与交通参数的关系

国外学者对公路运行速度与交通参数的关系研究如表 1.7 所示。

表 1.7　国外公路运行速度与交通参数的关系研究

时间	研究学者	研究内容和结论
1933 年	Greenshields	建立速度-流量关系的抛物线模型,它是由线性的速度-密度关系推导出的,它在 $v_{f/2}$ 处有最大流量 Q_{max}
1940 年	W. P. Walker 等	假设流量在到达最大流量之前,流量和速度呈直线关系,在最大流量与坐标原点之间则为曲线段
1945 年	H. B. James、F. L. Hall 和 H. C. Chin、M. Rouphail	对速度-流量关系研究时得出:在相当大的流量范围内,速度的变化比较小,这种趋向会持续到交通量的 1/2~2/3 处;当流率达到交通量时,临界速度大于 1/2 的自由流速度;最大流量可以达到 2200 辆/(小时·车道)以上

5)运行速度预测模型的建立方法

总的来说,国外运行速度预测模型研究普遍认为,平面线形和纵断面线形对速度的影响是线性叠加的,模型建立的最基本的方法有两种。

一种方法是首先建立基于平面指标的运行速度预测模型,然后利用纵断面参数和其他要素进行模型的修正。例如澳大利亚运行速度计算方法就是根据大量的路段实测数据,建立公路上不同路段半径的小客车运行车速表、直线段小客车速度图,以及曲线段小客车运行车速图等速度预测的计算图表。式(1.1)为澳大利亚建立的平曲线半径与运行速度关系模型。

$$v_{85} = 14.106 R^{0.3257} \tag{1.1}$$

式中 v_{85}——运行速度,km/h;
R——平曲线半径,m。

模型调整纵坡对小客车速度影响的方法是:对于纵坡坡度大于6%的路段,坡长大于500 m,车速减低5 km/h;车辆下坡时,车速不变;当接近下坡坡底时,车速增加5 km/h。该方法仅适用于小客车,并且不考虑半径超过600 m的平曲线情况。坡度对大货车影响,给出了修正系数公式,具体形式如下:

$$f_g = 1 + ag \tag{1.2}$$

式中 f_g——坡度修正系数;
a——纵坡绝对值;
g——系数,大货车取-5.39。

另外一种方法是针对不同坡度的纵坡,分别建立回归模型。如图1.1为运行速度模型,在对大量CCRs(曲率变化率)在1~600 gon*/km 坡度在-10%到+10%之间的曲线进行研究,对不同坡度分别建立回归模型。

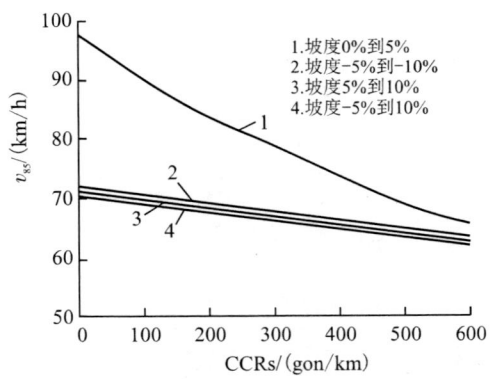

图1.1 纵坡对运行车速的影响图

注:gon 为角度单位,1 gon = $\dfrac{\pi}{200}$ rad。

曲线 1：$v_{85} = \dfrac{10^6}{10150.10 + 8.529\text{CCRs}}, R^2 = 0.81$；

曲线 2：$v_{85} = 72.36 - 0.015\text{CCRs}, R^2 = 0.71$；

曲线 3：$v_{85} = 71.58 - 0.015\text{CCRs}, R^2 = 0.83$；

曲线 4：$v_{85} = 70.91 - 0.015\text{CCRs}, R^2 = 0.81$。

(4) 合理限速及限速措施

国外对车速与事故的关系研究很重视，很早就有研究表明速度与事故数和伤亡程度不是简单的线性关系。研究证明：事故数与速度的关系不明显，主要和速度的离散性有关。速度变化越大，越容易发生事故，如表 1.8 所示。

表 1.8　国外车速与事故关系研究

时间	研究学者	研究结论
1964 年	Solomon	随着速度偏差值的增大，车辆发生事故的概率在增加
1968 年	Cirillo	对行车速度与事故发生概率的关系展开了研究，结论与 Solomon 的研究结论一致
1991 年	Fildes、Rumbold 和 Leening	证实了 Solomon 的研究结论，结论并没显示车辆低速行驶与交通事故发生率之间存在显著关系
1994 年	Bowie 和 Walt	研究发现：事故造成的人员伤亡情况取决于车辆运行速度的变化值（Δv）

美国公路限速值的发展史见表 1.9。

表 1.9　美国对限速值的研究

时间	研究单位	结论
1901 年	康涅狄格州	首次实施限速措施，在部分城市设置 8 mph（13 km/h）的最高限速值
1974 年	美国国会	全国最高限速（Nationdal Maximum Speed Limit，NMSL）为 55 mph（88 km/h）
1987 年	美国国会	允许各州将乡村州际公路行车条件较好路段的限速由 55 mph（90 km/h）提高到 65 mph（105 km/h）
1995 年	美国国会	废除 NMSL 后，各州分别根据各地实际情况制定了新的限速值
2004 年	美国国会	主要针对 7 种道路类型和 2 个特殊地区（学校和施工区）的特点分别确定法定限速

注：mph 指英里/小时，俗称迈，1 迈 = 1.609344 km/h。

国外各个国家的限速方法也不尽相同，具体见表 1.10。

表 1.10　国外限速方法

国家	限速方法
美国	没有采用"一刀切"的限速方法,而是采用系统工程思想,确定适用于各等级公路的限速标准和方法
德国	大部分公路不限速
法国	采用可变限速,一般晴天和雨天采用不同的限速值
新西兰	将道路分为若干交通安全等级,将其作为制定限速值的依据,限速值的范围为 20~100 km/h

(5) 平面交叉口安全

平面交叉口(简称平交口,交叉口)作为城镇化公路的重要组成部分,是事故的多发区域之一,历来是国内外交通安全研究的热点问题,自 20 世纪以来,美国、英国、法国等西方发达国家均在该方面中投入了较大的人力和物力,并取得了许多研究成果。

国外尤其是发达国家关于城镇化公路交叉口的设计重点,已从单纯考虑交通流组织管理、交叉口几何设计、交通控制方式等方面,逐渐转变为优先考虑人性化设计需求,致力于使驾驶员驶入交叉口后,能够采取合理措施避让潜在的交通事故隐患。

国外在研究公路平面交叉口交通安全方面取得的主要研究成果如表 1.11 所示。

表 1.11　国外研究成果

国家	研究学者	研究内容和结论
前联邦德国	拉波波尔特	通过对平面交叉口方案和带有方向岛方案比较时,提出交叉口危险度评价模型
苏联	洛巴诺夫	在分析平面交叉口处交通事故统计资料的基础上,考虑不同方向的车流量、转弯半径以及车流之间的交角,提出了确定交叉口交错点(分流点和合流点)处可能发生事故的计算模型
苏联	季沃其金	在对苏联境内 13000 起事故进行了分析,在充分考虑了事故地点的特征后得出 70%交通事故的发生不良的道路交通条件有关

(6) 路侧安全

路侧安全研究始于 20 世纪 60 年代 Stonex 的题为"路侧安全设计"论文的发表。在此之前人们很少关注路侧安全问题,路侧事故被更多地归结为"转向盘背后的难题",正是在这种观点的影响下,导致了大量未经处理的护栏断头、不可屈服解体的标志与灯杆结构、不可穿越的路侧地形与边沟、未经处理的涵洞排水口等路侧危险的存在,而正是这些危险导致了很多重大交通事故的发生。为了降低这些交通事故的再次发生,国外逐步开始了对路侧问题的研究和改善,并取得了显著的效果,见表 1.12。

表 1.12 国外路侧安全研究现状

时间	研究单位和学者	研究内容和结论
1960 年	Stonex	首次发表题为"路侧安全设计"的论文,文章中对一般路侧危险源进行了辨识,指出了常见的路侧危险物,并且针对这些问题提出了相应的解决办法
1962 年	公路研究委员会(HRB)	482 号函首次正式建议了护栏实车足尺碰撞试验的规程
1967 年	公路研究委员会(HRB)	发表了一份关于护栏、路障、标志立柱的研究报告,收录了许多波形梁护栏和新型公路护栏开发测试,以及护栏设置条件研究论文,报告给出的波形梁护栏高度和立柱间距现在仍在沿用
1967 年	美国各州公路和运输工作者协会(AASHTO)	发布了《公路安全设计和运营实践》报告,陈述了公路安全的问题,提出了一些减轻路侧危险的方法。首次提出了为车辆提供 9 m 路侧净空
1969 年	国家公路研究合作计划(NCHRP)	发布了《护栏设置、选择与维护》报告(编号为 54),报告提出了护栏设置条件、设计、维护的推荐标准
1971 年	国家公路研究合作计划(NCHRP)	发布了《护栏设置、选择与维护》报告(编号为 118),对当时已有关于护栏使用条件、维护要求、性能标准等方面的信息进行了综合,内容还涉及防撞垫
1971 年	公路研究委员会	序号为 343 的记录(TRB-343)刊登了《护栏分析的一般计算机程序》文章,随后计算机成为路侧安全设计的重要工具
1974 年	美国各州公路和运输工作者协会(AASHTO)	发布了第二版《公路安全设计和运营实践》报告,新版融入了安全设计与运营方面的新的研究成果和实践经验
1974 年	国家公路研究合作计划(NCHRP)	发布了《公路附属设施实车碰撞实验的推荐归程》(编号为 153),该报告给出了纵向护栏、防撞垫、可解体设施的试验与评价方法和建议
1977 年	美国各州公路和运输工作者协会(AASHTO)	出版了《交通护栏的选择、设置于设计指南》,详细阐述了交通护栏问题,其目的在于总结当时关于护栏的最新知识并提出护栏设立的明确指导。指南还提出成本效益分析程序和护栏设计方法论
1982 年	运输研究委员会(TRB)	序号为 868 的记录(TRB-868)发表了《安全处理排水设施》文章,提出了处理与路面平行和相交的排水沟的方法
1989 年	美国各州公路和运输工作者协会(AASHTO)	AASHTO 出版了《路侧设计指南》,此指南更新并取代了 1977 年版护栏指南。除了 1977 年版的内容以外,此升级版本还包括了:路侧安全与经济、路侧地形与排水设施结构、标志和照明支撑以及维修工作区的安全附属设施等内容

续表 1.12

时间	研究单位和学者	研究内容和结论
1991 年	运输研究委员会（TRB）	序号为 1302 的记录（TRB-1302）刊登了一篇关于单坡混凝土中央分隔带的护栏的文章,这种护栏与新泽西护栏相比,具有更优越的性能
1993 年	国家公路研究合作计划（NCHRP）	发布了《公路设施安全性能评价推荐程序》（编号为 350），更新和取代了报告 230，第一次得到联邦公路局（FHWA）官方认可的碰撞试验性能标准
1995 年	运输研究委员会（TRB）	序号为 1500 的记录（TRB-1500）推出了以几何设计、路侧安全特征、路侧硬件监控和道路景观为主题的专刊,刊登了大量与路侧安全和路侧硬件相关的文章
1996 年	美国各州公路和运输工作者协会（AASHTO）	AASHTO 推出了《路侧设计指南》第二版
1997 年	国家公路研究合作计划（NCHRP）成立的路侧安全专家组	专家组认为路侧安全研究的目标：一旦车辆驶离公路,车辆和路侧应该能保护乘客和行人不受严重伤害。为了达到这个目标,专家组列举出运输部门 5 大基本任务
2002 年	美国各州公路和运输工作者办会（AASHTO）	AASHTO 推出了《路侧设计指南》第三版
2003 年	美国联邦公路总署（FHWA）与另外三个研发机构	推出最新的 IHSDM（交互式道路安全设计模型）模块双车道安全性能评价,根据路侧静空区的距离、边坡的坡度、汽车驶出路外能否回到行车道、护栏形式、地形地貌等将路侧危险等级分为 7 级,根据路侧的不同危险度等级对其进行不同程度的安全防护改善措施,以达到经济与安全效益最佳
2003 年	英国、法国、德国等 9 国	联合启动了"更安全的欧洲道路路侧基础设施"计划（RISER 计划），旨在通过手机、分析路侧安全有关数据,提出和获取路侧设计和养护的成熟经验和有益做法来提高路侧的安全性
2006 年	美国各州公路和运输工作者协会（AASHTO）	对第三版《路侧设计指南》第六章道路的中央分隔带护栏进行了修改

(7) 不良气候条件下道路交通安全

国外发达国家的城镇化公路建设起步早,基础力量雄厚,都已经或基本形成网络。而且,与城镇化公路相配套的交通安全设施也比较完善,通过高架摄像机、各种传感器以及可变情报板对城镇化公路进行监控和预警。一旦发生恶劣天气,可以及时告知在道路上行驶的车辆和采取控制措施。为了进一步提高安全性，国外各个发达国家开展了在不良气象条件下城镇化公路安全保障技术的研究和实施，见表1.13。

表1.13 国外不良气候条件下城镇化公路安全保障措施研究现状

时间	研究单位和学者	研究内容和结论
2000年	Bill McCall 和 Stephen Andrle 等	桥梁自动除冰试点研究，当信息发布系统RWIS系统提供的数据显示桥面温度达到一定程度时，事先安置的除冰化学品将自动释放以保障正常的交通
2005年	Reginald Souleyrette 等	基于互联网的RWIS信息传输工具"Weatherview"，通过互联网实时道路天气信息传递给驾驶员
2006年	Tom Maze 和 Chris Albrecht 等	研究了RWIS监测站和控制中心之间的数据传输问题，并推荐具体的技术方法，扩大RWIS系统的数据传输能力和服务能力
2008年	Tom Maze 和 Chris Albrecht 等	评估了在冬季天气条件下，RWIS传感器数据的正确性和可用性，研究了传感器数据是否正确以及分析处理数据的手段是否合理
2010年	美国联邦公路管理局、AASTTO 等	研究了RWIS监测站选址问题，提供了RWIS监测站和路面传感器配置统一的指导性意见，促进了全国性、综合性的道路气候研究观测网络的发展

1.2.2 国内研究现状

（1）交通事故与交通流特征

我国对于事故发生机理和分析技术的研究起步相对较晚，事故发生机理和分析技术相对也较为成熟，因此，我国大多数的研究都是基于国外理论研究和分析技术上做进一步的延伸，以及在工程技术中的应用，见表1.14、表1.15。

表1.14 城镇化公路事故发生机理国内研究现状

时间	研究学者	研究内容和结论
2001年	西南交通大学王武宏	在2001年提出了交通安全系统研究的模糊故障树方法，这种方法主要是根据道路交通系统中存在的不确定性，在道路交通事故致因分析的定性和定量分析中使用了模糊理论对"车辆偏离路面"这一道路交通事故建立了宏观模糊故障树
2002年	西南交通大学毛敏和喻翔等人	在2002年提出了通过致因分析技术来预防交通事故发生，提出了一个交通事故的显性、隐性故障致因模型，该模型认为，交通事故的致因有显性故障与隐性故障。道路使用者因违章或失误冲破最后一道保护装置而导致交通事故，这是显性故障，也就是导致交通事故的直接原因。如不合理的交通组织方式造成交通阻塞，从而导致交通事故率上升，就属于隐性故障
2004年	长沙理工大学学者	在事故机理的定量研究方面，长沙理工大学学者在系统致因理论的定量研究方面做了一些研究，在引入交通事故地点危险系数及其计算公式的基础上，建立了一种基于事故咸因地点危险系数概率单元分析的事故成因综合分析方法

续表1.14

时间	研究单位和学者	研究内容和结论
2006年	吉林大学王孝伟等人	采用动态聚类分析方法对指定的高速公路路段进行分析,从而确定出危险路段。其基本思想是,首先按照一定的方法选取一批凝聚点,然后让样本向最近的凝聚点凝聚,这样由点聚成类,得到初始分类,初始分类不一定合理,再按照最近距离原则修改不合理的分类,经反复修改,直到分类比较合理为止
2008年	同济大学学者	动态聚类分析只能处理定量数据,不能处理定性数据,同济大学学者使用的二阶聚类方法很好地解决了这个问题,能够同时处理大量的定量和定性数据

表1.15 城镇化公路交通流特征国内研究现状

时间	研究学者	研究内容和结论
1993年	吴正等	针对低速混合型交通流,由流体连续方程结合流体动量公式建立了交通流的数值模型
1995年	冯苏苇,戴恺强	建立了考虑松弛项、可压缩项和道路面积可变项的交通流的数学模型
1998年	余景顺	分析了我国城镇化公路客货车辆的速度差异,指出大货车的运行速度显著低于小客车的速度,最大速度差达到 35~45 km/h,由于速度差的存在导致大量交通事故发生
2000年	同济大学吉小进等	对我国东北地区某公路1994到1999年的交通量和交通事故数据进行分析,通过数值回归,得到公路基本路段 v/C 与交通事故率的 U 形关系曲线
2001年	高建平	提出城镇化公路载重货车与小客车较大的车速差异是造成载重货车交通事故的主要原因
2005年	荣建	在其博士论文中提出了基于可变跟驰时间和随机因素的跟驰理论模型
2006年	张伟,王武宏	提出考虑驾驶员的多信息处理和多通道判断能力,将驾驶行为这一高度复杂、具有较强适应性、多信息处理和多通道判断特性的智能控制过程与驾驶员认知行为相结合

(2)安全评价

近几年,道路交通安全评价的研究在我国获得广泛关注,在发展已建立方法基础上,还结合我国交通特点,提出了道路交通安全多层次灰关联综合评价方法、道路交通安全等级评价方法、基于量化理论的公路交通安全评价模型、交通安全系统的模糊综合评价方法等新的方法和理论。具体研究成果见表1.16。

表 1.16 国内道路交通安全研究现状

时间	研究学者	研究内容和结论
1994 年	刘士奇,王建平	建立了公路交通安全评价指标体系,该公路交通安全评价指标体系分为两级指标,第一级指标由 3 类指标构成:已发生事故量、事故严重程度、发生事故的可能性;第二级指标由 13 个相对指标构成
1998 年	同济大学	为新疆高等级公路制定了公路安全评价程序
1999 年	湖北研究院	提出《湖北省公路规划设计安全审查程序》
2003 年	陆化晋	建立了城市道路交通管理评价体系,可以评价一定时期内不同类型城市的交通管理水平。该评价体系包含了一些城市道路交通安全评价指标,但总体上还是以城市道路交通管理为中心的
2004 年	张殿业	构建了道路交通安全管理评价体系,包括评价指标体系的选取原则、各项评价指标体系的分析说明以及评价等级的划分标准和方法。该评价体系适用于区域性的道路交通安全评价
2004 年	邵祖峰	建立了城市道路交通安全水平综合评价指标体系。该评价指标体系第一级指标由 4 类指标构成:人的安全化、车辆安全化、道路安全化、管理水平。第二级指标由 10 个指标构成。第三级指标由 31 个指标构成。该指标体系可以用于城市道路交通安全水平的纵、横向对比。但是该评价体系的评价指标和评价方法过于简单

从国内的情况来看,当前我国广泛采用的公路交通安全评价指标为:①事故次数;②死亡人数;③受伤人数;④直接经济损失。这项指标都是绝对指标,是安全评价的基础资料。它们可用于同一地区交通安全状况的考核与分析,也可用于同一地区不同时期交通安全状况的比较,但无法对不同地区的交通安全状况进行横向比较,更无法与国外交通安全状况进行对比,即缺乏可比性。此外,这项指标也不能对事故量、事故后果和发生事故的可能性做出全面的评价,缺乏系统性。

(3)运行速度预测

1)运行速度与平面线形的关系

国内学者是从平面线形要素与运行速度的关系研究,取得的研究成果如表 1.17 所示。

表 1.17 国内公路运行速度与平面线形的关系研究

时间	研究学者	研究内容和结论
2004 年	黄天利	提出车辆在平曲线运行时,从曲中之前 200 m 左右开始减速,在曲中前 50 m 左右速度减至最低,然后车速保持稳定;在曲中附近车辆开始加速
2006 年	周荣贵	研究我国高速公路上驾驶员在各种线形指标和平、纵线形组合下的实际行驶速度,建立了小客车、大型车在平曲线上的运行速度与平曲线半径的关系图,给出了各种运行速度下的推荐最小半径

2) 运行速度与纵断面线形的关系

国内对于运行速度与纵断面要素间的关系研究较少,最典型的代表是北京工业大学钟小明等,其研究了车辆行驶速度与纵坡坡度、坡长之间的关系。国内研究现状见表1.18。

表1.18 国内公路运行速度与纵断面线形的关系研究

时间	研究学者	研究内容和结论
1986年	钟小明	研究了车辆行驶速度与纵坡坡度、坡长之间的关系,研究表明:坡长越长,上坡时速度减小越多,下坡时增加越大。同一坡长下,对小客车和中型车来说都表现为,上坡时坡度越大,速度越低;下坡时坡度与速度的关系:小客车$v(-3\%)>v(-4\%)>v(-5\%)$,中型车:$v(-4\%)>v(-5\%)>v(-3\%)$;从上坡曲线来看,坡长增加到一定值后,减速趋势有所减缓
1997年	周荣贵等	研究了小客车在各种纵坡坡度下,其自由流速度随坡度的变化规律,建立了基于车辆动力性能的纵坡坡度与实际运行速度之间的关系模型

3) 运行速度与横断面要素的关系

北京工业大学常成利、荣建等研究了一级公路横断面形式对自由流速度的影响,通过对中番和广番两条不同中央分隔方式一级公路观测数据的回归分析发现:物理分隔方式基本不影响内侧车道的自由流速度,而双黄线分隔方式则随对向车道交通量每增加100 pcu/h(pcu为标准车当量数),自由流速度降低1.6 km/h;车道宽度越大,自由流速度越大,当宽度大于3.9 m时,自由流速度不再增加。

4) 运行速度与交通参数的关系

在交通流理论发展的早期阶段,格林希尔治用概率论和数理统计的方法建立模型,用来描述交通量和速度的关系。国内研究现状见表1.19。

表1.19 国内公路运行速度与交通参数的关系研究

研究学者	研究内容和结论
马国旗	根据交通流行驶自由度的不同,把交通流状态划分为三种状态,即畅行流状态、稳定流状态和强制流状态(不稳定状态)
张亚平	从数理统计学原理出发,以交通流实测数据统计分析为主,辅以国内外有关研究成果,划分自由流、稳定流和拥挤流,建立符合中国公路交通实际工况下的高速公路速度-流量模型,关系推导得出的,它在$v_{f/2}$处有最大流量Q_{max}

5) 运行速度预测模型的建立方法

国内对于运行车速模型的建立一般采用首先建立基于平面要素的速度模型,然后利用纵坡坡度进行修正的方法。2004年交通部颁布的《公路项目安全性评价指南》(JTG/T B05—2004)提供了用于高速公路、一级公路安全性评价的运行车速模型,其模型是通过观测国内十几条已建高速公路的车速情况,回归分析得到平曲线路段的运行速度预测模型,对纵坡较大路段则进行修正。该模型具有一定的置信度,但在预测长大下坡路段车辆的运行速度则明显存在缺陷。其后《公路项目安全性评价规范》(JTG B05—2015)对相关内容进行了全面修订和补充,补充完善了高速公路、一级公路、二级公路、三级公路运行速度计算方法,新增了各阶段二级公路、三级公路及改扩建公路的评价内容。

中国交通部公路司2005年版的《新理念公路设计指南》中推荐了运行速度预测模型和方法。该模型包括直线(含大半径曲线)路段测算模型和小半径曲线路段测算模型两大类。纵坡对小客车的影响可以忽略不计;对于大货车而言,当纵坡陡于6%并长于500 m时,坡顶的运行速度可降低5 km/h。接近于下坡坡底时,可增加5 km/h。

北京工业大学的钟小明等借鉴国外交通流仿真模型,建立了运行速度的预测模型。模型见式(1.3):

$$v_2 = v_1 + \Delta t \left[\frac{g}{1+\delta} \left(\frac{P}{g v_1} - f \mp i - \frac{13 K_F v_1^2}{G} \right) \right] \quad (1.3)$$

式中　v_2——进入纵坡 Δt 后,车辆速度,m/s;

　　　v_1——Δt 之前,车辆速度,m/s;

　　　Δt——仿真过程中的时间推进步长,s;

　　　P——车辆的功率质量比,W/kg;

　　　K_F、δ——车辆的风阻系数和惯性阻力系数;

　　　f——摩擦阻力;

　　　i——纵坡坡度;

　　　g——重力加速度,m/s²;

　　　G——车辆空载重量和实际载重,kg。

此模型需要对 P 值进行标定后应用,由于公路所处环境的差异很大,所以此模型的使用具有一定的局限性,只有用特定路段调研的数据标定了 P 值,此模型才能准确应用,所以此模型缺乏普遍应用性。

(4)合理限速与限速措施

中华人民共和国国家标准《道路交通标志和标线》(GB 5768—1986)已对限速标志、解除限速标志及其配套设施的使用做出了相应的规定。其后该标准对相关内容进行了修改和补充。迄今为止,我国有关科研、设计部门,大专院校和交通管理、建设部门等单位针对公路交通设计速度、运行速度、限制速度等进行了大量的调查研究和实验,取得了很多成果,详见表1.20。

表1.20　国内限速研究现状

研究单位和学者	研究结论
郑安文,牛倬民	讨论了设计速度、期望速度与运行速度之间的相互关系及运行速度与设计车速匹配的现状,提出了使高等级公路上运行速度与道路设计车速合理匹配的相关措施

续表 1.20

研究单位和学者	研究结论
梁新荣,刘智勇等	提出了神经网络方法控制高速公路可变速度
高建平,郭忠印	提出了应根据公路条件、交通条件、气象条件、历史事故数据等动态因素确定限速
高海龙,刘兴旺	提出了基于线形、运行速度、安全多因素的适合我国交通特性的限速值设计方法,并给出具体实施流程
高星林,张钱松	提出了山区高速公路合理的限速设计标准和相应措施
长安大学	研究了合理限速措施设置的有效性,提出了长下坡路段减速措施的设置方法和标准
陈荫三,魏朗	开发了具有比较高的可靠性和控速效力的专用驼峰式强制减速带及与其配套的设施体系和实施工艺

(5)平面交叉口安全

为改善公路平面交叉口交通控制的安全,提高整个交叉口的安全性能,我国交通安全技术人员进行了广泛深入的研究(表 1.21)。以往的研究方法一般都是采用事故统计方法进行平面交叉口的交通安全评价,这一评价体系不但直接应用于交通管理领域,而且还广泛地应用于其他诸如道路设计、交通规划、运输管理、交通设施等交通领域,见表 1.21。

最近几年,我国逐步加大了对交通安全研究的投入,取得了显著成果。

表 1.21 国内研究平面交叉口安全的现状

时间	研究单位和学者	研究内容和结论
1997 年	刘小明,段海林	在研究发达国家交通冲突标准化的基础上,对如何将交通冲突技术的标准化程序应用在我国平面交叉口交通安全评价方面进行了研究,建立了平面交叉口交通冲突概率分布模型,提出了我国的安全评价标准
1998 年	西南交通大学	将城市交通安全分为特别安全、安全、安全边缘和不安全四个等级,并提出了符合我国交通特点的城市交通安全分级标准及交通安全评价模型、交通事故预测模型
2002 年	刘德武	通过对平面交叉口的交通特性和交通运输影响的分析,以解决平面交叉口对交通运输的瓶颈制约,提高道路通行能力和交通安全性为目的,提出了对道路平面交叉口的交通组织与管制的具体方法和措施
2004 年	成卫,丁同强,李江等	应用交通冲突与混合当量交通量的比值作为评价指标,提出以时均交通冲突和交通数据为依据的对平面交叉口进行安全评价的交通冲突灰色聚类评价法,并设计了计算机软件,为平面交叉口的安全评价提供一种新的研究途径

(6)路侧安全

随着经济的发展及人民生活水平的提高,我国的人均汽车保有量逐年上升。然而随之而来的道路交通安全问题,特别是路侧交通安全却是我们无法忽视的问题。我国在路侧安全设计理念、路侧安全设计工程实践方面起步较晚,对路侧安全问题的研究和关注大致始于20世纪80年代,着眼点也比较单一,主要在路侧防护设施的开发与正确使用上面。随着研究的深入、经验的总结和外国路侧安全新理念的引入,我国关于路侧安全问题的研究进入了一个崭新的阶段。国内路侧安全研究现状见表1.22。

表1.22 国内路侧安全研究现状

时间	研究单位和学者	研究内容和结论
1984年	交通部公路科学研究所	开始对波形梁护栏进行了系统的研究,根据我国的护栏设计条件,提出了适合我国国情的护栏结构形式
1992年	交通部公路科学研究所	在总结全国护栏实际应用经验的基础上,推出了新型的变截面波形梁护栏结构形式
1994年	中国交通部	制定了《高速公路交通安全设施设计及施工技术规范》(JTJ 074—94),对路侧护栏、中央分隔带护栏、桥梁护栏、隔离设施、防眩设施、视线诱导设置原则、设置条件、设计和施工要求做了比较详尽的规定
2001年	中国交通部	西部交通建设科技项目"公路陡崖峭壁护栏的开发研究"开发出了我国第一个专门针对山区一般公路危险路段的座椅式护栏形式
2003年	四川省交通厅	"二郎山—康定改建工程护栏研究"项目开发出了适用于山区公路改建工程中混凝土路面路段的L形混凝土护栏。并开展了"山区路侧危险度划分方法的研究"。对路侧状况各类因素的综合分析研究,最终提出了路侧危险度的概念和计算方法,进而提出了不同危险度情况下应设置的防护设施类型,为山区一般公路安全防护设施的合理设置提供了依据
2004年	中国交通部	颁布了《高速公路护栏安全性能评价标准》(JTG/T F83—01),标准对护栏实车碰撞试验的各项具体内容进行了详细规定,并给出了护栏标准段的安全性能评价标准
2004年	中国交通部	西部交通建设科技项目之"西部交通安全应用技术研究"单列"路侧安全等级评估及防护方法研究"子题对路侧安全等级评估方法予以重点研究,建立了基于灰色聚类理论的4级路侧安全等级评估方法
2004年	中国交通部	发布了《公路安全保障工程实施技术指南》,指南将路侧险要路段列为5种基本危险路段之一,并给出了判定标准。并将路侧危险程度划分为4级,为路侧安全隐患的识别和整治提供了基本的方法和对策
2005年	唐铮铮	《标志设置的路侧安全性考虑及对策》一文中详细阐述了解体消能设施的分类、作用原理,以及相关的设置影响因素和性能评价方法。上述这些研究大部分集中在防撞护栏等交通安全设施上

续表 1.22

时间	研究单位和学者	研究内容和结论
2006 年	中国交通部	发布了《公路交通安全设施设计规范》(JTG/T D81—2006),新规范全面总结了 1994 年以来我国公路交通安全设施的使用经验,在借鉴和吸收国外相关标准规范和先进技术经验的基础上完成编制,体现了"以人为本,安全至上"的指导思想,引入了路侧安全净区、宽容设计等理念
2007 年	中国交通部	西部交通建设科技项目"公路交通安全应用技术研究"子课题"公路路侧安全评估及防护方法研究"和"公路交通工程检测标准及计量检定规程的研究"在北京通过交通部鉴定验收,首次开发路侧安全等级评估模型及辅助计算机应用软件,编制了"公路路侧设计指南",开发了可解体消能的交通标志支撑结构并获得实用型专利——公路路况视频里程定位及信息采集软件 V1.0,首次针对一般路段路侧事故采用定路段长方式建立路侧事故预测模型。项目成果丰富了公路安全评价体系,有效提高了我国公路路侧安全性评价、安全设计与安全改善水平
2008 年	中国交通部	出版了《路侧安全设计指南》,对路侧事故多发段的识别,安全等级的评估方法以及路侧事故的预防和防护技术都做了较全面的阐述

(7)不良气象条件下交通安全

在我国,尽管近些年城镇化公路建设和运营取得了飞速的发展,但相对于发达国家,我国的城镇化公路的建设和研究起步较晚,其安全措施与管理机能相对处于一个落后的水平。如在不良气象条件下,目前我国城镇化公路交通管理部门一般采取封路禁行等的消极方法,导致城镇化公路中断运输,造成社会、经济效益等方面的损失。或发生不良气象时,城镇化公路通行管理中依然采用传统的人工气象检测、人工疏导等全人工或半人工化的管理技术和措施。由于不能向路上行驶的车辆及时提供天气及路况信息,常常是在管理部门采取措施之前就已经有严重事故发生了。近年来我国也加强了在不良气象条件下对交通安全的研究。国内不良气候条件下城镇化公路安全保障措施研究现状见表 1.23。

表 1.23 国内不良气候条件下城镇化公路安全保障措施研究现状

时间	研究学者	研究内容和结论
2004 年	张飒等	总结了各种气象条件对高速公路交通的影响指标,确立了各种灾害性天气的服务关键期,采用可视化编程技术开发了济青高速灾害性天气监测警报系统
2005 年	洪权等	研究开发了基于 CAN 总线的高速公路能见度预警系统,预防并降低由于突发不良气候导致的高速公路局部能见度下降引发的交通事故
2007 年	孙广林等	通过不良气候条件下对路网影响的分析,得出了不良气候条件下路网行程时间和路网容量的可靠性,建立了不良气候条件下的路网选择模型

续表 1.23

时间	研究学者	研究内容和结论
2007年	陈勇等	提出对不良气候条件下道路交通安全预防系统,结合CDMA与GPS形成车辆远程监控系统,对汽车在路途中的状态进行检测,形成汽车、运输企业、运输管理部门的道路交通安全管理模式
2008年	郝静等	对雾天条件下驾驶员前方环境的信息采集系统进行了相关研究,开发了相应的系统软件,并针对采集到的图像信息以及数据进行了信号处理
2008年	傅志明等	研究开发了高速公路雾区行车安全保障系统,实现了高速公路雾区气象的自动预报和雾区交通诱导功能

1.2.3 国内外研究现状对比

虽然国内开展了一些基础性研究,也取得了一定成果,但与国外相比,在基础理论和工程技术上都存在一定差距,特别是研究成果缺乏系统性。

1)由于国外的研究成果均是在特定的环境和一定的技术、设备及社会基础上所获得的,对我国的实际情况不一定适应,尤其对于城镇化公路交通情况差异性就更大,但研究思路及方法还是可以借鉴的。

2)国内对交通事故分布规律的研究只停留在宏观水平,缺乏对多个因素作用的综合考虑,而且研究的成果对解决实际问题帮助有限。

3)我国虽然在道路安全领域的理论研究中取得了一定的成果,但由于缺乏系统和连续性,对于交通安全评价与改良没有形成系统的、可操作的研究成果,缺乏针对公路沿线城镇化后营运安全评价方面的研究。

4)目前对平面交叉口安全的研究主要集中在城市道路,而对城镇化公路交叉口交通事故发生机理、评价方法以及保障措施仍缺乏进一步的研究。

5)路侧安全相关研究多年来偏重于护栏等路侧设施上,路侧事故特征规律、公路路侧危险识别与评价、系统路侧防护方法等方面的研究还处于起步阶段,许多方面几乎是空白,如净区宽度取值、具有解体消能特征的杆柱设施开发、护栏端头的安全处理等。

6)我国公路交通管理部门对不良气候条件下公路通行管理中还多采用传统的人工雾情检测、人工疏导等全人工化或半人工化的管理技术和措施。由于不能及时掌握公路上的天气状况信息而向路上行驶的车辆及时提供天气及路况信息,因而经常是在管理部门采取措施之前就已经有严重事故发生。

综合国内外相关领域的研究成果可以看到,国外公路交通安全的研究更为系统和深入,在理论与实践两方面都比国内先进,但对于城镇化公路并没有专门的研究。因此,有必要针对城镇化公路环境与交通安全特征,系统深入地研究公路交通安全评价与改良的基础理论、关键技术与解决方案,构筑起具有理论突破性、实践指导性、应用持久性的标志性成果,切实有效地改善城镇化公路的安全形势,从而提高交通运输整体效率与质量。

1.3 主要研究内容和技术路线

1.3.1 主要研究内容

(1) 城镇化公路交通事故特征研究

从统计分析、交通事故典型地点分析、交通事故隐患路段分析等角度分析城镇化公路交通事故特征，总结城镇化公路事故发生机理。

(2) 城镇化公路运行速度预测模型研究

研究运行速度数据采集方法，分析城镇化公路运行速度与平面线形指标、纵断面线形指标、横断面要素的关系，研究运行速度预测模型建立策略与方法，从而建立城镇化公路运行速度预测模型。

(3) 城镇化公路安全评价与设计方法

结合公路线形与安全的关系，研究城镇化公路安全评价标准，并从平面线形和纵断面线形角度研究安全评价方法与程序，从而提出城镇化公路安全设计方法。

(4) 城镇化公路合理限速方法研究

针对浙江城镇化公路行车速度现状，分析交通流与限速标准的关系，合理确定限速值及限速标准，提出城镇化公路限速措施，提高公路运输效率，保障公路运输安全。

(5) 城镇化公路平面交叉口安全保障技术研究

在对浙江城镇公路平面交叉口进行了实地调查和分析的基础上，研究城镇化公路平面交叉口安全评价方法，提出城镇化公路平面交叉口的安全措施并评估其适应性。

(6) 城镇化公路路侧安全研究

在分析城镇化公路上与路侧安全有关的因素基础上，划分城镇化公路路侧安全等级，并对路侧安全评估与设计方法进行研究，提出城镇化公路路侧安全设计与保障措施。

(7) 不良气象条件下城镇化公路安全保障措施研究

在分析不良气候对交通影响程度的基础上，提出不良气候条件下城镇化公路交通分级控制指标体系，并对安全保障措施进行研究。

1.3.2 技术路线

本书紧密结合我国正在进行的公路安全保障工程，在充分总结已有研究成果和工程实践经验的基础上，对比、分析、消化国内外现有成熟技术和最新研究成果，采取现场调查、理论分析研究和实体示范工程研究相结合的方法，开展针对性的研究和试验。本书以城镇化公路为研究对象，从分析其交通系统各组成要素及其相互作用入手，研究人、车、道路环境因素相互作用诱发事故的机理，揭示事故发生机理；以速度为突破口，建立运行速度预测模型；在此基础上，建立城镇化公路安全评价指标体系，提出安全评价和设计方法；同时，根据限制速度与运行速度、交通特征之间的关系，针对公路沿线城镇化后营运交通情况，确定城镇化公路速度限制设置建议标准，提出合理限速保障措施；对城镇化公路的平面交叉口展开分析，依据交通安全分析理论中提出的相关保障技术，参考实际情况，提出一系列安全保障技术措施。基于对不良气象条件下现有交通安全状况进行分析的基础上，研究不良气象条件对交通流特征的影响，建立完善的不良气象条件下城镇化公路交通安全保障体系和管理体系。最终完成成熟可靠、科学合理的城镇化公路运营安全评价方法和对策,并进行全国范围的推广应用。研究技术路线见图1.2。

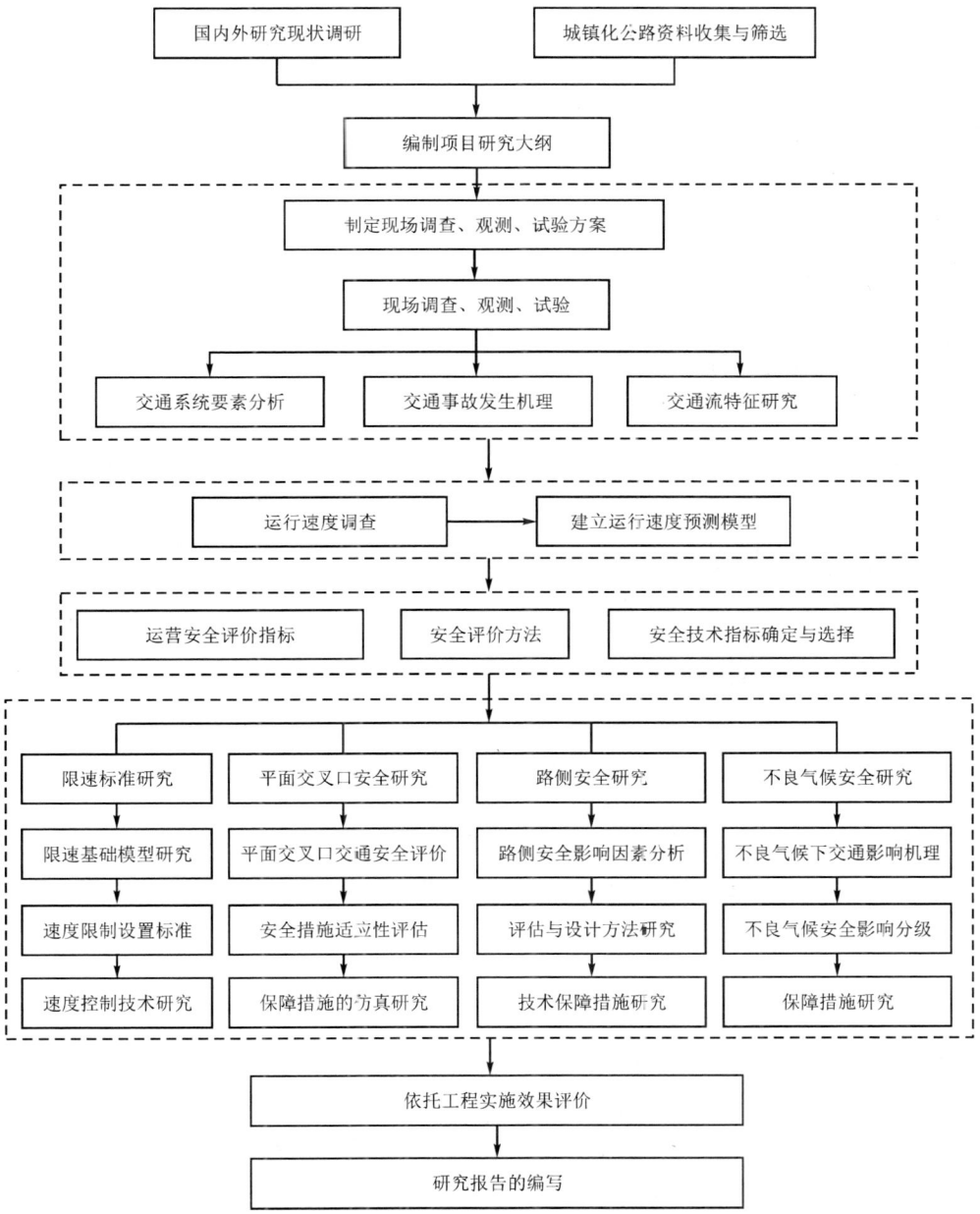

图1.2 技术路线图

第 2 章

城镇化公路交通事故特征分析

结合浙江省绍兴市城镇化公路交通安全状况,对 S32 省道绍甘线、S310 省道嵊义线城镇化路段进行了调查统计,收集了公路技术数据、交通事故数据、运行速度等数据,对城镇化公路交通事故特征进行了分析,为提出城镇化公路交通安全措施提供依据。

2.1 城镇化公路交通事故统计分析

通过交警部门收集了绍甘线、嵊义线 2008—2010 年 3 年交通事故记录资料,每一条事故记录数据包含事故日期、时间、里程桩号、死亡人数、受伤人数、直接损失折款(元)、天气情况、事故形态、路面情况、路面类型、路口路段类型、道路线形、交通控制方式、交通方式、照明条件、事故分类、事故主要原因等。

2.1.1 交通事故车辆类型分布

统计资料显示,研究路段普通事故肇事车辆类型分布见表 2.1 和图 2.1。从中可以看出,造成死亡和伤人事故的主要肇事车辆为小客车、小货车、摩托车和大型拖拉机,占 79.4%,而小客车占的比重最大,为 33.7%,其次为摩托车,占 28.7%,三轮车、电动车和其他车辆则占 7.4%。根据 2011 年道路交通事故白皮书,摩托车肇事比重为 21.87%,三轮车为 1.88%。城镇化路段摩托车、机动三轮车等肇事比重比普通路段分别高 6.83%、3.02%。

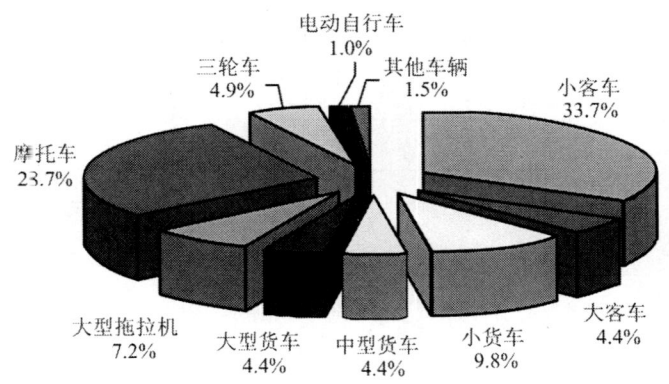

图 2.1　事故肇事车辆类型分布图

表 2.1　事故肇事车辆类型分布

肇事车型	小客车	大客车	小货车	中型货车	大型货车	大型拖拉机	摩托车	三轮车	电动自行车	其他车辆	合计
肇事车辆数	69	9	20	9	9	15	59	10	2	3	205
占比	33.7%	4.4%	9.8%	4.4%	4.4%	7.2%	28.7%	4.9%	1.0%	1.5%	100%

2.1.2　交通事故双方交通方式分析

从表 2.2 中可以看出，事故双方以汽车碰撞摩托车、行人、电动自行车（自行车）、三轮车的事故以及摩托车碰撞电动自行车（自行车）、行人最多，共占 73.0%；汽车碰撞汽车、摩托车碰撞摩托车、单车事故仅占 12.2%；其他为拖拉机、摩托车、电动自行车（自行车）、行人间以及其他车辆间的事故，约占 14.8%。城镇化公路事故主要以汽车、摩托车、非机动车、行人间事故为主，说明沿线混合交通严重，不同交通方式间干扰多。

表 2.2　立案普通交通事故事故双方交通发生分布

碰撞类型	汽车碰撞汽车	汽车碰撞摩托车	汽车碰撞行人	汽车碰撞电动自行车（自行车）	汽车碰撞三轮车	拖拉机碰撞汽车
发生次数	13	47	20	25	11	6
占比	6.3%	22.8%	9.8%	12.2%	5.3%	2.9%
碰撞类型	拖拉机碰撞拖拉机	拖拉机碰撞摩托车	拖拉机碰撞三轮车	拖拉机碰撞行人	三轮车碰撞摩托车	三轮车碰撞电动自行车（自行车）
发生次数	1	4	1	3	7	3
占比	0.5%	2.0%	0.5%	1.5%	3.4%	1.5%
碰撞类型	摩托车碰撞摩托车	摩托车碰撞电动自行车（自行车）	摩托车碰撞行人	电动自行车碰撞电动自行车	单车事故	其他车辆碰撞客车、自行车和摩托车
发生次数	8	23	24	2	4	3
占比	3.9%	11.2%	11.7%	1.0%	2.0%	1.5%

2.1.3　交通事故形态分布

研究路段交通事故形态分布见表 2.3 和图 2.2。从中可以看出，侧面相撞是发生概率最高的事故形态，占事故总数的 54.6%，其次是正面相撞，占 19.5%，尾随相撞占 13.7%，三种形式事故共占事故总数的 87.8%。

侧面相撞、正面相撞、尾随相撞是导致死亡和受伤的主要的事故形态，死亡和受伤分别占总数的 77.4% 和 91.6%。侧面相撞、正面相撞、尾随相撞是四车道公路混合交通的主要事故形态。翻车和坠车事故虽然只有 3 起，但造成了 3 人死亡和 1 人受伤，是三起重大事故,对路侧危险路段应引起充分重视。

表 2.3 交通事故形态分布

事故形态	侧面相撞	正面相撞	尾随相撞	同向刮擦	刮撞行人	对向刮擦	翻车和坠车	撞固定物	其他
事故起数	112	40	28	8	7	5	3	1	1
占比	54.6%	19.5%	13.7%	3.9%	3.4%	2.4%	1.5%	0.5%	0.5%
死亡人数	13	6	5	0	3	0	3	1	0
占比	41.9%	19.4%	16.1%	0	9.7%	0	9.7%	3.2%	0
受伤人数	134	57	36	8	6	4	1	1	1
占比	54.1%	23.0%	14.5%	3.2%	2.4%	1.6%	0.4%	0.4%	0.4%

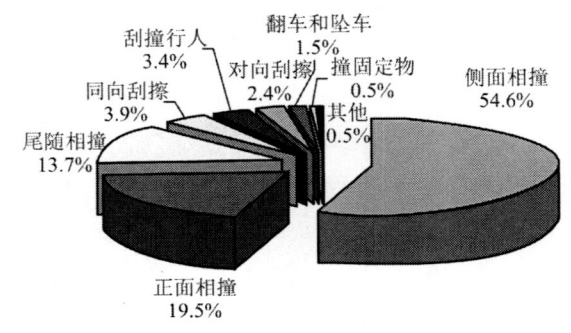

图 2.2 事故形态分布图

2.1.4 交通事故原因分析

研究路段交通事故原因分布见表 2.4。从中可以看出,造成该路段交通事故包括超速行驶,占 25.12%,不按规定让行占 17.73%,违章占道行驶占 6.40%,违反交通标志标线占 5.91%,四种事故原因共占总数的 55.16%。

表 2.4 交通事故原因分布

事故原因	次数	占比	事故原因	次数	占比
超速行驶	51	25.12%	违章会车	2	0.99%
不按规定让行	36	17.73%	违章超车	3	1.48%
违章占道行驶	13	6.40%	违章穿越行车道	2	0.99%
违反交通标志标线	12	5.91%	违章倒车	2	0.99%
逆向行驶	8	3.94%	酒后驾车	1	0.49%
未保持安全距离	7	3.45%	其他	59	29.06%
违章变更车道	7	3.45%			

2.1.5 交通事故时间分布

统计期间的交通事故时变分布如表 2.5 和图 2.3 所示。从事故时变分布图表中可以看出,从 8:00~22:00 事故率较高,其中高峰时段为 18：00~22：00,共发生 94 起交通事故,占统计期间全部立案交通事故总数的 45.9%。

事故时间分布图表还表明,死亡事故大多发生在夜间和下午 15：00~16：00,共造成 22 人死亡,占死亡总人数的 71.0%。夜间和下午 15：00~16：00,驾驶员处于生物钟的低潮期,驾驶易疲劳,注意力不够集中,反应较慢,易导致恶性交通事故。夜间行车还存在视线不良和照明不足的问题。

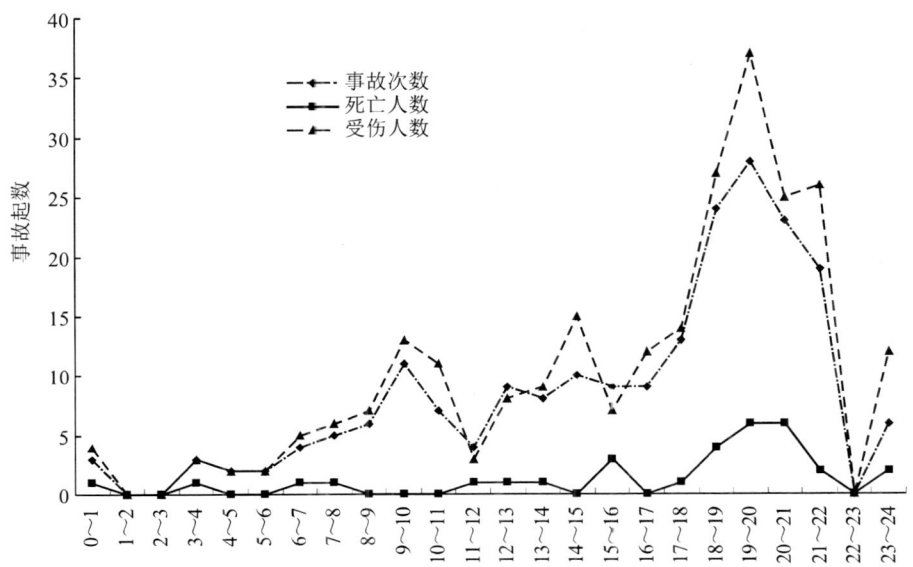

图 2.3　交通事故时间分布图

表 2.5　交通事故时间分布

时段	0:00~1:00	1:00~2:00	2:00~3:00	3:00~4:00	4:00~5:00	5:00~6:00	6:00~7:00	7:00~8:00	8:00~9:00	9:00~10:00	10:00~11:00	11:00~12:00	12:00~13:00
事故次数	3	0	0	3	2	2	4	5	6	11	7	4	9
占比	1.5%	0	0	1.5%	1.0%	1.0%	2.0%	2.4%	2.9%	5.4%	3.4%	2.0%	4.4%
死亡人数	1	0	0	1	0	1	0	0	1	1	0	0	1
受伤人数	4	0	0	3	2	2	5	6	7	13	11	3	8

时段	13:00~14:00	14:00~15:00	15:00~16:00	16:00~17:00	17:00~18:00	18:00~19:00	19:00~20:00	20:00~21:00	21:00~22:00	22:00~23:00	23:00~24:00	合计
事故次数	8	10	9	9	13	24	28	23	19	0	6	205
占比	3.9%	4.9%	4.4%	4.4%	6.3%	11.7%	13.7%	11.2%	9.2%	0	2.8	100%
死亡人数	1	0	3	0	1	4	6	6	2	0	2	31
受伤人数	9	15	7	12	14	27	S310	25	26	0	12	248

2.2 城镇化公路交通事故典型地点分析

2.2.1 交通事故地点路段特征分析

以绍甘线为例,98起立案事故中有89起发生在普通路段,9起发生在三路交叉口。普通路段发生事故的比例较高,原因在于绍甘线两侧城镇化较为严重,居民较多,人行穿越频繁,混合交通严重,开口过多,主线路况较好,往往车速过快,导致事故频发。

事故发生地点与公路线形关系见表2.6。显然,平直路段事故占了绝大部分,其次是一般弯、一般弯坡、急弯,其他线形位置的事故数相对较少,平直路段事故总数、死亡总人数和受伤总人数均较大,但平均伤亡较急弯、一般弯相对较小。急弯路段,事故性质比较严重,不容轻视。

表2.6 交通事故地点线形特征

线形类别	平直	一般弯	急弯	一般弯坡	一般坡	连续下坡	合计
事故起数	77	14	2	3	1	1	98
占比	78.6%	14.3%	2.0%	3.1%	1.0%	1.0%	100%
死亡人数	28	3	5	0	1	0	37
受伤人数	77	27	4	3	0	1	112
平均死伤	1.36	2.14	4.5	1	1	1	

2.2.2 交通事故地点分布

绍甘线绍兴市郊段(K4+000~K9+000)事故空间分布见图2.4。绍甘线绍兴市绍兴县段(K9+000~K41+000)事故空间分布见图2.5。绍甘线嵊州市段(K41+000~K78+000)事故空间分布见图2.6。

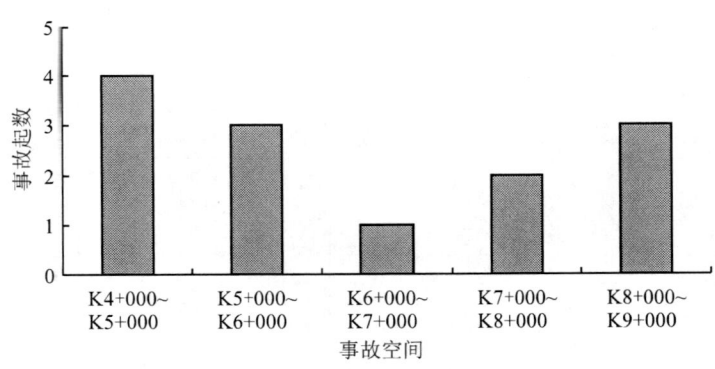

图2.4 绍甘线绍兴市郊段(K4+000~K9+000)事故空间分布图

绍甘线绍兴市郊段(K4+000~K9+000)统计期间共发生13起死伤事故,死亡5人,受伤8人。绍甘线绍兴市郊段的里程为5.3 km,占绍甘线总里程的7.1%,但死亡人数占总数13.2%。从图2.4可以发现,除K6+000~K7+000路段沿线村庄较少,横向干扰小,事故少外,绍兴市郊段其他路段死伤事故均在2起以上,K4+000~K5+000达到了4起。

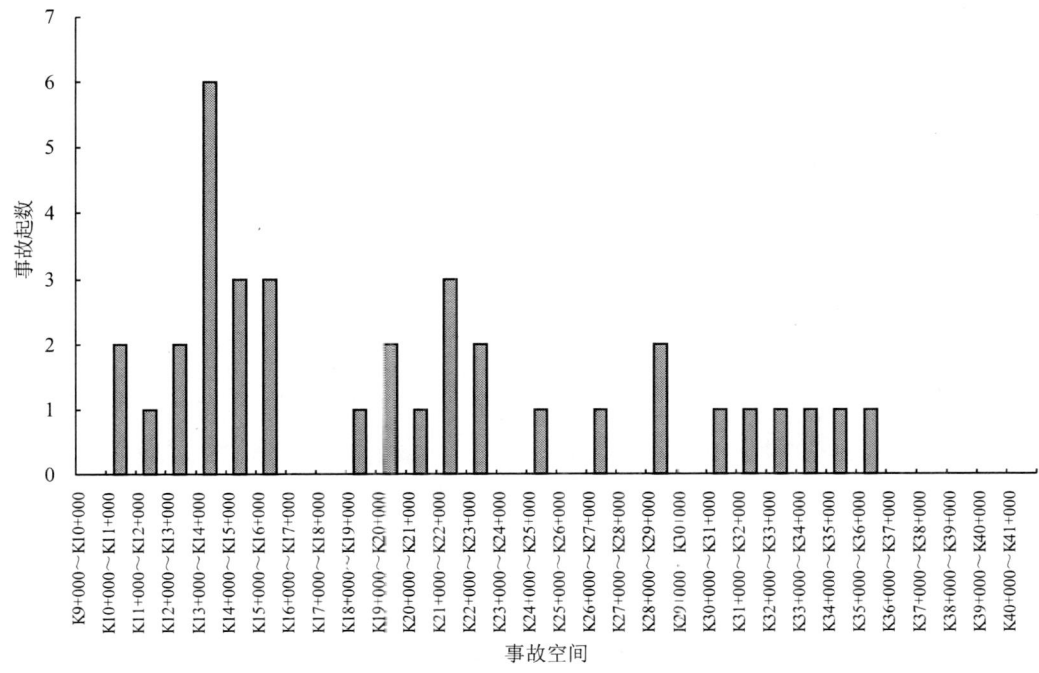

图 2.5　绍甘线绍兴县段(K9+000～K41+000)事故空间分布图

绍甘线绍兴县段(K9+000～K41+000)统计期间共发生 36 起死伤事故,死亡 18 人,受伤 35 人。从图 2.5 可以发现,绍甘线绍兴县段的死伤事故基本上发生在 K9+000～K36+000 的二级公路路段,尤其是在过平水镇路段,是事故的高发路段。K36+000～K41+000 路段为山岭区四级公路,交通量较小,统计期间没有发生死伤事故。

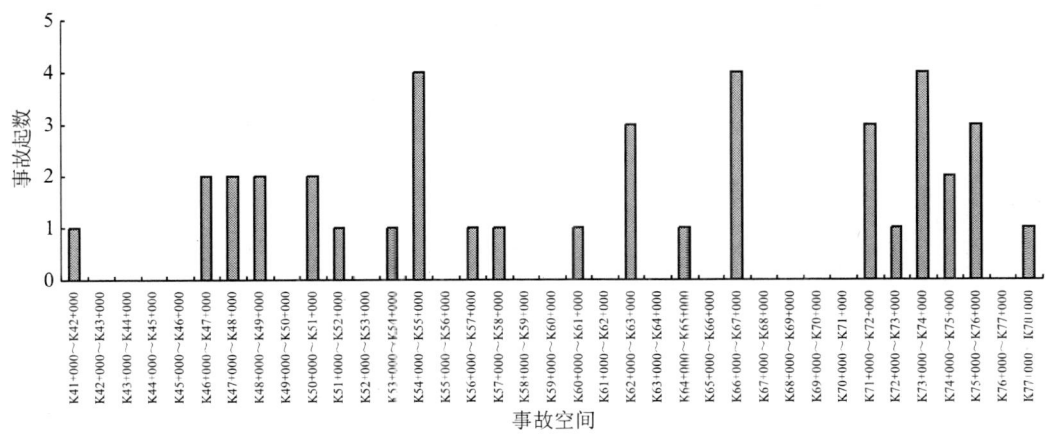

图 2.6　绍甘线嵊州市段(K41+000～K78+000)事故空间分布图

绍甘线嵊州市段(K41+000～K78+000)统计期间事故空间分布图见图 2.6,其中共发生 40 起死伤事故,死亡 12 人,受伤 60 人。绍甘线嵊州市段的死伤事故分布可分为两部分,一是四级和三级公路路段,事故较集中在 K54+000～K55+000(谷来镇过九里斜村路段)、K62+250~K62+550(崇仁镇猪娘岭视距不良路段)、K62~K63(崇仁镇园山村小半径曲线后的陡坡直线路段)以及 K60+400 小半径曲线视距不良、路侧危险路段(发生过死亡5人、伤3人的特大交通事故);二是二级公路路段,事故较集中在K71~K76过村镇开口和行人横过公路多的路段。

2.2.3 交通事故多发路段的成因分析

(1)绍甘线 K4+200~K4+700 路段环境现状与事故成因

路线过了禹贡桥后,绍甘线的横断面由三幅断面变为单幅断面,路段交通大,混合交通严重(图 2.7),发生的 3 起死伤事故均涉及非机动车和行人;沿线分布有绍兴市机动车驾驶培训学校、绍兴市公安局车辆管理所、汽车修理厂、高立加油站等单位,街道化严重,开口多(特别是在车辆管理所门口出入车辆多,路边乱停车辆多),标志标线不完善和道口标柱缺失,单位进出口路权不明确,交通秩序混乱;高立加油站进出口有树木和公共汽车停靠站遮挡,视距不良,绍甘线上的车辆不能及时看到进出加油站的车辆;大禹陵路口和城南开发区路口没有任何标志(指路标志和让行标志),路口视距不良;出入口处行人横穿公路频繁,没有设置人行横道和相应标志;沿线没有路灯。

图 2.7 绍兴市公安局车辆管理所门口路段

(2)绍甘线 K7+200~K7+500 路段环境现状与事故成因

该路段位于鉴湖镇下谢墅村路路段,公路两侧均为工厂和民居,开口多,道口标识缺失或不清,不易识别;在 K7+240 的南池纺织印染有限公司门口有小型"马路"市场,交通秩序较乱,行人横穿公路频繁(在南池纺织印染有限公司门口设有人行横道);在 K7+300~K7+500 为半径为 251 m 的小半径曲线,前后为大半径曲线(约 430 m)和长直线(840 m)路段,弯道内侧有建筑物,视距不良(图 2.8),死伤事故主要发生在此路段,事故发生时间集中早 5:00~7:00 和晚 18:00~20:00 视线不良时段。

(3)绍甘线 K8+000~K8+400 路段环境现状与事故成因

该路段位于官山岙村路段,公路两侧为工厂和民居,开口多,行人横穿公路较频繁,道口标识缺失或不清,不易识别;该路段位于 840 m 长直线的末端,易导致车辆超速行驶,在视线不良时段突遇横穿的非机动车、行人,往往导致死伤事故的发生。在统计期间发生三起侧面相撞事故,造成 1 人死亡,2 人受伤;事故发生时间集中晚 18:00~20:00 时段。

图 2.8 鉴湖镇下谢墅村路路段

(4)绍甘线 K11+400~K15+800 路段环境现状与事故成因

该路段位于平水镇镇区路段,公路断面为三幅路,双向四车道,有侧分带、非机动车道和人行道(图 2.9),路面宽敞,车速较快,是绍甘线事故多发、伤亡率居高不下的重点路段,在统计期间发生 15 起事故,造成 6 人死亡,16 人受伤。

图 2.9 平水镇镇区路段

该路段存在的问题如下:

①公路两侧已完全街道化,沿线有两所学校,交叉口和开口多,行人和非机动车横穿公路频繁,事故多发生在平面交叉口。目前 K13+000(平水副城建设委员会门口)、K13+610(平水镇中心学校门口)平面交叉口在发生多起死伤事故后已改为信号控制交叉口,但仍有多个交叉口路权不清。

②K11+650处设置有环形交叉口,该交叉口的指路标志没有根据环交的实际形状进行设计,宜造成车辆出口行驶错误和绍甘线甘霖至绍兴方向的车辆逆向行驶;环形交叉口位于绍甘线 250 m 半径的曲线上,甘霖至绍兴方向弯道内侧有围墙和树木,视距不良,影响车辆对弯道的判断和此后开口的识别;环形交叉口处的入口让行标志被树木遮挡。

③速度限制与解除速度限制标志设置较混乱,速度限制不能包括整个平水镇镇区路段。在进入平水镇前没有设置"进入平水镇区,减速慢行"的标志。

④K13+800处新设置的交叉口(通往平水大道)没有设置指路标志,在被交路上没有设置让行标志。

⑤平水镇镇区路段侧分带上开口的标柱大部分被灌木遮挡,影响驾驶员对开口的识别。

⑥K14+230处交叉口为平水镇老城路口,随意停放的车辆多,交通混乱,行人和非机动车横穿公路频繁,但该交叉口无信号控制,交叉口前后也无控速设施。

(5) K54+000~K55+000 路段环境现状与事故成因

该路段位于嵊州市谷来镇九里斜村路段。K54+000~K55+450 段沿线有两个小半径曲线,视距不良,分别在 K54+020 和 K54+400 处发生过死亡事故和受伤事故,目前在 K54+300~K55+450 段左侧设置有波形梁、线形诱导标及凸面镜。K54+300~K55+000 段进入九里斜村,两侧为村庄,行人横穿较多,在 K54+630 处左有一个 7 m 的开口,没有道口标柱和减速带,在此发生过受伤事故。

(6) 绍甘线 K71+000~K71+500 路段环境现状与事故成因

该路段为双向四车道二级公路的长直线路段,路面宽(图 2.10),交通量相对较小,车速较快,但沿线左侧为居民区,时有行人、电动自行车及摩托车车辆横穿,与车辆发生碰撞,引发死伤事故。

图 2.10　K71+000~K71+500 路段

(7) 嵊义线 K3+300～K4+480 路段环境现状与事故成因

该路段位于新市镇镇区路段,从小砩环岛开始,公路变成三幅板断面。公路两侧均为工厂和民居,开口多,驶出车辆速度快,道口标识缺失或不清,不易识别;主线限速标志混乱,两限速标志之间间距过短;沿线混合交通严重,电动自行车、摩托车、行人横穿现象严重,交通秩序混乱,死伤事故时有发生。

该路段非机动车道和人行道被乱停乱占的现象严重,使非机动车、行人被迫与机动车争路。小砩环岛出入口处行人横穿公路频繁,没有设置人行横道和相应标志,行人横穿现象频繁(图2.11)。该环岛交通组织混乱,统计期间环岛附近共发生五起伤人事故,时段集中在晚上18:00～21:00交通量较大、驾驶员反应慢的时段。

该路段总共发生34起死伤事故,事故原因以妨碍交通驾驶行为为主,事故形态主要为侧面相撞、正面相撞、尾随相撞、刮擦行人等,造成4死42伤,平均每百米发生2.3起伤亡事故,受伤人数3人/100 m,是嵊义线事故多发、伤亡率居高不下的重点路段。

图 2.11 嵊义线小砩环岛

(8) 嵊义线 K10+900～K13+000 路段环境现状与事故成因

该路段位于嵊州市甘霖镇路段,为双向四车道公路,单幅板断面(图2.12)。路段沿线多为单位和居民房,开口多,道口标识缺失或不清,不易识别,汽车、摩托车与开口驶出的汽车、摩托车、电动自行车发生横向碰撞的事故多;主线限速标志混乱,两限速标志之间间距过短;混合交通量大,行人、电动自行车、摩托车横穿现象严重;在统计期间,在统计期间该路段发生6起事故,造成5死3伤,为浙江省2008年省级道路交通事故多发段。

图 2.12 嵊义线甘霖镇路段

2.3 城镇化公路交通事故隐患路段分析

2.3.1 城镇化公路几何要素与交通安全关系分析

根据实际调查与分析,城镇化公路路段与路线几何要素有关的安全隐患路段主要包括小半径曲线路段、陡坡路段、视距不良路段。其中小半径曲线路段可分为急弯路段、长直线接小半径平曲线路段、桥头接小半径平曲线路段。

2.3.1.1 小半径曲线路段

(1) 急弯路段的安全问题分析

道路的平曲线越小,曲率越大,弯道越急;反之,道路的平曲线半径越大,曲率越小,弯道越缓。车辆在曲线上行驶,由于受到离心力的作用容易向外侧侧滑和倾翻,降低了车辆的稳定和安全程度。车速越高,离心力越大,这种危险就越大,发生的事故也越严重。

在急弯路段,由于视距条件受限,驾驶员不能清楚看到曲线另一侧的道路和车辆,对于前方道路的走向和对向来车不能很好地预判。在这种情况下,允许驾驶员进行判断、反应和驾驶员操作的时间比较短,如果车速过快,就有可能出现因避让不及导致的对撞事故,另外,过快的车速有可能导致车辆驶出路外,导致较严重的侧翻、坠坡等事故。在夜间行车时,因灯光照射不是顺着曲线的,更难发现前方的情况,增加了发生事故的潜在危险。

所以急弯存在的主要安全隐患一般是由于视距不良,在车速过快的情况下,会发生以下事故,事故形态主要有以下几种:①与对面驶来的车辆或路面的其他障碍物发生碰撞;②单车碰撞弯道外侧的山体或驶出路外;③发生侧翻事故。

(2) 长直线接小半径平曲线路段的安全问题分析

过长的直线段,易使驾驶员因景观单调而产生疲劳,注意力不集中,反应迟缓,一旦有突显信息出现,就会因措手不及而发生事故。另外,驾驶员在长直线路段容易开快车,致使车辆进入直线路段末端后曲线部分速度仍较高,若遇到弯道超高不足,往往导致倾覆或其他类型的交通事故。

长直线接小半径平曲线路线包括两种情况:①平坡或下陡坡的直线尽头接小半径平曲线,往往导致车辆进入曲线时速度过快;②上陡坡的直线接小半径的凸形竖曲线,往往导致视距不足。

大量研究发现,交通事故往往因车辆行驶速度发生急剧改变(超速、过度减速)而引发的。长直线尽头接小半径平曲线的不良线形组合的不均衡容易导致车辆的行驶速度改变过大,极易发生交通事故。事故一般会发生在长直线的尽头与小半径平曲线的前半部分,引起事故的主要原因是在长直线路段车辆速度过快,长直线的尽头与小半径平曲线允许通过的速度较低。事故形态如下:①单车碰撞小半径平曲线外侧的山体或驶出路外;②在小半径平曲线的前半部分发生侧翻事故;③小半径平曲线的前半部分与对面的车辆或路面的其他障碍物发生碰撞。

(3) 桥头接小半径平曲线路段的安全问题分析

桥头接小半径平曲线路段(图 2.13)存在的安全隐患与单个急弯路段类似,但由于事故形态以碰撞桥头或掉到桥下为主，事故后果更为严重，易造成重大的人员伤亡和财产损失。

图 2.13 桥头接小半径曲线路段

绍甘线 K42+544~K42+603 为马溪桥，桥两头均接小半径曲线，桥梁护栏不具防撞性，在马溪桥甘霖桥头有车辆撞击的痕迹，如图 2.14 所示。

图 2.14 马溪桥桥头

2.3.1.2 陡坡路段

调查显示，在平原地区、丘陵地区和山区道路上，发生于坡道上的交通事故分别占 17%、18% 和 25%。分析坡道上交通事故率高的原因，主要是下坡时，驾驶员为节油常采取熄火滑行的操作方法，一旦遇到紧急情况来不及采取应急措施，此类事故约占坡道事故的 24%。车辆下长坡时，由于重力作用，行驶速度过高，制动非安全区过长，频繁使用制动器致使制动器产生热衰减，遇有紧急情况不能及时停车，此种原因引起的事故占坡道事故的 40%；车辆上坡行驶时，由于超越停放或后备功率较小的低速行驶车辆所造成的坡道事故占 18%；由于其他原因引起的坡道事故占 18%左右。

在陡的上下坡段上，发生道路交通事故的主要原因有三个方面，一是下坡行驶的汽车驶出路基，或者与上坡超车的迎面来车相撞；二是在持久下坡情况下，行车速度过快；三是在绕过路边的停车行驶时，与对面来车相撞。第一种类型的事故占较大纵坡路段道路交通事故总数的 24%，第二种类型的事故占 40%，第三种类型的事故占 18%。在上坡道上行驶时，事故特征主要分布在上坡道的上凸部分与过了坡顶后紧接着的路段；下坡行驶时，事故特征点则主要分布在纵断面的下凹部分，因为下坡汽车驶入该处时车速达到较高的数值。坡度越陡，事故率就越大，当坡度大于 8%时，事故率便急剧上升。陡坡路线如图 2.15 所示。

图 2.15 陡坡路段

下陡坡路段存在的主要安全隐患一般与车速过快或连续刹车导致车辆制动失效有关，存在的主要事故形态是：①与对面驶来的车辆或路面的其他障碍物发生碰撞；②与同向行驶慢车发生追尾；③在下坡途中的急弯处发生碰撞弯道外侧的山体或驶出路外；④在下坡途中的急弯处发生侧翻事故。

上陡坡路段存在的主要安全隐患一般与货车行驶速度过慢或货车占道行驶或客车违章强行超车有关，存在的主要事故形态有：①车辆强行超车时与下坡驶来的车辆或路面的其他障碍物发生碰撞；②车辆与同向行驶慢车发生追尾。

一般说来，陡下坡的危险性要大于陡上坡方向。

2.3.1.3 视距不良路段

为了保证行车安全，驾驶员在行车时，需要随时都能看到公路前方的一定距离，以便发现障碍物或对迎面来车采取停车、避让、错车或超车等措施，为完成这些操作过程，必须满足一定的视距要求，如若无法满足这些要求就是视距不良。

视距直接影响驾驶员接收交通信息，因此，视距对交通安全的影响较大，视距不良引起的交通事故的明显增加。在小半径弯道、小半径凸形竖曲线、交叉口、其他超车视距不良等路段,易发生交通事故。通过各种调查结果进行统计分析可知,视距越小,交通事故率就可能越高。

视距不良路段可能存在以下路段处:①弯道内侧的山体[图 2.16(a)];②弯道内侧有建筑物[图 2.16(b)];③弯道内侧有茂密的较高植被[图 2.16(c)]处;④小半径凸形竖曲线顶部附近[图 2.16(d)];⑤无交通控制的平交口[图 2.16(e)、图 2.16(f)]两侧的视距三角形内存在阻挡视线的障碍物。

(a)弯道内侧的山体

(b)弯道内侧的建筑物

(c)弯道内侧的植物

(d)凸型竖曲线的顶部附近

(e)交叉口视距一侧不良

(f)交叉口视距两侧不良

图 2.16 视距不良路段

视距不良路段主要安全隐患一般是由于行车视距无法满足要求,且车辆占用对向车道,行驶速度过快有关,存在的主要事故形态是:①与对面驶来的车辆或路面的其他障碍物发生碰撞;②在下坡途中的急弯处发生碰撞弯道外侧的山体或驶出路外;③在下坡途中的视距不良急弯处发生侧翻出路外的事故。

2.3.2 横向干扰严重路段

从城镇化公路交通事故形态看,复杂的路侧环境导致的横向干扰严重是交通事故发生的主要原因之一。因而,结合调查的具体情况,对穿越城镇路段、穿越村庄路段、过学校路段、平面交叉口、路侧开口路段交通安全状况进行了分析。

2.3.2.1 穿越城镇路段

在城镇规划中,对道路建设和交通发展估计不足。公路穿过城镇地段(图2.17),往往交通比较复杂、流量较大,且街道化发展很快,因规划缺乏前瞻性,造成车多路窄,镇区机动车、非机动车混行,街道周围又无临时停车点,机动车随意占道停放,一些沿街店面违章摆摊设点,严重影响了机动车的正常行驶。另外,城镇路段路侧开口(图2.18)一般比较密集,开口的随意性大,从开口处随意穿越的道路的现象十分普遍,给正常行驶的车辆造成很大的干扰,存在较大的安全隐患。

图2.17 过城镇路段

图2.18 过城镇路段密集的开口

城镇路段,行人和非机动车相撞事故率通常很高,这主要是与行人在不合适的地方横穿道路有关。村镇附近人口、商业活动密集,行人的安全意识比较差,横穿公路、违章占道等现象较为普遍,而车辆在进入城镇之前车速一般均较高,驾驶员稍有不慎,就容易造成撞行人事故。

公路穿越集镇路段主要的安全隐患是快速行驶的车辆与横穿行人、自行车、电动自行车之间的碰撞,横穿行人、自行车、电动自行车往往是事故的弱势群体,事故一般都伴有人员伤亡。

K10+400~K12+700为嵊州市甘霖镇镇区路段(图2.19),单幅双向四车道公路,交通量较大,车速较快,交叉口和开口多,在统计期间共发生7起伤人事故,造成3亡5受伤。

图2.19 过甘霖镇镇区路段

K17+000~K18+500为嵊义线大王庙镇镇区路段(图2.20),单幅双向四车道二级公路。该路段交通量较小,交叉口和开口较少,行人和非机动车横穿较少,发生事故较少,在统计期间只发生3起伤人事故,造成1亡3受伤。

图2.20 过大王庙镇镇区路段

K49+475~K50+100 为嵊州市谷来镇镇区路段(图 2.21),双车道公路,路基宽 10 m,行车道宽 7 m,两侧已完成街道化,开口多,横向干扰严重,但由于行车道窄,交通量小,车速较慢,发生事故很少,在统计期间只没有发生死伤事故。

图 2.21　过谷来镇镇区路段

2.3.2.2　穿越村庄路段

一般情况下村民的房屋距离路边比较近,有些甚至就在路边(图 2.22),虽然在乡村行人的集中程度比城镇路段要低得多,但是由于村庄中人少,汽车、摩托车会保持较高的运行速度,如果自行车(电动自行车)、行人,特别是村里的老人和小孩,突然从路边开口出现在道路上,车辆往往无法及时制动,容易导致比较严重的侧撞事故。

图 2.22　穿越村庄路段

2.3.2.3 过学校路段

在每天上学和放学的时间段内,会有大量儿童穿行道路或在道路上行走。由于儿童缺乏在道路上安全步行的技能和习惯,特别是 10 岁以下的儿童,他们的注意力很容易分散,也不能适应复杂的交通环境,经常把道路作为嬉戏的地方,可能在安静的状态中突然冲向某个方向,给正常驾车的驾驶员造成意外。绍甘线沿线过学校路段较少,在平水镇沿线有越崎中学和平水镇中心学校,另外在 K49+160 处临近一座学校,如图 2.23 所示。

图 2.23 过学校路段

2.3.2.4 路侧开口路段

由于绍甘线沿线人口和村庄比较密集,接入的农村公路、单位出入道路及机耕路比较多,开口比较频繁,开口的随意性大。相当数量的接入道路路面采用水泥混凝土路面,车辆驶入主线的速度比较快。同时,这些开口普遍存在以下特点:①开口处接入道路的路面情况良好,许多接入道路上的车辆不减速冲入主路,以致在开口处侧向碰撞事故频发。②开口宽度是接入道路宽度的几倍,开口宽度过大,无法规范驶入车辆的轨迹;③开口处受庄稼、灌木、树木、建筑物的遮挡,视距不良情况下较为普遍,开口不宜识别;④没有路权管理,接入道路上没有设置相应的路权管理标志。

由于以上特点,开口处容易发生直行车辆侧面碰撞开口处驶入的车辆或非机动车;或者因直行车辆转弯驶入开口道路时,因减速过快,后面的车辆与其发生追尾事故;或者直行车辆转弯驶入开口道路时,因没有及时发现路口,转弯速度过快而导致侧翻事故等。

2.3.3 公路条件变化路段

公路条件变化路段主要安全隐患是驾驶员没有及时调整驾驶行为而导致车辆碰撞障碍物、对撞等事故的发生。在公路条件变化路段前,应给驾驶员足够的提前警告。绍甘线公路条件变化主要有路基(路面)宽度变窄、路中间出现上跨桥墩、设计速度变化等。

2.3.3.1 路基(路面)宽度变窄

路基(路面)宽度变窄路段是指路基或路面的宽度变窄,其主要安全隐患是驾驶员在快速行驶中,由于精力不集中或者视线问题,没有及时提前做好变换车道的准备,而发生冲出路侧,撞到路边障碍物或者交通设施上,如果路基路面变窄处在路侧比较危险的地方,容易发生人员伤亡的单车交通事故。如果路基路面变窄路段的提示标志和相关的指示信息不足,或路面宽度变化较大而过渡段较短时,车辆由于外侧车道汇入内侧车道时极易发生多车追尾的交通事故,夜间这种事故的可能性更大,如图2.24所示。

图2.24 路基(路面)宽度变窄

2.3.3.2 上跨构造物的墩台侵入路面

公路上方上跨构造物的墩台如果侵入路面范围内时,其存在的主要安全隐患是在车速过快,驾驶员没有注意侵入路面的墩台时,发生碰撞墩台的事故,不仅可能给构造物本身带来破坏,还对驾驶员的生命造成严重威胁。图2.25为绍甘线平水镇K12+170处上跨构造物的墩台侵入路面的情况。

图2.25 存在上跨构造物

2.3.3.3 设计速度变化处

当相邻的路段采用不同的设计速度时,意味着前后路段采用的技术标准会不同,这种变化驾驶员无法直接发现。如果设计速度变化处设置在地形或其他环境条件没有明显变化处,则驾驶员基本不知道设计标准的变化。因为驾驶员在驾驶过程中倾向按习惯采取行动,所以在驾驶员无法察觉前方道路设计标准发生变化时,其会根据习惯,继续按照原来的速度行驶。如果行进方向的设计速度是降低的,则当前方突然出现急弯时,驾驶员可能来不及调整车速而发生事故;如果行进方向的设计速度是提高的,一般不会发生危险。

2.4 城镇化公路交通事故发生机理

通过对绍兴市绍甘线、嵊义线以及其他干线公路城镇化路段交通事故的调查与分析,城镇化公路交通事故特征可总结为:

1) 从事故形态及原因分析。事故形态上,侧面相撞是发生概率最高的事故形态,其次是正面相撞和尾随相撞,三种形式事故共占事故总数近87.8%,这也与事故原因中超速行驶和不按规定让行占很大比例相对应。从一定程度上反映了城镇化双车道公路存在的超速行驶、随意超车、行人非机动车任意横穿公路等现象。

2) 从车辆因素分析,事故车辆中小客车占的比重最大,其次为摩托车、小货车、三轮车,摩托车、三轮车发生事故的概率高于一般道路。而从双方交通方式分析,与摩托车有关的交通事故则占55%,与行人有关的交通事故占23%。反映了城镇化公路交通组成复杂,而摩托车和行人交通行为较为随意,是事故发生的重要因素。

3) 从交通事故发生的路段特征分析,平直路段发生交通事故的概率达到70%以上,与车辆超速、路侧环境恶劣有很大的关系。公路两侧房屋密集、村镇道路随意开口、交叉口设置不规范、交通安全设施缺失等是导致交通事故频发的主要原因。

第3章

城镇化公路运行速度预测模型

设计速度是我国进行公路几何设计的依据。基于设计速度的路线设计方法在进行安全设计和评价方面存在诸多缺陷,基于运行速度进行路线安全设计和评价则可以解决线形设计不连续、安全评价缺乏合适标准等问题,建立运行速度预测模型则是利用运行速度进行安全设计和评价的关键技术问题之一。本书在对浙江省绍兴市多条省、市干道的运行速度观测的基础上,运用统计分析方法建立了城镇化公路运行速度预测模型。

3.1 运行速度预测模型建立方法

3.1.1 模型建立策略

建立综合反映平、纵线形和横断面要素影响的城镇化公路运行速度预测模型是本书的主要研究目标之一。平、纵线形对运行速度的影响可分为以下三种方案:①平面线形和纵断面线形对运行速度影响是相互独立,影响效果是线性可叠加的。②平面线形和纵断面线形的影响是交互的,且影响的效果是叠加的。③仅某些线形要素影响运行速度,另一些线形要素几乎不产生作用,可以忽略不计。

第一种方案可以应用于平曲线和凸竖曲线或凹竖曲线组合情况。用这种方案,两种线形条件都影响速度,但是这两种线形之间没有交互作用,采取的策略是将纵断面线形的影响和平面线形的影响进行叠加。这种情况下,平面线形变量和纵断面线形变量在回归等式没有交互作用的成分。

第二种方案应用于平面线形对运行速度的影响依赖于和它组合的纵断面线形的情况。采取的策略是,回归方程中包含平面线形和纵断面线形两种变量,也可根据纵断面线形不同情况(不同坡度范围等),分别建立含有平面线形变量的方程。

第三种方案应用于某种线形条件为运行速度的控制因素。采取的策略是,根据控制因素情况分别建立回归方程。

根据上述策略,针对不同的线形路段分别建立了平曲线段速度预测模型、直坡段速度预测模型和平、纵组合段速度预测模型,同时对横断面影响速度的情况进行了研究。

(1)平曲线段速度预测模型

在纵坡坡度较小的平曲线路段,车辆行驶过程中平曲线线形条件对速度影响占主导作用。由于纵坡坡度较小,纵坡对于速度的影响忽略不计。而当平曲线半径大到一定程度时,平曲线对速度的影响甚微,可以当作直线对待。因此,主要针对纵坡坡度在-3%~3%范围内,曲线半径在60~400 m范围内的情况,考虑建立基于平曲线要素如曲线半径R、曲率变化率 CCRs 等的速度预测模型。

（2）直坡段速度预测模型

直坡段是指半径大于一定值的平曲线或者直线与纵坡的组合路段。纵坡与大半径平曲线组合，半径不是影响运行速度的控制因素，研究中主要考虑纵坡对速度的影响。基于此，在研究直坡段上运行速度时，选择平曲线半径大于 800 m 路段，研究坡段纵坡参数，如坡度、坡长等对运行速度的影响，建立直坡路段速度预测模型。

（3）平、纵组合段速度预测模型

平、纵组合路段，分别分析平面线形和纵断面线形对车辆运行速度的影响程度，回归模型以平曲线半径 R 和竖曲线曲率 K（竖曲率 $K=R_{\text{竖}}/100$，也采用 $1/K$ 形式）为自变量，采用不同纵断面线形条件下（不同竖曲线或不同坡度范围）建立不同回归方程的策略。

（4）横断面要素对速度影响

由于横断面要素如车道宽度和横向偏移等对速度影响是交互的，在分析中，采取的主要策略是先单独分析各横断面要素分别对车辆速度的影响情况，然后综合各要素建立运行速度影响模型。

3.1.2 模型建立方法及解决的主要问题

模型建立方法是统计回归方法。统计回归方法能较好地反映车辆运行速度与诸影响因素之间的因果关系，并且能较容易地建立模型和检验预测结果，因而统计回归分析方法在运行速度预测中应用最为普遍。图 3.1 为运行速度预测模型流程图。

采用统计回归的方法建立速度模型，需要解决以下问题：

（1）数据采集与分析方法

与速度预测相关的各种数据和资料是进行预测的基础，因此，应根据预测目标的具体要求，收集预测所需的各种数据和资料。同时对收集来的各种信息进行分析、处理，整理出真实可用的信息。运行速度数据根据现场观测获得，几何线形与环境数据则通过调查与查阅文件手段获得。

（2）预测模型变量选择

估计预测模型的变量，分析变量与速度之间的关系。通过检验和评价确定变量能否反映运行速度的总体趋势、与速度的相关性等。如果相关性强，则说明该变量可用，如果相关性不强，则应舍弃该变量。

（3）预测模型形式及回归参数确定

采用回归分析的方法，利用确定的变量进行预测模型多种形式的拟合，选取拟合优度最佳的作为预测模型形式，并对模型中回归参数进行确定。

（4）预测结果检验与校正

对预测模型结果进行分析，将预测结果与实际车速数据分析比较，检查判断预测结果的合理性，并对预测结果加以修正。运行速度预测模型流程如图 3.1 所示。

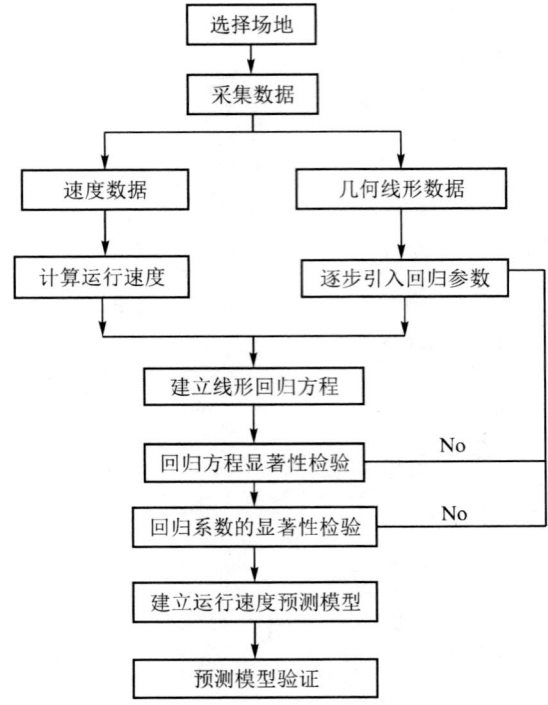

图 3.1 运行速度预测模型流程图

3.2 数据的采集与分析

3.2.1 位置选择

3.2.1.1 平曲线段

本研究目的在于获取车辆在环境良好、接近自由流状态下的运行车速与平曲线要素之间的关系,位置选择标准见表 3.1。

表 3.1 平曲线段实验地点选择标准

控制条件	标准
地区类型	平原微丘区、山岭重丘区
公路等级	二级、三级
设计速度/(km/h)	80~40
平曲线半径/m	60~400

根据以上标准,外业调查选择在浙江省绍兴市绍甘线、嵊义线、江拔线和象西线等典型路段进行观测。

3.2.1.2 纵坡段

结合本研究,以浙江省的城镇化公路为研究对象,分别选取位于平原微丘区和山岭重丘区的路段。试验地点选择标准如表 3.2 所示。

表 3.2　纵坡段实验地点选择标准

控制条件	标准
公路类型	二级、三级公路
进、出口密度/km	≤21
功能分类	集散公路
设计速度/(km/h)	$40 \leq v \leq 80$
地形	无限制
平曲线半径/m	≥800
坡度	$-7\% \sim +7\%$
路面宽度/m	8.5~12

相关研究表明,平曲线半径大于 400 m 时,运行速度基本上不受半径大小的影响,当半径大于 800 m 时,平曲线上运行速度接近直线上的运行速度。因此,在研究纵坡段运行速度时,为避免平曲线影响,选择平曲线半径大于 800 m 的路段作为观测地点。

3.2.1.3　横断面

以浙江省绍兴市部分二级、三级公路为研究对象。通过进行实地调查,采集不同司机在不同的车道和路缘宽度的平直路段上驾驶车辆的运行速度,并观测车辆在车道中的横向位置。试验地点的选择标准如表 3.3 所示。

试验的具体地点选在绍兴市绍甘线 K23+530~K23+620,象西线 K122+410~K122+460、K109+800~K09+300,江拔线 K41+750~K41+810,且周围有树丛可供试验人员隐藏,减少对驾驶员的干扰,试验路段具体见表 3.4。

表 3.3　横断面试验地点选择标准

控制条件	标准
路面状况	各项指标符合标准
平曲线半径/m	>1000
纵坡坡度	<3%

表 3.4　试验路段表

观测点	所在地形	设计速度/(km/h)	路基宽度/m	行车道宽度/m	土路肩宽度/m	纵坡/%
绍甘线	山岭重丘区	40	7.5	3.25	0.5	<5.0
江拔线	山岭重丘区	60	10	7	0.75	<4.0
象西线	平原微丘区	80	12	7	0.75	<3.0

3.2.1.4 试验地点选择考虑因素

1)选择日交通量接近 2000 辆自由流路段,避免交通量较大对车辆运行的干扰和交通量较小影响试验效率。

2)避开接近城镇和人口密集聚居地区,避免非交通因素对车辆运行速度的干扰。

3)试验人员应隐蔽自身,避免由于实地观测对车辆运行产生干扰。

3.2.2 观测设备

观测设备包括 Nu-Metrics 便携式交通数据采集仪、SONY 数码摄像机、刻度板(横断面试验)等。

(1)Nu-Metrics 便携式交通数据采集仪

Nu-Metrics 便携式交通数据采集仪(NC200)旨在提供精确交通流量计数、车速及车型分类数据。传感器可直接安装于通车车道上,以获得实测数据,并具有安装及移除便捷的优点。NC200 型可以提供车辆计数、车速及车型分类数据。NC200 型交通数据采集仪如图 3.2 所示。

图 3.2 NC200 型交通数据采集仪

主要技术参数

外壳材料:挤压/阳极化铝;

极限承载强度:88 000 磅/平方英尺(607 MPa)

尺寸:181 mm×118 mm×12.7 mm;

操作温度:-20~60 ℃;

车辆长度精确度:90%的测量时间内处于±1.2 m 的精确度;

车辆速度精确度:90%的测量时间内处于±5 km/h 的精确度;

车辆计数测定精确度:95%的测量时间内,处于±1%的精确度;

车辆检测速度:处于 13~193 km/h 的车辆。

(2)数码摄像机

SONY 摄像机如图 3.3 所示,12 倍光学变焦,水平清晰度 520 线,内置麦克风,记忆介质是 DVCAM 磁带,操作温度 0~40 ℃,存储温度-20~60 ℃,可以清晰拍摄到汽车通过道路某一断面的画面。

图 3.3　SONY 数码摄像机及三脚架

(3) 刻度板

刻度板用于辅助观测横断面各要素对运行速度的影响以及车辆横向偏移情况。刻度板如图 3.4 所示,长 1 m,字高 10 cm,长刻度线高 10 cm,短刻度线高 5 cm。将刻度线用油漆喷绘在靠近行车道分隔线的地方,通过观测车辆压过刻度线的位置,获得车辆在横向的行驶轨迹,确定横向偏移情况。

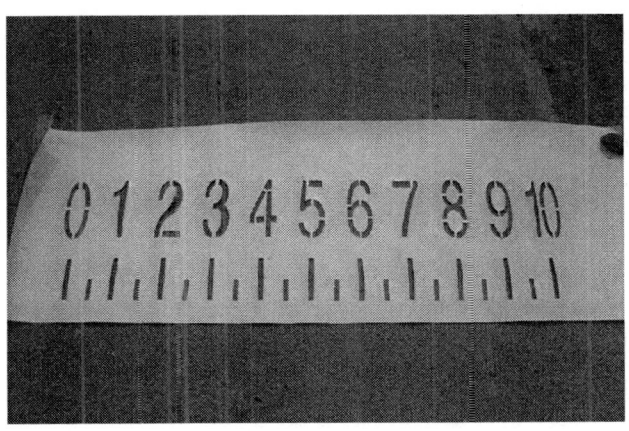

图 3.4　刻度板

3.2.3　观测点布设及数据采集

3.2.3.1　观测点布设

(1) 平曲线段观测点布置方案

为了反映车辆在平曲线上行驶的规律,观测点布设位置从平曲线起点前 200 m,每隔 50 m 选取一个断面,进入曲线段后取曲线起点、1/4 点、曲线中点、3/4 点和曲线终点,驶出曲线后每隔 50 m 选取一个断面至离曲线终点 200 m 结束,具体布置位置见图 3.5。确定观测点后,利用 NC200 测设各点车辆的运行速度。

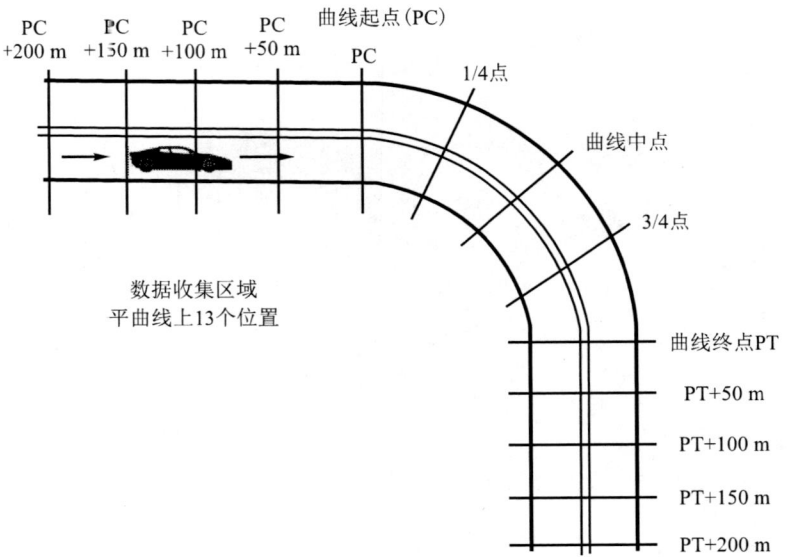

图 3.5　平曲线观测点布置示意图

(2) 纵断面观测点布设方案

纵坡路段车速采集时,一般在纵坡上根据坡度的长短设置 3 个断面,为确保每个试验断面车速采集的精度,在每个断面一定距离内用红色布做出醒目的标记。纵坡路段观测点布置示意见图 3.6。

凹竖曲线和视距不受限制的凸竖曲线在两个位置测速,分别是竖曲线的中点、衔接竖曲线前直线的中点。视距受限制凸竖曲线在三个断面测速,除上述的两个观测点外,增加了最小视距点位置断面。最小视距点位置比凸竖曲线顶点垂直高度低 1.07 m(驾驶员眼睛的高度统计值),如图 3.7 所示。

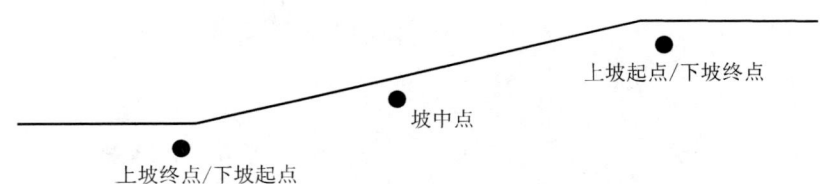

图 3.6　纵坡试验仪器布置示意图

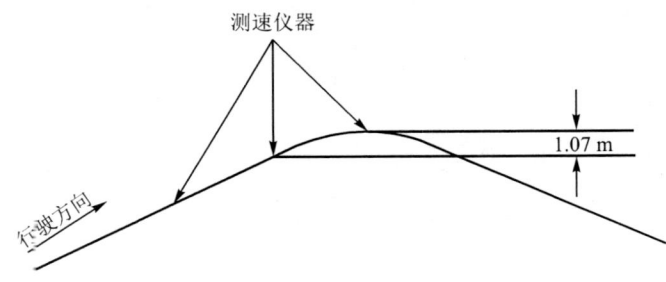

图 3.7　竖曲线试验仪器布置示意图

（3）横断面观测点布设及观测方法

横断面数据观测需采集路面状况、路面附着状态、公路横向干扰状态等数据。路面状况通过观察记录公路标线是否齐全清晰、路面的破损情况。使用摆式仪来测量路面附着系数，以反映路面附着状态。通过观察记录公路隔离状况、试验路段中公路交叉口数量、公路两侧环境状况（是否有住户、村落等），并观察期间行人数量和横穿行为状况以说明公路横向干扰状态。横断面对运行车速影响则可通过以下方法观测：在试验路段，沿横断面用刻度板喷绘出尺寸刻度，喷绘长度3 m，如图3.8所示。

图3.8 喷绘尺寸刻度

在路边高处架设摄像机，拍摄汽车通过尺寸刻度的情况，保证在镜头中车道横向分割线清晰可见。同时，试验人员用雷达测速仪测出每一个通过尺寸刻度汽车的车速。

3.2.3.2 数据采集

（1）车辆分型

根据我国技术标准规定设计车辆种类和路上车辆的实际行驶种类，将路段内测点实测的各种汽车划分为三种，即：

小型车（PC）：轴数=2，2.00 m≤轴距<3.00 m。包括各种类型的小、中客车（少于21座）、面包车等。

中型车（LT）：轴数=2，3.00 m≤轴距<4.00 m。包括各种类型的大客车（多于21座）、小、中货车（载重量小于7吨）等。

大型车（HT）：轴数>2，轴距≥4.00 m。包括各种类型的大货车（载重量大于7 t）、拖挂车、集装箱货车等。

根据我国国道网交通量特征分析的研究，公路交通量中，小客车是最主要的车型，小客车交通量的平均比重在40%以上。作为一种最主要的车型，小客车一般被用作线形设计的标准车型。中型载重汽车是低等级公路的代表车型，通常在公路路线设计中主要考虑中型载重汽车（中型货车）的车辆行驶特性和几何特征，以保证其行车安全。

根据对绍兴市城镇化公路交通量OD调查（即交通起止点调查）结果（表3.5）显示，小客车、中货车、摩托车所占比例较大，为主导车型。

表 3.5 区域 OD 调查车辆比例

车型	小客车	中型货车	摩托车	小型货车	中客	大货车	其他
占比	43.49%	23.05%	21.74%	9.12%	1.60%	0.80%	0.20%

因此,本研究在对平曲线段研究时主要以小客车和中型货车为研究对象;在进行纵断面运行车速研究时,由于大型车交通事故率较大,把小型车和中型车划分为小车类,把大型车划为大车类,分别研究。

(2)样本量确定

控制样本量的目的是保证观测速度值的精度。每个断面车速调查所需观测的最小车数,用下式计算确定:

$$n = (\sigma K/E)^2 \tag{3.1}$$

式中　n——最小样本量。

E——车速观测值允许误差,km/h;其值取决于平均车速要求的精度,一般可取 $E=2.5$ km/h。根据测速仪器的性能,以及试验要求,本次调查车速观测值允许误差取 2.5 km/h。

σ——样本标准差的估计值。

K——置信度水平系数,一般取 95% 的置信度水平,即 K 取 1.96。

计算出来的样本量约为 70 辆,考虑到野外调查的工作量以及费用因素,实际调查中,每个调查断面的调查在保证车速误差要求下,可进行适当的调整。

3.2.4　道路与事故资料收集

典型路段线形资料:

1)地形地貌特征、日交通量、天气情况、交通设施、周围环境。

2)公路平面线形参数,包括平曲线半径、曲线长度、曲线转角、圆曲线长度、缓和曲线长度。

3)公路纵面线形参数:纵坡的坡度 $G(\%)$,坡长 $L(m)$,纵坡的起点 ZPC,中点 ZPI,终点 ZPT,竖曲线前坡 G_1,后坡 G_2,竖曲线长度 L_V,竖曲线起点 VPC、中点 VPI、终点 VPT 的里程桩号;注意标明是凸竖曲线还是凹竖曲线,连接竖曲线直线的长度 L_T 和坡度 G_T,直线起点和终点的里程桩。

4)公路横断面线形参数:行车道宽度(m)、路肩类型及宽度(m)。

3.3　平曲线段运行速度预测模型

3.3.1　基本假定

车辆运行速度取决于三个条件,分别是:①驾驶员行为;②车辆类型;③公路交通条件,主要包括公路及其路侧的特征、交通组成和速度限制等。

3.3.1.1　驾驶员行为分析

车辆的实际行驶速度取决于驾驶员的驾驶行为,要正确回归分析并预测运行车速,必须分析驾驶员的驾驶行为特征。

在直线路段上,驾驶员往往会在路面状况、路段长度、车辆性能、交通状况所容许的范围内,按照自己的习惯驾车。直线路段越长,驾驶员个人的习惯表现得就越明显,有限个速度观测值的变化范围就越大。当驾驶员到达曲线段时,若曲线半径大于某一临界值($R_临$),驾驶员会将其作为直线处理;若曲线半径小于$R_临$,驾驶员会在缓和曲线段内减速,直至把车速降低到他认为能安全行驶在前方圆曲线段的车速,即曲线段运行车速;其后会逐渐加速直至车速恢复为直线段的正常状态。

经实际调查分析,并参考有关研究成果,对我国驾驶员行为特征作以下假设:

1)期望驾驶操作简单,即只通过控制油门的大小就可以完成变速过程。

2)当曲线半径大于某一临界值$R_临$时驾驶员不采取比较大的变速行为,此类曲线段视同直线段处理。

3)在直线(或相当于直线段的大半径曲线)上,驾驶员的行为主要取决于车辆的加速性能、初速度及直线路段的长度。当直线段较短时,驾驶员可能不采取加速行为,而保持原速度行驶;当直线段较长时,驾驶员会加速,直至到达一稳定速度,此稳定速度与直线段长度和初速有关。达到稳定速度后,驾驶员将在直线段一直以此速度行驶,这个速度即是直线路段的运行车速。

4)当直线路段上的驾驶员驶进曲线段时,首先会对曲线半径进行评估,然后采取自己认为安全的驾驶行为。当驾驶员在此路段上行驶时,若估计半径值小于其经验安全值时,驾驶员会在缓和曲线路段上采取减速行为,在进入圆曲线时完成这一过程。进入圆曲线后再根据圆曲线的实际半径情况决定是保持原速还是对速度稍加调整。

5)视距良好的情况下,驾驶员将在平曲线中点后,开始新的加速或者减速过程。

6)当汽车驶出曲线的运行速度在驾驶员认为的安全满意范围内时,驾驶员会保持原速行驶。在到达此曲线的尽头时,如果即将进入的是直线段或相当于直线段的大半径路段,驾驶员将会采取相应的加速行驶出曲线段。如果进入的依然是小半径曲线,那么驾驶员将会采取自己认为安全的减速行为。这样经过连续的加减速或保持原速的动作,驾驶员始终以自己认为安全的速度行驶。

3.3.1.2 公路交通条件因素

公路交通条件包括公路及其路侧特征、其他车辆的存在和速度限制等。实验测试公路的最大纵坡为8%,路段无平、纵组合曲线,故只需考虑平曲线几何要素的影响,对于竖曲线的影响忽略不计。

受路面宽度的影响,上行与下行的车辆是在不同的半径R_1、R_2上运行(设上下行车辆运行的半径分别为R_1、R_2),但是$|R_1-R_2|/R$相当小,通常不到3%,在理想状态下可以忽略不计。因此,对于试验所采集的数据,不对方向作区分,直接用于建立模型。

路段的交通量、限速及其他警告标志等都会不同程度对车速产生影响,对于这些因素主要通过选择测试路段、时段来予以弱化或消除。

综上所述,在建立平曲线段运行速度预测模型时,可忽略其他要素的影响,只计算平曲线线形要素的影响。

3.3.1.3 缓和曲线的处理

缓和曲线是设置在直线与圆曲线之间或半径相差较大的两个同向的圆曲线之间的一种曲率连续变化的曲线,作用是完成离心加速度、超高横坡以及视觉上的渐变,表达式为:

$$RL_s = A^2 \tag{3.2}$$

可以看出,表征缓和曲线曲率变化缓急程度的参数 A 与圆曲线半径 R、缓和曲线长度 L_s 都紧密相关,在 A、R、L_s 的共同作用下,缓和曲线上的运行速度才有了一定的特征,但并不是任何一个因素单独作用的结果,所以缓和曲线对 v_{85} 的影响很难从缓和曲线的参数 A 或 L_s 来评价。

同时,考虑到当车辆刚进入缓和曲线时,驾驶员难以判断车辆是在直线上还是在缓和曲线上,所以车速还是大致保持在直线上的状态;在逐渐转弯的过程中,车速才会逐渐变化接近在圆曲线上行驶的状态。相关研究成果表明,缓和曲线与交通安全以及运行车速的相关性不明显。因此,研究中不对缓和曲线单独考虑,而是把其并入圆曲线,作为圆曲线的一部分,从总体上分析曲线与运行速度的关系。

3.3.2 数据分析处理

3.3.2.1 速度数据分析检验

获得路段所有车辆车速并进行排序得到运行速度 v_{85}(85%位车速)的方法,工作量巨大,不具有经济性和可操作性。因而,采用样本分析方法,采用样本对车速总体分布进行统计推断,通过假设检验和计算累计分布频率估算 v_{85},可以体现随机因素对计算结果的影响,同时避免了插值法带来的弊端。

速度是一种连续型分布变量,并受公路几何条件、交通状况、路侧环境、车辆以及驾驶员等多种因素影响,是这些因素综合作用的结果,所以首先假设速度服从正态分布,再对此进行检验。

本研究采用单样本正态分布的柯尔莫哥诺夫-斯米尔诺夫检验(Kolmogorov-Smirnov test,简称 K-S 检验),检验一组样本(绍甘线平曲线半径 $R=550$ m 的曲中点中型货车速度数据)观测结果的经验分布同正态的理论分布之间是否一致,检验结果见表3.6。K-S 检验的基本思路是首先将顺序分类数据的理论累积频率分布同观测的经验累积频率分布加以比较,求出它们最大的偏离值 $D(x)$,然后在给定的显著性水平上检验这种偏离值是否属于偶然出现。

表3.6 Kolmogorov-Smirnov 检测结果

		速度/(km/h)
基本参数	平均值	36
	标准差	9.85
	最大绝对值	0.065
	最大正值	0.054
	最小负值	−0.065
Kolmogorov-Smirnov 检测值		0.78
概率 P 值		0.66

输出结果表明:中型货车运行速度(车速)的均值为 36 km/h,标准差为 9.85 km/h。$D(x)$ 的最大绝对值为 0.065 km/h,$D(x)$ 的最大正值为 0.054 km/h,最小负值为 −0.065

km/h。根据 $D(x)$ 计算出的 K-S 的 Z 统计量为 0.78，对应的相伴概率值为 0.66。由于相伴概率值大于显著性水平 0.05。因此，不能拒绝零假设。可以认为该段中型货车运行速度服从正态分布。

图 3.9 中的斜线是正态分布的标准线，散点是实测数据，散点组成的曲线越接近直线，表示数据分布越接近正态分布。

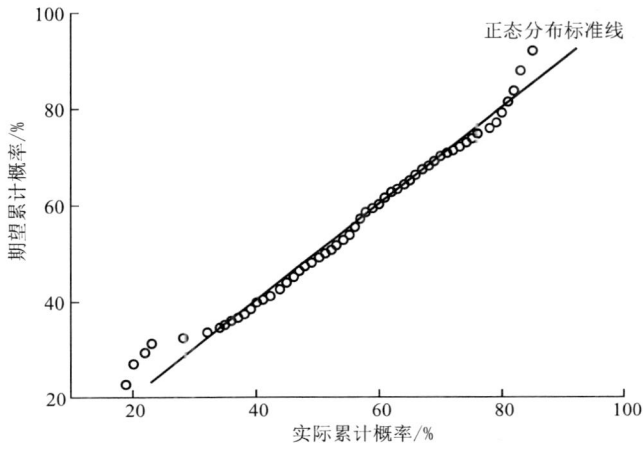

图 3.9 Normal Q-Q(Quantile-Quantile) 车速分布正态概率图

由图 3.10 可以看出，除了部分点外，大部分数据点都比较集中在正态分布标准线附近，各断面中位车速之间变化幅度不大，并且比较集中。

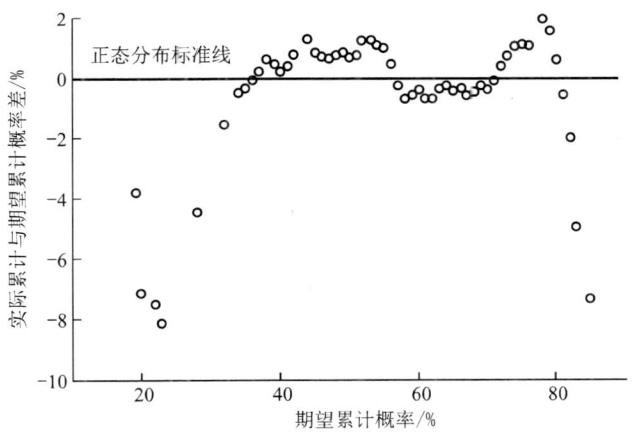

图 3.10 Detrended Normal Q-Q 车速分布正态概率图

3.3.2.2 速度差异性判别

当看到前方弯道时，不同的驾驶员会有不同的驾驶习惯，对相同的信息做出的反应也不同，如是否采取减速措施、减速幅度以及各自习惯的稳定车速等，这些差异在速度数据中可以表现为直线部分的平均车速与曲线部分的平均车速的差异。这些差异在一定程度上反映曲线对车速影响。因此考察直线与曲线部分平均车速的比值，可以为判别速度是否连续提供一定的依据。

研究表明，由于公路和交通状况对驾驶员的影响，使其最终改变车速和行驶轨迹，每种交通状况下的改变，特别是降低车速会使驾驶员的精神处于紧张状态，由车速降低导致事故的概率也就越大。在车辆实际运行中，车辆从 60 km/h 减速到 30 km/h 和从 120 km/h 减速到 90 km/h 的速度变化率是不一样的，引发的交通事故概率也不同。类似于此类情况，对速度差异性进行判别比运用速度变化值（Δv）更容易看出两种减速情况的优劣。

为此，定义速度差异对比值来反映不同驾驶员对于同一曲线的不同感知结果，从宏观的角度分析单个样本的差异性，进而从总体上判断曲线对于车速的影响程度，其计算方法如下：

$$VDR = \frac{v_{QZ}}{v_T} \tag{3.3}$$

式中　VDR——速度差异对比值；
v_{QZ}——曲口位置的速度，km/h；
v_T——进曲线之前的车速，km/h。

由定义可知：VDR＝1 时，表明车辆在曲线上的稳定车速与直线上的车速相同，即车辆没有因为曲线的存在而改变车速；VDR＜1 车辆在曲线上速度低于直线时，有减速行为；反之，VDR＞1 意味着车辆在曲线部分有加速行为。研究表明，减速幅度越小，VDR 越接近 1，由平曲线而减速造成的交通事故可能性就越低；反之，发生交通事故的可能性就越大。图 3.11～图 3.15 为不同半径曲线各样本 VDR 的对比，可以发现：

1）$R \leqslant 500$ m，VDR 相差较大，且 VDR−1＜0 的情况较多，其 Δv 值随着半径的减少而增大。小型车的 VDR 变化幅度较中型货车的大，主要原因是，小型车在直线上行驶速度较大，需要减速的力度也很大。

2）中型货车在半径 $R=500$ m 时，VDR 的变化幅度开始变小，行车速度受曲线半径的影响较小。

3）$R>650$ m 时，VDR 集中在 1 附近，无论是小型车还是中型货车，其行驶速度受曲线半径的影响都较少。说明驾驶员在经过这些曲线时，已将其当成直线处理了。

由此可以看出，半径较小时，曲线对车速有较大影响，样本的差异性较大，不同驾驶员、不同型号车辆对于小半径曲线的反应相差很大。半径较大时，曲线对车速影响较小，驾驶员对曲线的反应比较一致，车速没有发生较大的变化。

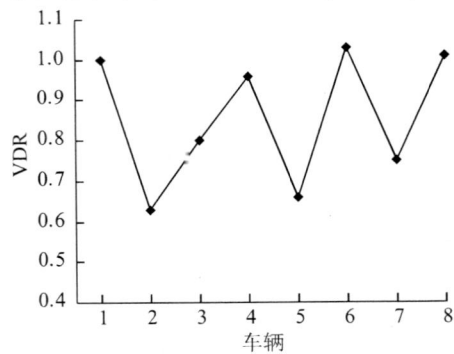

图 3.11　半径 200 m 小客车速度差异图

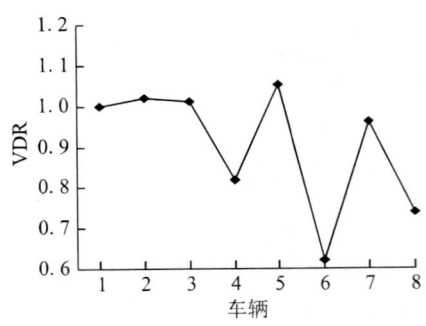

图 3.12　半径 200 m 中型货车速度差异图

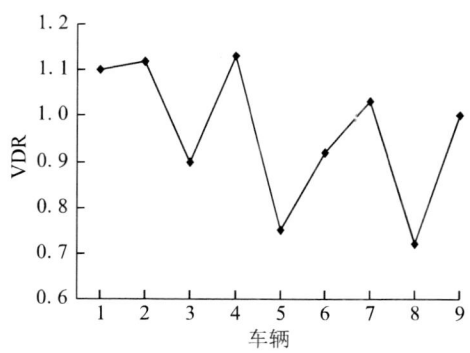
图 3.13　半径 400 m 小、中型车速度差异图

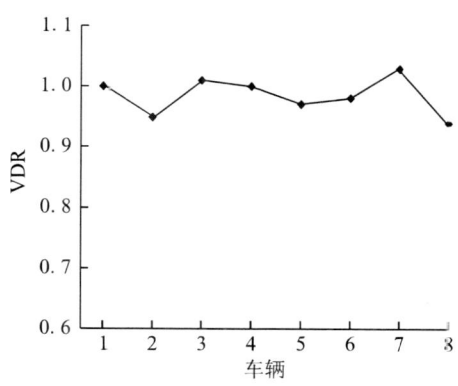
图 3.14　半径 500 m 中型货车速度差异图

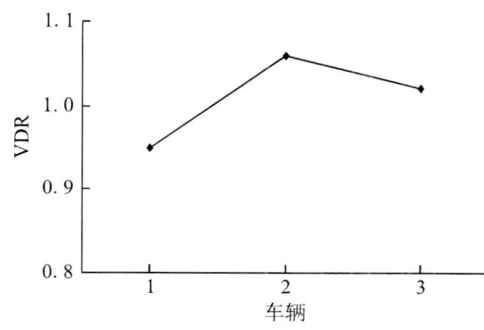
图 3.15　半径 650 m 小客车、中型车速度差异图

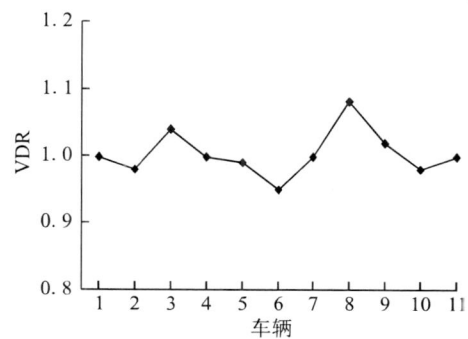
图 3.16　半径 1000 m 小客车、中型车速度差异图

3.3.2.3　直线段运行速度数据分析

为了标定城镇化公路小客车、中型货车邻近直线段的运行车速,外业调查选择了对浙江省绍兴市嵊义线、象西线的邻近小半径曲线段的直线段进行了车速观测。

表 3.7 为速度的统计量特征分析表。其中,小客车的观测数据(样本量 N)为 682 个,在直线段上运行时速度的离散程度较大(>12 km/h),偏度为 0.364,基本上以均值为中心呈对称分布,自由流速度为 28~65 km/h。中型货车的观测数据 526 个,在直线段上运行时速度的离散程度相对较小(<12 km/h)。偏度为 0.198,以均值为中心对称分布较明显,自由流速度为 23~54 km/h。

表 3.7　小客车、中型货车运行速度统计特征分析表

	N	最小值	最大值	平均值	样本标准差	样本方差	Skewness 偏度	Kurtosis 峰度
直线段小客车的观测速度/(km/h)	682	28	89	59.02	11.37	129.28	0.364	0.278
直线段中型货车的测速度/(km/h)	526	22	63	46.62	10 725	115.030	0.198	0.553

由表 3.8 可得,平原微丘区城镇化公路直线上小客车、中型货车特征车速:

小客车:$v_{85}=70$ km/h,$v_{50}=59.5$ km/h;

中型货车:$v_{85}=57$ km/h,$v_{50}=48$ km/h。

表 3.8 频数分析小客车、中型货车运行速度总数百分位值

运行速度百分位	小客车运行速度百分位值/(km/h)	中型货车运行速度百分位值/(km/h)
10	47.00	29..40
20	49.00	37.60
30	52.00	45.00
40	56.00	45.60
50	59.50	48.00
60	61.00	51.00
70	63.50	52.00
80	65.00	53.20
85	70.00	57.60
90	76.00	58.00

3.3.2.4 小半径曲线段运行速度数据分析

一般认为,车辆在曲线上行驶时,伴随着"发现曲线-进入曲线-驶离曲线",会有"减速进入-保持稳定-加速驶离"这一过程。为掌握汽车在曲线上的运行规律,应对车辆驶入曲线前速度与驶入曲线后速度的变化情况进行分析。

根据对不同半径的曲线路段上小客车和中型货车运行速度的分析,结合小客车在半径 $R=400$ m 的平曲线运行速度数据,回归分析得小客车在曲线前后 400 m 路段以及曲线段内的运行速度模型:

$$v=76.626+7.22\times 10^{-5}x^2+0.002x, R^2=0.946 \qquad (3.4)$$

式中 v——小客车的运行速度,km/h;

x——与曲线中点的距离,m。

根据分析,总结得出车辆的运行规律如下:

1)车辆在通过曲线时有"减速进入-保持稳定-加速驶离"的过程。

2)驾驶员从看到曲线后,开始有减速的动作,一直减到有安全感的速度为止,然后保持稳定车速,当通过曲中点后,若视距良好,开始加速行驶。

3)驶离曲线速度大于驶入速度,即 $|v_{驶离}|>|v_{驶入}|$。

4)平曲线半径越小,进入曲线前的速度与曲线段行驶速度差值越大,交通事故发生的频率相应也就越高。

5)车辆在曲线中点前后的速度变化过程大致呈二次曲线。

6)小客车、中型货车的运行速度随着曲线半径增大而增加,小客车增加的幅度大于中型货车。半径越小,中型货车随半径增加而速度增大的趋势越明显,当货车车速增大到 40 km/h 附近时,速度随半径增加的幅度较小。

3.3.3 模型的建立

3.3.3.1 小半径曲线段运行车速与半径模型

研究表明,车辆在小于曲线临界半径值 R_0(所谓临界半径,就是指当曲线半径大于 R_0 时,可以当作直线段对待)的平曲线内运行时,运行速度与半径的关系可以采用幂函数形式来表示,模型如下:

$$v_{85} = aR^b \tag{3.5}$$

式中 v_{85}——85%位车速,km/h;

R——圆曲线半径,m;

a, b——模型参数。

(1)小客车在小半径曲线上的运行速度与半径模型

通过对曲线上运行速度整理、分析,得出曲线上小客车运行速度值 v_{85},见表 3.9。

表 3.9 小客车在平曲线上 v_{85} 值

平曲线半径/m	小客车 v_{85}/(km/h)
200	34
250	38
300	44
400	58

小型车辆运行速度模型如下:

$$v_{85} = 13.016 R^{0.300} \tag{3.6}$$

式中,因变量为 v_{85},单位为 km/h。模型综述与参数说明见表 3.10。

表 3.10 模型综述与参数说明

回归式	模型综述					估计参数	
	判定系数 R^2	F	自由度 n_1	自由度 n_2	概率 P 值	常数	系数 b_1
数值	0.995	908.208	1	5	0.000	13.016	0.300
自变量:半径 R(m)							

其中,判定系数 R^2 是反映半径 R 与运行车速 v_{85} 关系强弱的统计量,$R^2 = 0.995$ 意味着因变量 v_{85} 的变化中有 99.5% 可以由自变量 R 解释。在置信水平为 95% 下,$F = 908.208 > F(1,5) = 6.61$,表明半径 R 与 v_{85} 显著相关。显著性概率为 0,表明统计显著性强。

(2)中型货车在小半径曲线上的运行速度

对中型货车速度进行整理,得到了曲线上中型货车运行速度 v_{85} 值,见表 3.11。

表 3.11　中型货车在平曲线上 v_{85} 值

平曲线半径/m	中型货车 v_{85}/(km/h)
200	26.5
250	29.8
300	34.7
400	41.9

对上述各值进行回归,建立中型货车运行速度 v_{85} 与曲线半径模型,计算模型如下:

$$v_{85}=5.245R^{0.402} \tag{3.7}$$

式中,因变量为 v_{85},单位为 km/h。模型说明以及参数值见表 3.12。

表 3.12　模型说明以及参数值

回归式	模型综述				估计参数	
	判定系数 R^2	F	自由度 n_1	自由度 n_2	概率 P 值	常数	系数 b_1
数值	0.981	257.628	1	5	0.000	5.245	0.402
自变量半径 R(m)							

其中,$R^2=0.981$ 意味着因变量 v_{85} 的变化中有 98.1% 可以由自变量 R 解释。在置信水平为 95% 下,$F=257.628>F(1,5)=6.61$,表明在 R 与 v_{85} 显著相关。显著性概率越小,统计显著性越强。

3.3.3.2　平曲线要素与横向力系数模型

为了横向力系数可准确地衡量汽车在圆曲线上行驶时的稳定、安全和舒适程度,采用横向力与竖向力的比值,在公路设计中,应该注重在轮胎和路面之间需要足够的摩擦力,横向力系数计算如下:

$$f_R=\frac{F_R}{Q}=\frac{v^2}{127R}-i_R \tag{3.8}$$

式中　f_R——横向力系数;

F_R——侧向力,N;

Q——重力,N;

v——设计速度,km/h;

R——曲线半径,m;

i_R——横向超高坡度。

在弯道上行驶时,由于存在侧向力,使车辆驾驶复杂化,f_R 值的大小直接影响到行车安全、经济和舒适性。因此在曲线路段,如何综合考虑超高的设置和横向力系数的取值,关系到车辆在弯道上的行驶条件。目前,随着大量新材料和新工艺应用于路面和轮胎,横向力系数 f_R 已经发生了较大的变化。因此,为了科学、安全地设计平曲线,有必要建立城镇化公路的横向力系数模型。

(1)平曲线设计速度 v_d-f_R 模型

1)数据分析

本研究的横向力系数指世界公路会议推荐各国使用单轮式横向力系数测试系统(SCRIM系统)所测试的技术指标横向力系数(SFC)。表 3.13 为美国、德国、法国、瑞典、瑞士等国测定在不同设计车速下的横向力系数 SFC 值。

表 3.13 各国 SFC 值

设计车速/(km/h)	SFC				
	美国	德国	法国	瑞典	瑞士
30	0.170	0.200	—	0.210	—
40	0.165	0.180	0.250	0.190	0.220
50	0.160	0.170	—	0.180	0.200
55	0.155	0.150	—	0.170	0.180
60	0.152	0.140	0.160	0.160	0.170
65	0.150	0.130	—	—	0.160
70	0.145	0.120	—	0.150	0.150
80	0.140	0.110	0.130	0.140	0.140
90	0.130	0.100	—	—	0.130
95	0.120	0.090	—	—	0.130
100	0.115	0.085	0.110	—	0.125
105	0.110	0.080	—	—	0.120
110	0.100	0.075	—	—	0.110
120	—	0.070	0.100	—	0.110

从表 3.13 中可以看出:①横向力系数随着速度的增加而减少;②同一设计速度下,各国的横向力系数相近。

2)模型建立

由于横向力系数受车速、路面材料、路面条件、轮胎等因素影响,各国的影响因素近乎相同,所以,以上述数据为研究对象,综合各国测定的横向力系数值(图 3.17),经过回归分析建立 f_R-v_d(设计速度)模型。

$$f_R = 0.27 - 2.19 \times 10^{-3} v_d + 5.79 \times 10^{-6} v_d^2, \ R^2 = 0.779 \tag{3.9}$$

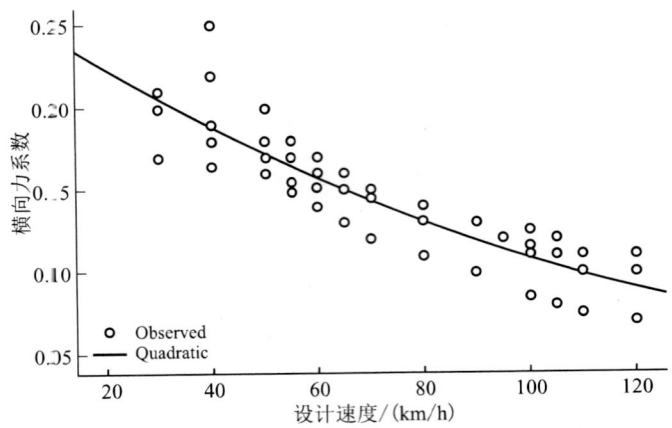

图 3.17　横向力系数值与设计速度回归图

表 3.14 中，$R^2=0.799$ 说明回归模型拟合度好。表 3.15 是回归的方差分析表,给出了方差分析的结果,表明回归显著。

表 3.14　模型总体参数表

模型综述				
模型	相关系数 R	判定系数 R^2	调整后的 R^2	回归标准误差
1	0.893	0.799	0.787	0.018
自变量:设计速度(km/h)				

表 3.15　回归的方差分析表

	总变差	自由度	变差平均值	F	概率 P 值
回归项	0.057	2	0.028	91.625	0.000
残差项	0.015	47	0.000		
合计	0.071	49			
自变量:设计速度(km/h)					

3）模型分析

根据建立的 v_d-f_R 模型,计算的我国在不同设计车速下的横向力系数见表 3.16。

表 3.16　最大横向力系数(模型推算)

设计速度/(km/h)	120	100	80	60	40	30	20
横向力系数	0.09	0.11	0.13	0.16	0.19	0.21	0.23

我国在"公路横向力系数"专题项目研究中,列举了在不同设计车速下的最大横向力系数,如表 3.17 所示。

表3.17 最大横向力系数

设计速度/(km/h)	120	100	80	60	40	30	20
横向力系数	0.10	0.12	0.13	0.15	0.15	0.16	0.17

比较表3.16和表3.17可知,在设计车速大于$v_d>60$ km/h时,最大横向力系数值相近;当设计车速小于60 km/h时,二者差距较大,由本研究建立模型所推算出来的横向力系数较大。根据实际观测车速资料知,在低等级公路中,车辆主要以农用车、小客车为主,大中型车较少,由于受横向干扰、路面状况等因素影响,大中型车行驶速度低于设计车速,小客车的速度变化较大。特别在小半径曲线段,驾驶员在行车过程中注意力集中,驾驶极为小心。所以低等级公路平曲线路段的安全性受小曲线半径影响不大,可采用较标准更小的半径。相应地采取较大的横向力系数时,可降低对曲线最小半径的要求,更能够适应地形,增加工程的经济性。

(2)横向力系数f_R-CCRs模型

在曲线上由于离心力而使驾驶员明显地感觉到不舒适时的速度,可作为设计采用的最大容许横向摩阻力大小的控制因素。我们可将v_{85}定义为这个临界速度,作为设计采用的最大容许横向摩阻力的控制速度。弯道处最大有效横向力系数若大于最大设计容许横向力系数,车辆在经过弯道时能安全舒适地通过;当两者差值是负值时,车辆中的人员能感觉到弯道的存在,负值越小,车辆经过弯道受到的离心作用越明显,车辆通过也越不安全,容易出现翻车、冲出公路等事故。

为了方便设计中注意这些安全问题,应适时核查弯道处车辆通过时安全性,故应该建立最大有效横向力系数f_{RA}、最大容许横向力系数f_{RD}与CCRs的模型。

表3.18为美国、德国以及希腊等国研究的在不同CCRs下,最大有效横向力系数以及最大设计容许横向力系数值。

表3.18 各国在不同CCRs下所采用的横向力系数

国家	最大有效横向力系数f_{RA}				最大设计容许横向力系数f_{RD}			
	CCRs(gon/km)							
	100	180	200	360	100	180	200	360
美国	0.112	0.125	0.130	0.150	0.071	0.110	0.120	0.180
德国	0.098	0.110	0.113	0.130	0.075	0.110	0.120	0.175
希腊	0.083	0.095	0.098	0.125	0.065	0.095	0.137	0.165

由表3.18可以看出:①随着CCRs的增加,最大有效横向力系数、最大设计容许横向力系数都将增加;②各国的最大有效横向力系数、最大设计容许横向力系数在同一CCRs值下,差别有限,我国的最大有效横向力系数、最大设计容许横向力系数可以在参考上述值的基础上,建立横向力系数f_{RA}-CCRs的模型。

1)最大有效横向力系数值f_{RA}-CCRs模型。对表3.18中的数据经回归分析得f_{RA}-CCRs模型(图3.18):

$$f_{RA} = 8.02\times10^{-2}+1.83\times10^{-4}CCRs-8.5\times10^{-8}(CCRs)^2, \quad (3.10)$$
$$R^2 = 0.556$$

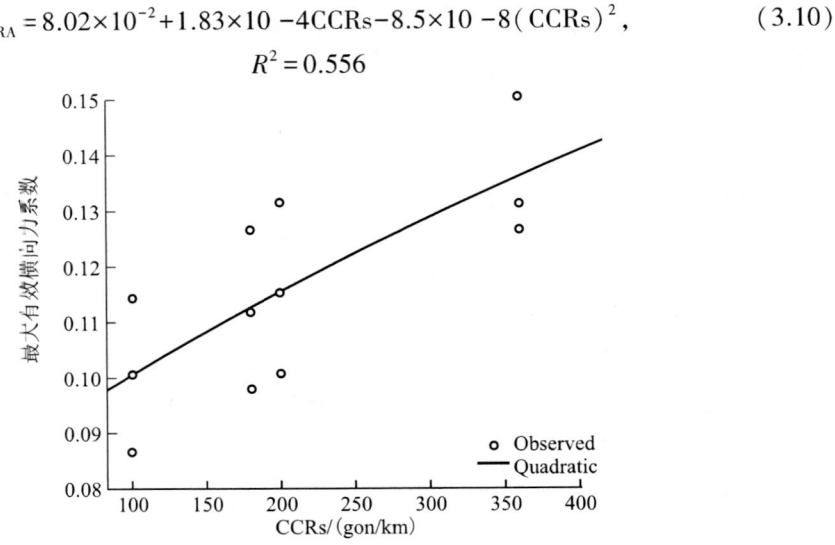

图 3.18　最大有效横向力系数与 CCRs 回归图

2）最大设计容许横向力系数 f_{RD}-CCRs 模型，如图 3.19 所示。

$$f_{RD} = 5.48\times10^{-3}+7.07\times10^{-4}CCRs-6.7\times10^{-7}(CCRs)^2, \quad (3.11)$$
$$R^2 = 0.958$$

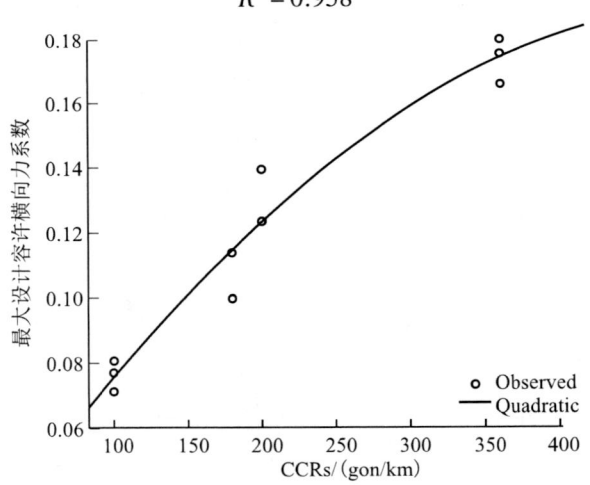

图 3.19　最大设计容许横向力系数与 CCRs 回归图

3.4　直坡段运行速度预测模型

3.4.1　预测模型变量选择

（1）以坡度为自变量建立运行速度预测模型

不同类型车辆在不同坡度断面运行速度预测模型的显著性检验的判定系数如表3.19~表3.26所示。分析的结果中预测模型 R^2 值很小，相关性不强，说明以坡度作为自变量的预测模型没有显著的统计意义。但从判定系数反映出，坡度对大车运行速度的影响大于对小车运行速度的影响,坡度对上坡时大车速度的影响大于对下坡时大车速度的影响。

表 3.19　小车上坡坡中运行速度模型的判定系数 $R^2=0.1361$

模型综述				
模型	相关系数 R	判定系数 R^2	调整后的 R^2	估计标准误差
1	0.36895766	0.136129755	−0.151827	13.3347795

a.自变量:常数项,上坡坡度;b.因变量:上坡坡中速度

表 3.20　小车上坡坡顶运行速度模型的判定系数 $R^2=0.0232$

模型综述				
模型	相关系数 R	判定系数 R^2	调整后的 R^2	估计标准误差
1	0.15217751	0.023157994	−0.302456	10.69944769

a.自变量:常数项,上坡坡度;b.因变量:上坡坡中速度

表 3.21　小车下坡坡中运行速度模型的判定系数 $R^2=0.016$

模型综述				
模型	相关系数 R	判定系数 R^2	调整后的 R^2	估计标准误差
1	0.102816307	0.010571193	−0.319238409	14.55924

a.自变量:常数项,上坡坡度;b.因变量:上坡坡中速度

表 3.22　小车下坡坡底运行速度模型的判定系数 $R^2=0.1116$

模型综述				
模型	相关系数 R	判定系数 R^2	调整后的 R^2	估计标准误差
1	0.33399942	0.111555614	−0.1845925	7.483718321

a.自变量:常数项,上坡坡度;b.因变量:上坡坡中速度

表 3.23　大车上坡坡中运行速度模型的判定系数 $R^2=0.6330$

模型综述				
模型	相关系数 R	判定系数 R^2	调整后的 R^2	估计标准误差
1	0.79559565	0.632972443	0.51062992	3.791057592

a.自变量:常数项,上坡坡度;b.因变量:上坡坡中速度

表 3.24　大车上坡坡顶运行速度模型的判定系数 $R^2=0.0495$

模型综述				
模型	相关系数 R	判定系数 R^2	调整后的 R^2	估计标准误差
1	0.22253185	0.049520426	−0.2573061	6.823195884

a.自变量:常数项,上坡坡度;b.因变量:上坡坡中速度

表 3.25　大车下坡坡中运行速度模型的判定系数 $R^2 = 0.0899$

模型综述				
模型	相关系数 R	判定系数 R^2	调整后的 R^2	估计标准误差
1	0.29984975	0.08990987	−0.2134535	3.416597034

a.自变量:常数项,上坡坡度;b.因变量:上坡坡中速度

表 3.26　大车下坡坡底运行速度模型的判定系数 $R^2 = 0.2366$

模型综述				
模型	相关系数 R	判定系数 R^2	调整后的 R^2	估计标准误差
1	0.486-3311	0.236617169	−0.0178438	4.593973965

a.自变量:常数项,上坡坡度;b.因变量:上坡坡中速度

（2）以坡长为自变量建立运行速度预测模型

不同类型车辆在不同坡度断面的运行速度预测模型显著性检验的判定系数如表3.27～表3.34所示。但从判定系数反映出,坡长对大车运行速度的影响大于对小车运行速度的影响,仅以坡长作为自变量不能准确预测出运行速度。

表 3.27　小车上坡坡中运行速度模型的判定系数 $R^2 = 0.2086$

模型综述				
模型	相关系数 R	判定系数 R^2	调整后的 R^2	估计标准误差
1	0.41318953	0.208639312	0.34485242	10.05684565

a.自变量:常数项,上坡坡长;b.因变量:上坡坡顶速度

表 3.28　小车上坡坡顶运行速度模型的判定系数 $R^2 = 0.0050$

模型综述				
模型	相关系数 R	判定系数 R^2	调整后的 R^2	估计标准误差
1	0.07095374	0.005034433	−0.3266208	10.79824612

a.自变量:常数项,上坡坡长;b.因变量:上坡坡顶速度

表 3.29　小车下坡坡中运行速度模型的判定系数 $R^2 = 0.1127$

模型综述				
模型	相关系数 R	判定系数 R^2	调整后的 R^2	估计标准误差
1	0.33577678	0.112746049	−0.1830053	13.78702326

a.自变量:常数项,上坡坡长;b.因变量:上坡坡顶速度

表 3.30　小车下坡坡底运行速度模型的判定系数 $R^2=0.0028$

模型综述				
模型	相关系数 R	判定系数 R^2	调整后的 R^2	估计标准误差
1	0.05328038	0.002838799	-0.3295483	7.928389815

a.自变量:常数项,上坡坡长;b.因变量:上坡坡顶速度

表 3.31　大车上坡坡中运行速度模型的判定系数 $R^2=0.5407$

模型综述				
模型	相关系数 R	判定系数 R^2	调整后的 R^2	估计标准误差
1	0.7353084	0.540678437	0.38757125	4.241011622

a.自变量:常数项,上坡坡长;b.因变量:上坡坡顶速度

表 3.32　大车上坡坡顶运行速度模型的判定系数 $R^2=0.0329$

模型综述				
模型	相关系数 R	判定系数 R^2	调整后的 R^2	估计标准误差
1	0.18157461	0.032969339	-0.2893742	6.882347032

a.自变量:常数项,上坡坡长;b.因变量:上坡坡顶速度

表 3.33　大车下坡坡中运行速度模型的判定系数 $R^2=0.0134$

模型综述				
模型	相关系数 R	判定系数 R^2	调整后的 R^2	估计标准误差
1	0.11572652	0.013392627	-0.3154765	3.557326566

a.自变量:常数项,上坡坡长;b.因变量:上坡坡顶速度

表 3.34　大车下坡坡底运行速度模型的判定系数 $R^2=0.5124$

模型综述				
模型	相关系数 R	判定系数 R^2	调整后的 R^2	估计标准误差
1	0.71650795	0.513383636	0.35117818	3.667842599

a.自变量:常数项,上坡坡长;b.因变量:上坡坡顶速度

(3)以坡度和坡长为自变量建立运行速度预测模型

对预测模型进行显著性检验,分析结果(表 3.35~表 3.42)表明:以坡度和坡长为自变量的运行速度预测模型显著性不强,以坡度和坡长作为自变量预测运行速度存在一定的缺陷,实际应用还存在很大的局限性。

表3.35　小车上坡坡中运行速度模型的判定系数 $R^2=0.6491$

	模型综述			
模型	相关系数 R	判定系数 R^2	调整后的 R^2	估计标准误差
1	0.80572795	0.649197528	0.29839506	10.40731101

a.自变量:常数项,上坡坡长,上坡坡度;b.因变量:上坡坡中速度

表3.36　小车上坡坡底运行速度模型的判定系数 $R^2=0.0319$

	模型综述			
模型	相关系数 R	判定系数 R^2	调整后的 R^2	估计标准误差
1	0.1785289	0.031908282	−0.9361834	13.04527018

a.自变量:常数项,上坡坡长,上坡坡度;b.因变量:上坡坡中速度

表3.37　小车下坡坡中运行速度模型的判定系数 $R^2=0.5462$

	模型综述			
模型	相关系数 R	判定系数 R^2	调整后的 R^2	估计标准误差
1	0.73909101	0.546255514	0.09251103	12.07529771

a.自变量:常数项,上坡坡长,上坡坡度;b.因变量:上坡坡中速度

表3.38　小车下坡坡底运行速度模型的判定系数 $R^2=0.4359$

	模型综述			
模型	相关系数 R	判定系数 R^2	调整后的 R^2	估计标准误差
1	0.66026054	0.435943984	−0.128112	7.303130416

a.自变量:常数项,上坡坡长,上坡坡度;b.因变量:上坡坡中速度

表3.39　大车上坡坡中运行速度模型的判定系数 $R^2=0.016$

	模型综述			
模型	相关系数 R	判定系数 R^2	调整后的 R^2	估计标准误差
1	0.80886607	0.654264314	0.30852863	4.506390054

a.自变量:常数项,上坡坡长,上坡坡度;b.因变量:上坡坡中速度

表3.40　大车上坡坡底运行速度模型的判定系数 $R^2=0.4515$

	模型综述			
模型	相关系数 R	判定系数 R^2	调整后的 R^2	估计标准误差
1	0.67195653	0.451525581	−0.0969488	6.348048894

a.自变量:常数项,上坡坡长,上坡坡度;b.因变量:上坡坡中速度

表 3.41　大车下坡坡中运行速度模型的判定系数 $R^2 = 0.0917$

	模型综述			
模型	相关系数 R	判定系数 R^2	调整后的 R^2	估计标准误差
1	0.30282809	0.09170485	−0.8165903	4.180331133

a.自变量：常数项，上坡坡长，上坡坡度；b.因变量：上坡坡中速度

表 3.42　大车下坡坡底运行速度模型的判定系数 $R^2 = 0.5337$

	模型综述			
模型	相关系数 R	判定系数 R^2	调整后的 R^2	估计标准误差
1	0.73051953	0.533658782	0.06731756	4.397591317

a.自变量：常数项，上坡坡长，上坡坡度；b.因变量：上坡坡中速度

（4）以坡度、坡长和起始速度为自变量建立运行速度预测模型

对单个纵坡而言，前一纵坡的大小是影响其运行速度的重要因素，以当前纵坡坡度、坡长为自变量并不能反映这一影响。因此，可引入起始速度反映前一纵坡的影响。起始速度一般通过大量调研和观测获得。以坡度、坡长和起始速度为自变量建立的运行速度预测模型统计特征如表 3.43~表 3.50 所示，判定系数 R^2 接近 1，显示自变量参数与预测结果相关度很高。

表 3.43　小车上坡坡中运行速度模型的判定系数 $R^2 = 0.9944$

	模型综述			
模型	相关系数 R	判定系数 R^2	调整后的 R^2	估计标准误差
1	0.997184	0.994375	0.9775	1.863736

a.自变量：常数项，上坡坡底速度，上坡坡长，上坡坡度；b.因变量：上坡坡中速度

表 3.44　小车上坡坡顶运行速度模型的判定系数 $R^2 = 0.8895$

	模型综述			
模型	相关系数 R	判定系数 R^2	调整后的 R^2	估计标准误差
1	0.943108	0.889453	0.55781	6.234251

a.自变量：常数项，上坡坡底速度，上坡坡长，上坡坡度；b.因变量：上坡坡中速度

表 3.45　小车下坡坡中运行速度模型的判定系数 $R^2 = 0.8308$

	模型综述			
模型	相关系数 R	判定系数 R^2	调整后的 R^2	估计标准误差
1	0.911502	0.830837	0.323347	10.42702

a.自变量：常数项，上坡坡底速度，上坡坡长，上坡坡度；b.因变量：上坡坡中速度

表 3.46　小车下坡坡底运行速度模型的判定系数 $R^2 = 0.9983$

	模型综述			
模型	相关系数 R	判定系数 R^2	调整后的 R^2	估计标准误差
1	0.999159	0.998318	0.993274	0.563929

a.自变量:常数项,上坡坡底速度,上坡坡长,上坡坡度;b.因变量:上坡坡中速度

表 3.47　大车上坡坡中运行速度模型的判定系数 $R^2 = 0.9399$

	模型综述			
模型	相关系数 R	判定系数 R^2	调整后的 R^2	估计标准误差
1	0.969466	0.939865	0.75946	2.657879

a.自变量:常数项,大车上坡坡底速度,上坡坡长,上坡坡度;b.因变量:大车上坡坡中速度

表 3.48　大车上坡坡顶运行速度模型的判定系数 $R^2 = 0.7762$

	模型综述			
模型	相关系数 R	判定系数 R^2	调整后的 R^2	估计标准误差
1	0.880999	0.77616	0.10464	5.735164

a.自变量:常数项,大车上坡坡底速度,上坡坡长,上坡坡度;b.因变量:大车上坡坡中速度

表 3.49　大车下坡坡中运行速度模型的判定系数 $R^2 = 0.80304$

	模型综述			
模型	相关系数 R	判定系数 R^2	调整后的 R^2	估计标准误差
1	0.620998	0.80304	−2.58784	5.874876

a.自变量:常数项,大车上坡坡底速度,上坡坡长,上坡坡度;b.因变量:大车上坡坡中速度

表 3.50　大车下坡坡底运行速度模型的判定系数 $R^2 = 0.6051$

	模型综述			
模型	相关系数 R	判定系数 R^2	调整后的 R^2	估计标准误差
1	0.77791	0.605144	−0.57942	5.722652

a.自变量:常数项,大车上坡坡底速度,上坡坡长,上坡坡度;b.因变量:大车上坡坡中速度

表 3.51 为不同变量组合情况下判定系数值,可见以坡度、坡长和起始速度为自变量,模型显著性最高,为最佳自变量组合。

表 3.51 不同自变量组合下的运行速度预测模型判定系数 R^2 的值

自变量 坡段断面		R^2	坡度	坡长	坡度与坡长	坡度与起始速度	坡长与起始速度	坡度、坡长与起始速度
小车	上坡	坡中	0.1361	0.5086	0.6491	0.9583	0.9669	0.994
		坡顶	0.0232	0.005	0.0319	0.4627	0.6837	0.889
	下坡	坡中	0.016	0.1127	0.5462	0.1779	0.5696	0.8312
		坡底	0.1116	0.0028	0.4359	0.5326	0.7878	0.998
大车	上坡	坡中	0.663	0.5407	0.016	0.016	0.8662	0.94
		坡顶	0.0495	0.0329	0.4515	0.7408	0.7578	0.776
	下坡	坡中	0.0899	0.0134	0.0917	0.0942	0.0149	0.948
		坡底	0.2366	0.5124	0.5337	0.5105	0.5413	0.708

3.4.2 直坡段运行速度预测模型

以预测小客车上坡坡中速度为例,直坡段运行速度预测模型建立方法如下:

1) 统计计算有效样本的上坡坡中速度、坡度、坡长和坡底速度的平均值和标准偏差,分析结果见表 3.52。

表 3.52 描述性统计表

参数	平均值	标准偏差
上坡坡中速度/(km/h)	39	10.15
上坡坡度	4.8%	1.46%
上坡坡长/m	290	12.21
上坡坡底速度/(km/h)	51	8.33

2) 残差独立性检验。以上坡坡底速度、坡度和坡长为自变量,上坡坡中速度为因变量,建立回归等式的复相关系数 $R=0.977$($R^2=0.994$),Durbin-Watson 检验值 $=1.988 \approx 2$。R^2 比较接近 1,说明方程与原数据拟合程度很好,Durbin-Watson 检验值接近 2,说明回归时相邻两点的残差是相互独立的,即完成了残差的独立性检验。

3) 对因变量进行共线性诊断分析,分析结果见表 3.53。表中显示条件指数 $K_1=1.000$,$K_2=18.563$,$K_3=28.478$,$K_4=39.632$ 都在 (0,100) 内,可知自变量之间无复共线性。

表 3.53 共线性诊断表

维数	特征值	条件指数	方差比例			
			常数	上坡坡度	上坡坡长	上坡坡底速度
1.000	3.957	1.000	0.001	0.001	0.000	0.000
2.000	0.033	10.939	0.088	0.247	0.007	0.024
3.000	0.007	23.519	0.478	0.348	0.278	0.108
4.000	0.003	37.767	0.433	0.404	0.715	0.868

4）对回归系数进行分析，分析结果见表 3.54，表中的 G 为纵坡坡度（i）乘以 100 的值。由表 3.53 可知，建立的上坡坡中运行速度预测等式为：

$$v_{坡中} = -18.449 - 3.178G + 0.084L + 1.05v_{坡底}$$

回归参数的置信水平都小于 0.05，置信度达到 95%。置信度为 95%各参数的置信区间分别是：$\beta_0 \in [-24.18, 7.29]$，$\beta_1 \in [-21.47, 15.11]$，$\beta_2 \in [-0.34, 0.50]$，$\beta_3 \in [-0.65, 2.75]$。

表 3.54　系数分析表

模型	非标准化系数		标准回归系数	t 检验	置信水平	95%的置信区间		相关性指标			线性统计	
	回归系数	标准误		t		下界	上界	零阶系数	偏相关系数	部分相关系数	容限值	方差扩大化因子 VIF
常数	-18.449	8.321		-2.22	0.004	-24.18	7.29					
G	-3.178	1.440	-0.30	-2.21	0.0271	-21.47	15.11	0.37	-0.91	-0.17	0.30	3.39
坡长 L/m	0.084	0.033	0.425	2.53	0.039	-0.34	0.50	0.71	0.93	0.19	0.20	5.00
坡底速度 $v_{坡底}$/(km/h)	1.050	0.134	0.821	7.83	0.031	-0.65	2.75	0.98	0.99	0.59	0.51	1.95

因变量：上坡坡中速度 $v_{坡中}$

5）进行残差诊断分析，部分数据分析结果见表 3.55。表中预测值和实测值相比较，最大差值不超过 1.5 km/h，相对误差不超过 5%，说明预测模型满足预测要求。

表 3.55　残差诊断表

上坡坡中速度观测值/(km/h)	上坡坡中速度预测值/(km/h)	残差
41.5	40.2812	1.2188
38.86	39.9108	1.0508
44.98	46.2	1.22

6）自变量线形关系检验。绘制标准化残差-标准化预测值散点图（图 3.20），标准化预测值是根据回归等式求得的速度预测值转化为按均数为 0、标准差为 1 的标准化正态分布预测速度值。图中各点在纵坐标零点对应的直线上下比较均匀分布且没有一定的规律，说明因变量运行速度 v_{85} 与自变量坡长、坡度、起始速度之间线性关系的假设成立。

7）残差正态分布检验。分析标准化残差频数直方图（图 3.21），发现标准化残差频数分布近似服从 $N\sim(0,1)$ 正态分布，说明残差的正态分布假定基本成立。

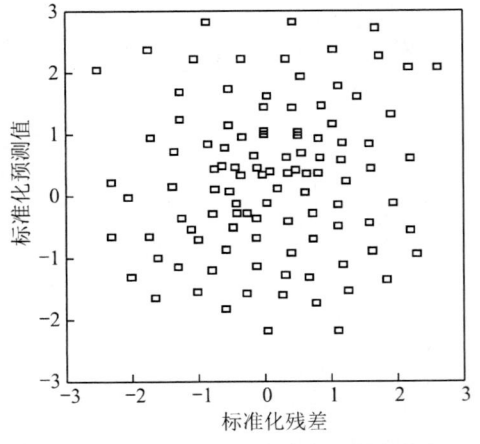

图 3.20　标准化残差-标准化预测值散点图

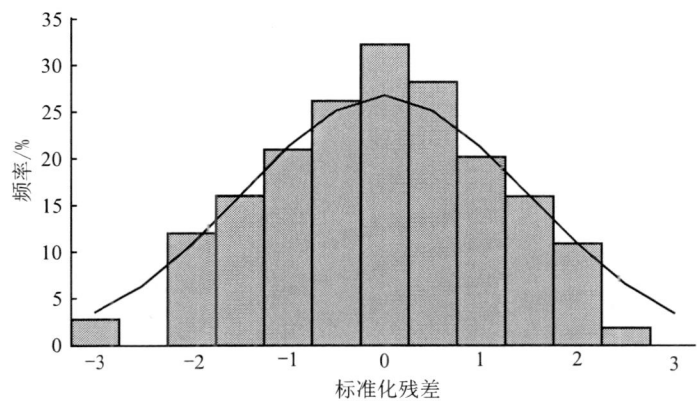

图 3.21 标准化残差与频率的直方图

综上可见,小车上坡坡中运行速度预测等式 $v_{坡中}=-18.449-3.178G+0.084L+1.05v_{坡底}$ 通过了所有检验,由此可建立了小车上坡坡中运行速度的预测模型。同样方法,可以得到不同类型车辆在不同坡度断面上的运行速度预测模型,如表 3.56 所示。

表 3.56 坡段上车辆运行速度的预测模型

小车上坡运行速度的预测模型	$v_{坡中}=-18.449-3.178G+0.084L+1.05v_{坡底}$	$R^2=0.994$
	$v_{坡顶}=-6.100-1.571G-0.0218L+1.248v_{坡底}$	$R^2=0.889$
大车上坡运行速度的预测模型	$v_{坡中}=-15.561-4.022G+0.079L+1.121v_{坡底}$	$R^2=0.94$
	$v_{坡顶}=-4.170-2.247G-0.039L+1.327v_{坡底}$	$R^2=0.776$
小车下坡运行速度的预测模型	$v_{坡底}=9.732-0.345G+0.027L+0.828v_{坡顶}$	$R^2=0.998$
	$v_{坡中}=-66.416+9.76G+0.288L+1.274v_{坡顶}$	$R^2=0.831$
大车下坡运行速度的预测模型	$v_{坡底}=3.25-2.049G+0.031L+0.808v_{坡顶}$	$R^2=0.708$
	$v_{坡中}=131.036+1.167G-0.015L-0.744v_{坡顶}$	$R^2=0.948$

说明:坡度 $[-2,-6]\in G\in[2,6]$、上坡(+)、下坡(-),坡长(L)单位 m,速度(v)单位 km/h

3.4.3 模型验证

建立了预测模型后,应用相对预测误差的平均值来衡量模型的精度。相对预测误差的平均值 $\bar{\sigma}$ 的公式如下:

$$\bar{\sigma}=\frac{\sum_{i=1}^{n}(y_i-v_i)/v_i}{n} \quad (3.12)$$

式中 y_i ——第 i 个样本运行速度预测值;
v_i ——第 i 个样本实际观测速度值;
n ——观测的样本量。

各个模型的相对预测误差的平均值见表 3.57。表 3.57 中各模型的相对预测误差平均值均小于 5%,表示模型的精度满足实际要求。

表 3.57 相对预测误差平均值表

模型		相对预测误差的平均值
小车上坡运行速度的预测模型	坡中	3.51%
	坡顶	4.41%
大车上坡运行速度的预测模型	坡中	3.54%
	坡顶	3.86%
小车下坡运行速度的预测模型	坡中	3.34%
	坡底	3.65%
大车下坡运行速度的预测模型	坡中	3.73%
	坡底	3.22%

3.5 平纵组合段速度预测模型

3.5.1 回归参数分析

3.5.1.1 纵坡与平曲线组合

(1) 初始参数选择

由前述分析,半径是影响车辆在平曲线上运行速度的最主要因素。半径的转化形式——半径的倒数($1/R$)和半径的平方根($R^{\frac{1}{2}}$)是建立运行速度预测模型的常用自变量。分析显示:①半径三个转化形式中,$1/R$ 与运行速度有很强的相关性;②曲线长度(L_H)、偏转角(I)、超高半径因子(e/R)与运行速度都有一定的相关性;③坡度(G)和超高(e)与运行速度相关性不大;④半径及其个转化形式与超高(e)相关;⑤偏角和半径存在强相关性。基于回归统计原理,一次只能剔除一个不相关变量,因此首先把偏转角(I)剔除。

基于上述分析,则选取几何参数 $1/R$、e、e/R、L_H、G 作为回归分析初始自变量。

(2) 回归变量的确定

通过逐步分析,可将 e/R、L_H 剔除,引入几何参数 $1/R$、e、G 作为纵坡与平曲线组合模型的自变量,统计分析及参数估计结果如表 3.58 所示。模型判定系数 $R^2 = 0.68$。

表 3.58 纵坡上平曲线回归等式初步参数评估

变量	参数估计(B_i)	P 值
截距	99.28	0.0001
$1/R$	−3390.65	0.0001
e	56.1	0.0149
G	−0.34	0.0691

分析结果表明 e 变量不显著,从模型中剔除。确定 $1/R$、G 作为纵坡和平曲线组合情况下的自变量参数。

3.5.1.2 直线与竖曲线组合

(1) 直线与凸形竖曲线组合参数分析

根据现场观测结果并参考相关研究成果,选取竖曲率 K 作为自变量参数。分析显示,平直线与凸形竖曲线运行速度和竖曲率 K 显著相关。

(2) 直线与凹形竖曲线组合参数分析

选取竖曲线曲率 K 和竖曲线长度 L_v 作为自变量参数,回归分析显示运行速度与其相关性较弱。

(3) 参数确定

根据上述分析,建立视距受限($K \leqslant 43e/\%$)情况下直线与凸形竖曲线的回归模型,如表 3.59 所示。

表 3.59 平直线上视距受限的凸竖曲线回归等式的参数评估($K \leqslant 43e/\%$)

变量	参数估计(B_i)	P 值
截距	111.07	0.0001
$1/K$	−175.98	0.0941

3.5.1.3 平曲线与竖曲线组合

平曲线和竖曲线组合分为平曲线与凸竖曲线组合和平曲线与凹竖曲线组合两种情况。分析表明,$1/R$ 和运行速度相关性强,$1/K$ 和运行速度临界相关,也可作为回归参数回归方程。

因此,在平曲线和凸竖曲线组合的回归分析中选择 $1/R$、$1/K$、L_H、e、e/R 作为回归参数,在平曲线和凹竖曲线组合中选择 $1/R$、$1/K$、e、e/R 作为回归参数。

(1) 平曲线和凸竖曲线组合

平曲线和凸竖曲线组合选用 $1/R$、$1/K$、L_H、e、e/R 作为回归参数建立模型,表 3.60 表示了回归分析的结果。从 P 值看出,仅 $1/R$ 是显著变量。因此,仅选用 $1/R$ 建立回归预测模型,如表 3.61 所示,判定系数 $R^2 = 0.43$。

表 3.60 凸形竖曲线与平曲线组合回归等式初步参数分析

变量	参数估计(B_i)	P 值
截距	99.3	0.0001
$1/R$	−3647.51	0.0029
$1/K$	−81.44	0.1068
e	79.68	0.271
L_H	0.02	0.1957

表 3.61 凸形竖曲线与平曲线组合回归等式参数分析

变量	参数估计(B_i)	P 值
截距	107.70	0.0001
$1/R$	−3780.59	0.0004

由于 R^2 较低,分析表明平曲线与视距受限凸竖曲线组合和平曲线与视距不受限凸竖曲线组合之间,统计结果有显著的差异,说明需要建立不同的视距条件下的回归模型。下面分别进行分析。

平曲线和视距受限凸形竖曲线回归预测模型结果如表 3.62 所示,判定系数 $R^2 = 0.78$,MSE = 3.95。

表 3.62 视距受限凸竖曲线与平曲线组合回归等式参数评估

变量	参数估计(B_i)	P 值
截距	101.90	0.0001
$1/R$	−3283.01	0.0001

考虑路面宽度时凸形竖曲线回归结果如表 3.63 所示。道路宽度小于等于 8.5 m 时,回归等式的 $R^2 = 0.87$,MSE = 3.57,道路宽度大于 8.5 m 时,回归等式的 $R^2 = 0.86$,MSE = 2.89。

表 3.63 不同路面宽度时,视距受限凸竖曲线与平曲线组合回归等式参数评估

路面宽度/m	变量	参数估计(B_i)	P 值
≤8.5	截距	106.18	0.0001
	$1/R$	−4580.31	0.0002
>8.5	截距	99.15	0.0001
	$1/R$	−2474.64	0.0026

(2)平曲线和凹竖曲线组合

通过研究发现,平曲线与凹竖曲线组合回归模型仅使用了几何参数 $1/R$,表明平曲线与凹竖曲线组合条件下,平曲线特征起控制作用。

3.5.2 预测模型建立

由回归参数分析结果,经统计回归计算和检验,获得平、纵组合情况下运行速度预测模型,如表 3.64 所示。

表 3.64 平纵组合情况下运行速度预测模型

线形条件	小车	样本量 N	R^2	MSE
纵坡上平曲线 ($0\% \leq G < 4\%$)	$v_{85} = 106.30 - \dfrac{3595.29}{R}$	28	0.92	2.84
纵坡上平曲线 ($4\% \leq G < 8\%$)	$v_{85} = 96.46 - \dfrac{2744.49}{R}$	14	0.56	6.86
纵坡上平曲线 ($-8\% \leq G < 0\%$)	$v_{85} = 100.87 - \dfrac{2720.78}{R}$	22	0.59	6.38
限制视距的凸竖曲线与平曲线组合 ($K \leq 43$)	$v_{85} = 101.90 - \dfrac{3283.01}{R}$	16	0.78	3.96

续表 3.64

线形条件	小车	样本量 N	R^2	MSE
直线上限制视距的凸形竖曲线 ($K \leq 43$)	$v_{85} = 111.07 - \dfrac{175.98}{K}$	6	0.54	6.33
直线上凹形竖曲线	$v_{85} = 100.19 - \dfrac{126.07}{K}$	5	0.68	3.51

表中：N 为调研场地数量，v_{85} = 小车 85 百分位速度 (km/h)，R 为平曲线半径。

3.6 横断面要素对速度影响分析

3.6.1 数据分析

(1) 数据分布特征

在绍兴市选择三条公路进行了运行速度观测，技术指标如表 3.65 所示，数据分布特征如图 3.22~图 3.24 所示。

表 3.65 实验路段技术指标汇总表

观测点	所在地形	设计速度 /(km/h)	路基宽度 /m	行车道宽度 /m	土路肩宽度 /m	纵坡/%
绍甘线	山岭重丘区	40	7.5	3.25	0.5	<5.0
江拔线	山岭重丘区	60	10	7	0.75	<4.0
象西线	平原微丘区	80	12	7	0.75	<3.0

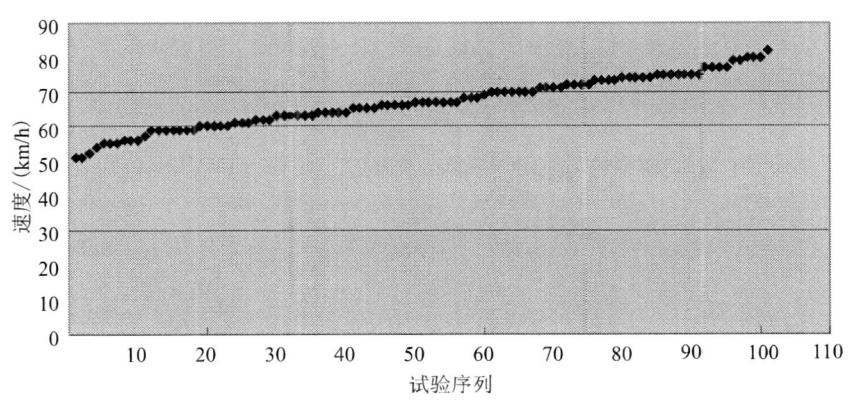

图 3.22 绍甘线小客车车速分布图

(2) 运行速度 v_{85} 的计算

传统的计算方法是根据已有的数据计算出各车速所对应的累积频率，画出车速累积分布频率曲线，从图中直接得出 v_{85}。也就是根据在区间 $[a,b]$ 上的有限个互异点 x_i 处对应的函数值 $f(x_i)$，求出一个简单的函数 $p(x)$ 来近似计算其真实的函数 $f(x_i)$，满足条件 $p(x_i) = f(x_i) = y_i$。

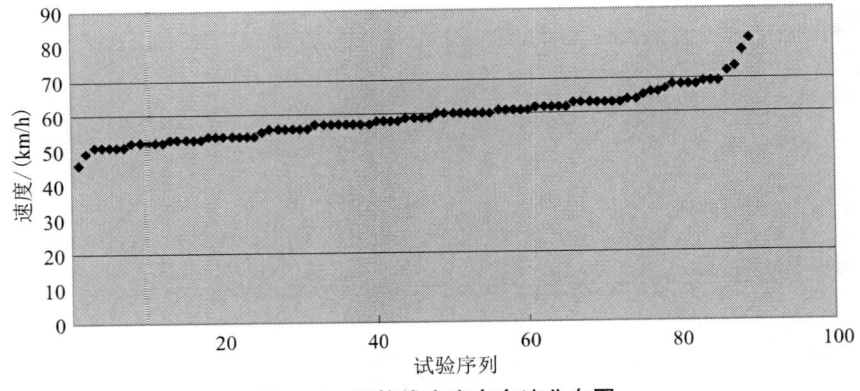

图 3.23　江拔线小客车车速分布图

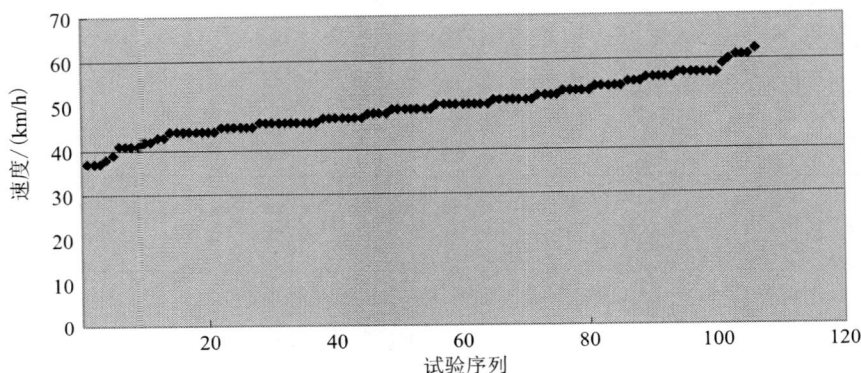

图 3.24　象西线小客车车速分布图

本研究采用多元回归分析方法解算各路段运行车速,获得速度分布直方图(图 3.25~图 3.30),由图可见运行速度基本呈正态分布。

绍甘线数据统计表见表 3.66。

表 3.66　绍甘线数据统计表

车型	样本量	速度/(km/h)					
		平均值	平均值标准差	中间值	模式	标准偏差	方差
小客车	100	66.80	2.764	67	67.89	7.298	53.26
大货车	56	46.36	1.689	29	46.35	7.09	50.23
车型	偏度	偏度标准偏差	峰度	峰度标准偏差	全距	最小值	最大值
小客车	0.917	0.222	1.139	0.440	31	51	82
大货车	1.432	0.383	4.806	0.750	30	35	65
车型	百分频率								
	10	20	30	40	50	60	70	80	85	90
小客车	56.1	60	63	64.4	67	69.6	71	74	75	77
大货车	36	39.4	42	44	46	49	50.2	52	53	55

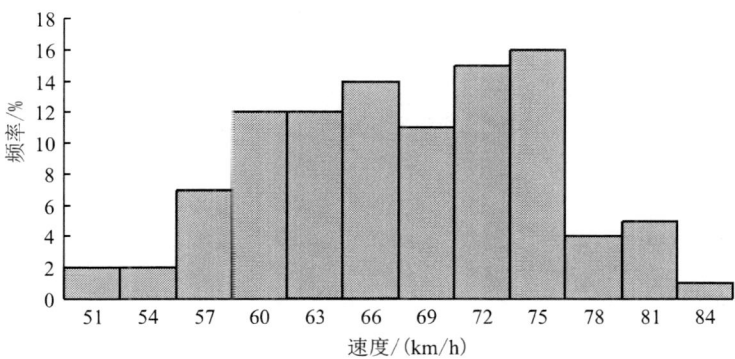

图 3.25 绍甘线小客车速度分布直方图

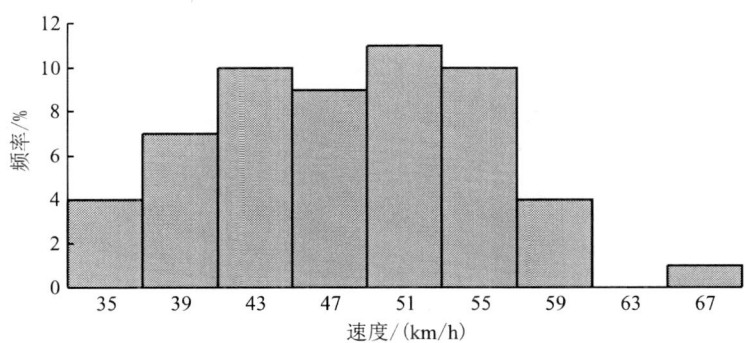

图 3.26 绍甘线大货车速度分布直方图

江拔线数据统计表见表 3.67。

表 3.67 江拔线数据统计表

车型	样本量	速度/(km/h)					
		平均值	平均值标准差	中间值	模式	标准偏差	方差
小客车	89	59.31	1.961	59	59.3	6.35	40.38
大货车	55	50.11	1.510	51	50.83	7.156	51.21
车型	偏度	偏度标准偏差	峰度	峰度标准偏差	全距	最小值	最大值
小客车	0.310	0.257	1.496	0.508	35	46	81
大货车	0.185	0.257	0.272	0.508	31	37	69
车型	百分频率								
	10	20	30	40	50	60	70	80	85	90
小客车	52	53.8	56	57	59	60	62	63	65.6	68
大货车	41	42	46.5	48	51	53	54	55	56	59

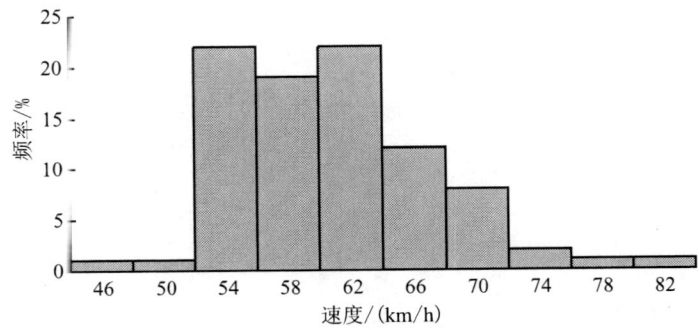

图 3.27　江拔线小客车速度分布直方图

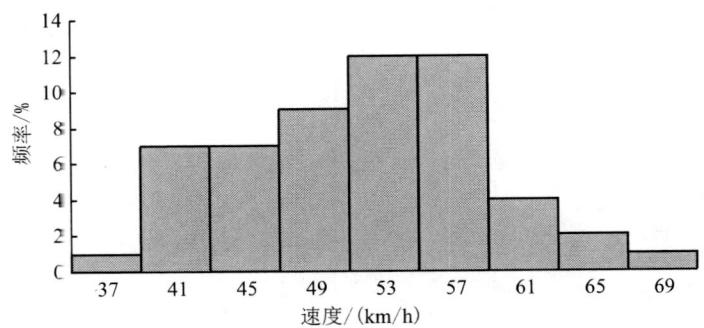

图 3.28　江拔线大货车速度分布直方图

象西线数据统计表见表 3.68。

表 3.68　象西线数据统计表

车型	样本量	速度/(km/h)					
		平均值	平均值标准差	中间值	模式	标准偏差	方差
小客车	106	49.3019	1.999	49	38.65	5.68	32.27
大货车	80	45.275	1.124	46	27.94	4.639	21.518
车型	偏度	偏度标准偏差	峰度	峰度标准偏差	全距	最小值	最大值
小客车	−0.291	0.306	−0.181	0.604	72.2	37	62
大货车	0.164	0.279	−0.395	0.552	41.96	36	54
车型	百分频率									
	10	20	30	40	50	60	70	80	85	90
小客车	42	44.2	46	47	49	50	52	54	56	57
大货车	39	40	43	45	46	47	48	49	50	51

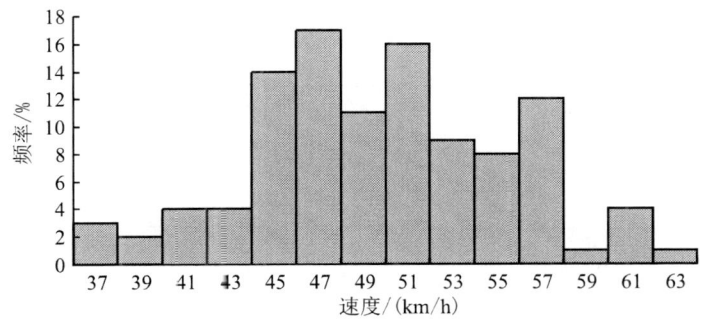

图 3.29 象西线小客车速度分布直方图

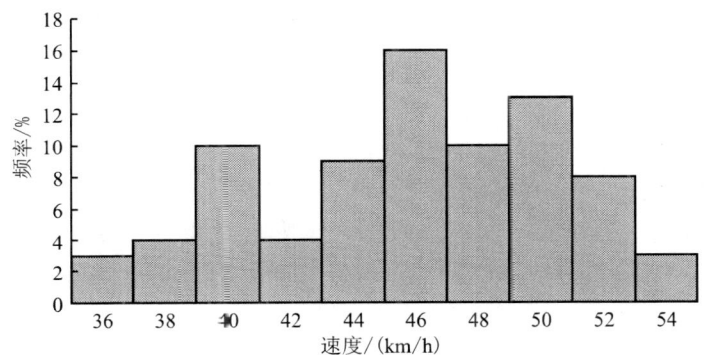

图 3.30 象西线大货车速度分布直方图

表 3.69 各路段 v_{85} 计算结果　　　　　　　　　　单位:km/h

路段	小客车 v_{85}	大货车 v_{85}	小客车速度平均值	大货车速度平均值	小客车速度标准差	大货车速度标准差
绍甘线	75	53	66.8	46.36	7.298	7.09
江拔线	65.6	56	59.31	50.11	6.35	7.156
象西线	56	49	4.3019	45.275	5.68	4.639

3.6.2 车道宽度对速度的影响

不同车道宽度下运行速度实测结果如表 3.70~表 3.72 所示。

表 3.70 试验场小客车速度调查表

车道宽度/m	速度/(km/h)		
	路肩宽度 1 m		
	全部	熟练司机	中等司机
3.25	42.00	48	38
3.5	45	53	49

表 3.71 实测路段小客车速度调查表

车道宽度/m	路肩宽度/m	平均速度/(km/h)	速度标准差	样本量
3.5	0.75	36.80	13.69	93
3.5	0.5	30.44	15.28	53
3.25	0.5	29.01	23.90	82

表 3.72 中型车速度调查表

车道宽度/m	路肩宽度/m	平均速度/(km/h)	样本量
3.5	0.75	29.36	81
3.5	0.5	27.85	73
3.25	0.5	26.9	90

由观测结果可见,车道宽度对运行速度影响表现在:

1)当车道宽度为 3.25 m 时,熟练司机和中等司机的车速相差较多,宽度增至 3.5 m 时,二者的速度趋于一致,这说明较宽的行车道能使司机更容易地控制车速。

2)随着车道宽度的增加,路肩宽度的影响相对变小,这说明在这两个影响因素中,车道宽度的变化对运行速度的影响最为明显。

3)车道宽度为 3.5 m 的中型车速度稳定在 25~28 km/h,而车道宽度为 3.75 m 的中型车速度在 27~31 km/h。说明车道宽度对于中型车的运行速度有一定影响。但总体来看,中型车在各种横断面组合的运行速度都较为一致,受道路横断面特征影响较少。

3.6.3 横向偏移分析

较窄的路缘带宽度会造成车辆向外侧车道偏移,影响相邻车道车辆的正常通行。考虑到车辆的横向偏移及对运行速度的影响,对试验路段上小客车、大货车的横向偏移情况进行了统计分析,统计数据见表 3.73~表 3.78。以绍甘线为例,进行数据分组分析、汇总分别见表 3.79 和表 3.80,绘制了横向偏移值的频率直方图,见图 3.31。

表 3.73 绍甘线小客车横向偏移数值统计

样本量	平均值	平均值标准差	中间值	模式	标准偏差	方差
153	0.8397	0.0330	0.8000	0.65	0.409	0.167
偏度	偏度标准偏差	峰度	峰度标准偏差	全距	最小值	最大值
0.151	0.196	−0.857	0.390	1.75	0.05	1.80

表 3.74 绍甘线大货车横向偏移数值统计

样本量	平均值	平均值标准差	中间值	模式	标准偏差	方差
44	0.6893	0.70140	0.6250	0.50	0.46523	0.216
偏度	偏度标准偏差	峰度	峰度标准偏差	全距	最小值	最大值
0.228	0.357	−0.988	0.702	1.60	0.00	1.60

表 3.75 江拔线小客车横向偏移数值统计

样本量	平均值	平均值标准差	中间值	模式	标准偏差	方差
114	0.6811	0.12055	0.4500	0.00	1.28708	1.657
偏度	偏度标准偏差	峰度	峰度标准偏差	全距	最小值	最大值
5.800	0.226	38.136	0.449	9.50	0.00	9.50

表 3.76 江拔线大货车横向偏移数值统计

样本量	平均值	平均值标准差	中间值	模式	标准偏差	方差
45	1.1044	0.77251	0.2000	0.00	5.18218	26.855
偏度	偏度标准偏差	峰度	峰度标准偏差	全距	最小值	最大值
6.650	0.354	44.464	0.695	35.00	0.00	35.00

表 3.77 象西线小客车横向偏移数值统计

样本量	平均值	平均值标准差	中间值	模式	标准偏差	方差
184	0.7082	0.03065	0.7250	0.95	0.41579	0.173
偏度	偏度标准偏差	峰度	峰度标准偏差	全距	最小值	最大值
0.503	0.179	0.265	0.356	2.00	0.00	2.00

表 3.78 象西线大货车横向偏移数值统计

样本量	平均值	平均值标准差	中间值	模式	标准偏差	方差
131	0.7870	0.03888	0.9000	1.00	0.44500	0.198
偏度	偏度标准偏差	峰度	峰度标准偏差	全距	最小值	最大值
-0.002	0.212	-0.413	0.420	1.95	0.00	1.95

表 3.79 绍甘线小客车偏移值分组与出现频率对应表

偏移值分组/m	组中值/m	观测频率/%
0~0.25	0.125	9.2
0.25~0.5	0.375	17.6
0.5~0.75	0.625	20.9
0.75~1.0	0.875	17
1.0~1.25	1.125	20.3
1.25~1.5	1.375	10.4
1.5~1.75	1.625	3.9
1.75~2.0	1.875	0.7

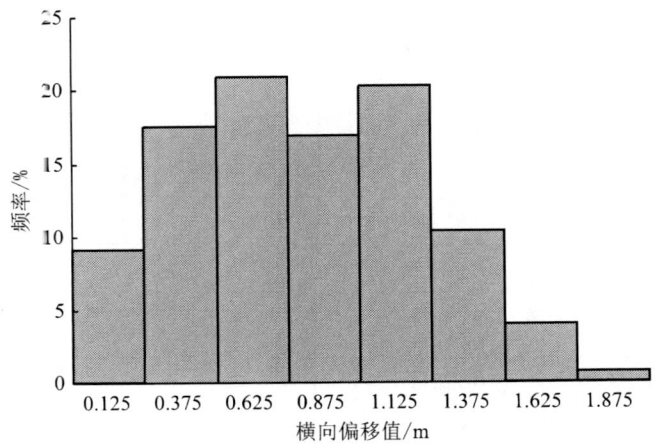

图 3.31 绍甘线小客车横向偏移频率直方图

表 3.80 试验路段车辆横向偏移汇总表

试验段	小客车		大货车	
	偏移平均值/m	偏移标准差	偏移平均值/m	偏移标准差
绍甘线	0.6811	0.12055	1.1044	0.77251
江拔线	0.8197	0.033	0.6893	0.7014
象西线	0.7082	0.3065	0.787	0.3888

由上述试验结果分析，可得出以下结论：

1）对试验路段小客车、大货车横向偏移进行了统计分析，车辆在行车道中的横向偏移可近似认为符合正态分布的特征。

2）对于3.5 m宽的行车道，随着路肩宽度的增加，车辆位置逐渐向车道中心线靠拢，受车道宽度所限，车辆的偏移程度较小。

3）对于3.25 m宽的行车道，分析路肩宽度变化对横向偏移的影响变化趋势，路肩宽度在0.75 m左右车辆能基本沿车道中心线行驶。

4）从横断面设计的角度来看，不推荐较窄的路肩搭配较宽的行车道，因为车道较宽，对于较窄的路肩，车辆偏离中心线相对更多，车辆的横向偏移已经抵消了行车道宽度的增加。

5）不同的横断面条件对车辆在车道中的横向位置的影响较为显著，路肩宽度的增加有利于车辆按照车道中心线行驶。

3.6.4 横断面因素影响模型建立

由上述影响因素分析，可对城镇化公路进行小客车自由流速度与各种道路环境条件变量的多元线性回归分析，方程形式如下：

$$v_{观测} = a + b \times RAC + c \times TRAF + d \times SW + e \times LU + f \times FRIC + g \times CW + h \times HW \quad (3.13)$$

式中 $v_{观测}$——观测自由流车速，km/h；

RAC——道路线形等级；

TRAF——道路行政等级;
SW——土路肩宽度,m;
LU——街道化程度,%;
FRIC——横向干扰(200 m 内的平均加权值);
HW——硬路肩宽度,m;
CW——行车道宽度,m。

由于是对同一等级道路进行多元线性回归分析,此处 RAC 和 TRAF 对回归结果没有影响,公式简化为:

$$v_{观测} = a + d \times SW + e \times LU + f \times FRIC + g \times CW + h \times HW \quad (3.14)$$

根据试验分析数据,利用式(3.14)(街道化程度、横向干扰不考虑情况下)可回归出各个系数 a、d、g、h。为减少工作量,运用数学优化分析软件 1STOPT 进行解算,步骤如下:

1)输入相关数据,设置参数、因变量及函数形式,进行横断面影响模型回归分析,如图 3.32 所示。

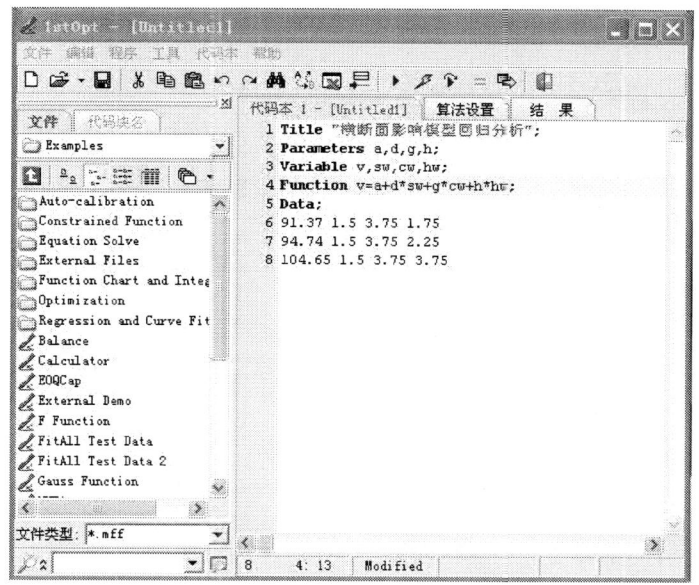

图 3.32　横断面影响模型回归分析

2)设置相关参数,采用麦夸特法进行优化计算,见图 3.33。从优化结果(图 3.34)可以看出,回归模型的判定系数 $R^2 \approx 1$,说明回归模型拟合程度很高。

求解后得城镇化公路横断面因素影响模型(图 3.34):

$$v_{观测} = 41.229 - 6.264 \times SW + 12.788 \times CW - 6.632 \times HW \quad (3.15)$$

式中　$v_{观测}$——观测自由流车速,km/h;
　　　SW——土路肩宽度,m;
　　　CW——行车道宽度,m;
　　　HW——硬路肩宽度,m。

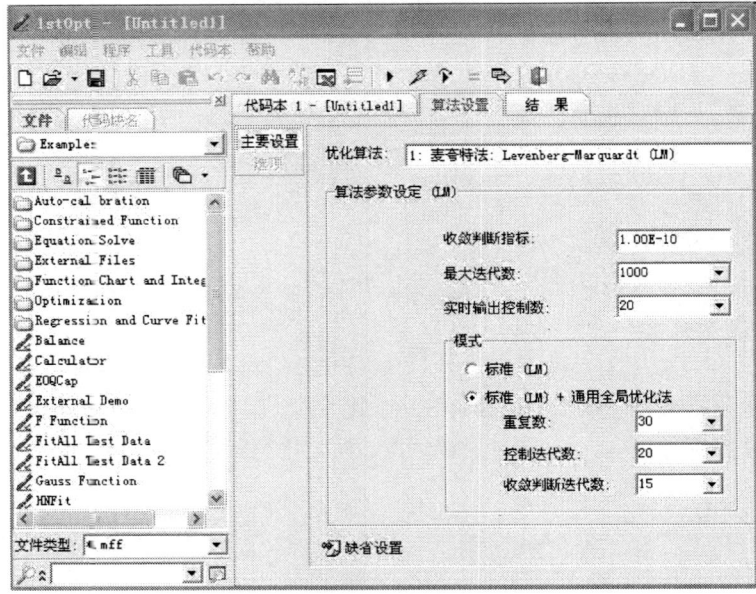

图 3.33　优化计算

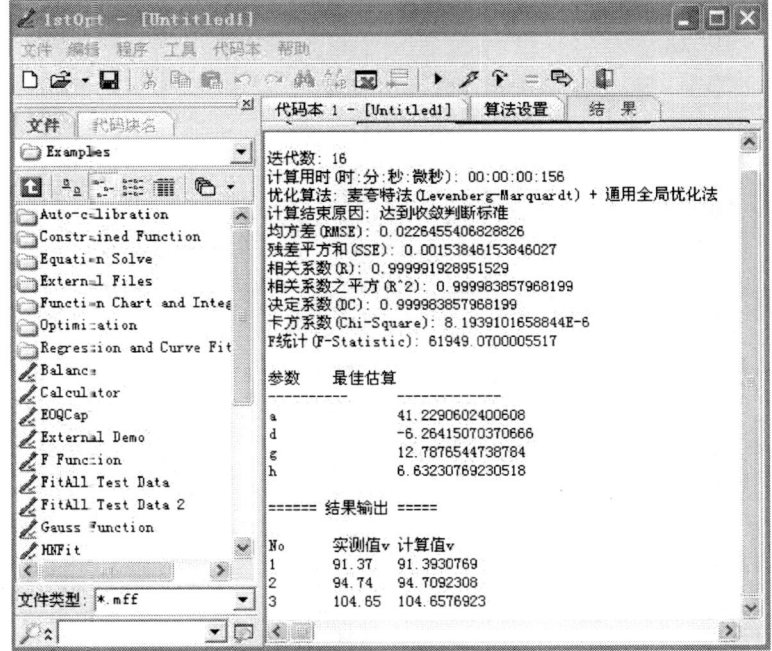

图 3.34　优化结果

第 4 章

城镇化公路安全评价与设计方法研究

公路线形的设计参数和道路的安全性能有着密切的联系,线形质量的好坏极大地影响公路的交通安全性能。《公路项目案例性评价规范》(JTG B05—2015),借鉴国外经验,提出了高等级公路安全评价标准,但仅作为设计参考使用。对城镇化公路,其线形的安全评价需要一套完善的、符合公路现状的评价标准。因此,非常有必要结合城镇化公路的实际情况,研究城镇化公路线形安全的评价与设计方法。

4.1 城镇化公路安全评价标准

在对运行速度以及公路线形与安全的关系研究中,发现运行速度能更好地反映公路状况和车辆行驶的实际情况。在公路线形设计中若采用运行速度对线形进行评价,检查各几何要素指标的取值是否合适、相邻技术指标是否均衡、平纵组合是否协调等问题,有针对性地进行修正,同时作为确定超高值、断面宽度、行车视距、设置爬坡车道、布设交通安全设施等的依据,可以从根本上解决采用设计速度带来的不足,以满足线形设计连续性、协调性和安全性要求。参考国内外研究成果,结合公路线形与安全的关系,提出安全评价的三个标准,从设计一致性、运行速度一致性和行驶稳定性进行安全评价。这三个标准可作为城镇化公路的安全评价标准。

4.1.1 安全标准Ⅰ(设计一致性检查)

设计速度决定了公路线形设计中的技术参数,只有设计速度与运行速度保持基本一致,才能使驾驶行为与公路特性相符合。安全标准Ⅰ的目的是进行公路路线设计一致性的检查,检查对象是独立线形单元(线形单元按 4.4.4 节规定方法划分)。对某一路段,设计速度 v_d 与运行速度 v_{85} 应保持平衡,相差不大,才能保证较好的设计一致性。对于设计一致性较差的路段,必须调整设计参数,以保证安全性。安全标准Ⅰ检查的内容和标准如表 4.1 所示。

4.1.2 安全标准Ⅱ(运行速度一致性检查)

公路设计中,道路特征和设计速度发生改变后,变化点前后路段的速度差容易引起安全问题,需要处理好过渡路段的线形条件,保证运行速度一致性。安全标准Ⅱ进行运行速度一致性的对象是相邻线元,检查其运行速度之间的关系是否满足安全的要求。安全标准Ⅱ检查的内容和标准如表 4.2 所示。

表 4.1 安全标准Ⅰ检查内容和标准表

情况	条件	评价结论
优秀设计	$\|v_{85}-v_d\| \leq 10 \text{ km/h}$	无需修改任何参数,可以保证的设计一致性
一般设计	$10 \text{ km/h} < \|v_{85}-v_d\| \leq 20 \text{ km/h}$	①宜采用交通安全设施调整速度;②为保证汽车的行驶稳定性,需根据运行速度v_{85}修改超高值,并检查停车视距
较差设计	$20 \text{ km/h} < \|v_{85}-v_d\|$	①交通事故发生频繁的路段;②宜重新设计,若由于地形等不能修改设计参数时,必须采用交通安全设施以控制车速

表 4.2 安全标准Ⅱ检查内容和标准表

情况	条件	评价结论
优秀设计	$\|v_{85_i}-v_{85(i+1)}\| \leq 10 \text{ km/h}$	无需修改任何参数,可以保证设计一致性
一般设计	$10 \text{ km/h} < \|v_{85_i}-v_{85(i+1)}\| \leq 20 \text{ km/h}$	①相邻线元之间存在运行速度不一致,但问题不大。②无需重新设计,可通过修改相关设计参数调整该路段的一致性。无法修改设计参数时,应采用交通安全设施
较差设计	$\|v_{85_i}-v_{85(i+1)}\| > 20 \text{ km/h}$	①不能满足设计速度的一致性,是交通事故发生频繁的路段;②宜重新设计,若由于地形等不能修改设计参数时,必须采用交通安全设施以控制车速

4.1.3 安全标准Ⅲ(行驶稳定性检查)

研究表明,增加可利用的摩擦力可以有效减少交通危险性。很多国家的交通安全研究机构均指出足够的摩擦力可以提高公路的安全性。随着摩擦力的减小,公路平曲线处成为事故黑点的可能性在加大。所以在城镇化公路设计中,应该注重在轮胎和路面之间具有足够的摩擦力,尤其是在平曲线路段内。安全标准Ⅲ用于检查并保证汽车的行驶稳定性。研究表明,可以通过考虑最大有效横向力系数f_{RA}、最大容许横向力系数f_{RD}之间的关系,来评价汽车行驶的稳定性,从而得到安全标准Ⅲ的检查内容和标准。

研究发现,最大有效横向力系数f_{RA}与速度之间存在相关关系。考虑设计阶段设计速度与运行速度和曲率变化率CCRs的关系,可建立最大有效横向力系数的计算公式:

$$f_{RA} = 0.27 - 2.19 \times 10^{-3} v_d + 5.79 \times 10^{-6} v_d^2 \quad (4.1)$$

式中 f_{RA}——最大有效横向力系数;

v_d——设计速度,km/h。

实际横向力系数即最大容许横向力系数计算如下:

$$f_{RD} = \frac{v_{85}^2}{127R} - e \quad (4.2)$$

式中 f_{RD}——最大容许横向力系数;

v_{85}——运行速度,km/h;
R——曲线半径,m;
e——超高,%。

安全标准Ⅲ检查的内容和标准如表 4.3 所示。

表 4.3 安全标准Ⅲ检查内容和标准表

情况	条件	评价结论
优秀设计	$f_{RA}-f_{RD} \geqslant 0.01$	无需修改任何参数,可以保证汽车在曲线上行驶时汽车的稳定性
一般设计	$-0.04 \leqslant f_{RA}-f_{RD}<0.01$	①需通过交通安全或控制设施降低运行速度;②需根据运行速度v_{85}修改超高值。
较差设计	$f_{RA}-f_{RD}<-0.04$	①在路面潮湿情况下很可能会发生交通事故;②宜重新设计

4.2 城镇化公路平面线形安全评价

4.2.1 城镇化公路直线安全性分析

《公路路线设计规范》对曲线间直线最小长度的考虑是基于视觉因素的线形连续性,在保证视觉连续的基础上,达到一定的安全保障目的。然而,一方面,视觉的连续性可以通过周围环境因素进行补偿,直线最小长度不满足规定不一定会存在安全隐患;另一方面,满足了直线最小长度的规定,并不代表运行速度的连续性,也不代表满足安全性的要求。因此,基于安全标准Ⅱ(运行速度的连续性),讨论城镇化公路曲线间直线长度的问题。

基于安全标准Ⅱ,可以将公路上曲线间的直线区分为独立直线与非独立直线。非独立直线(短直线)是指直线长度较短,汽车在直线上没有足够的加减速距离,直线与相邻曲线的运行速度差小于等于 20 km/h,达到一般设计水平;甚至二者之差小于等于 10 km/h,达到优秀设计水平。在这种情况下,曲线-曲线的关系是安全评价的控制因素,而不是直线-曲线关系。

独立直线(长直线)是指直线长度较长,汽车在直线上有足够的加减速距离,直线与相邻曲线的运行速度差大于等于 20 km/h,属于较差设计。在这种情况下,直线-曲线关系是安全评价的控制因素。

基于跟驰理论,曲线至曲线间的平均加减速可取为 0.85 m/s²,则保持两曲线间速度均匀过渡的直线距离为:

$$\mathrm{TL} = \frac{v_{85,1}^2 - v_{85,2}^2}{2 \times 3.6^2 a} = \frac{v_{85,1}^2 - v_{85,2}^2}{22.03} \quad (4.3)$$

式中 $v_{85,1}$、$v_{85,2}$——线 1、曲线 2 的运行速度,$v_{85,1}>v_{85,2}$,km/h;
TL——曲线间保持速度均匀过渡的理论直线长度,m;
a——加速度,m/s²。

根据式(4.3),可得不同速度下(直线上最大运行速度记为 v_{85T})城镇化公路上独立直线的长度,见表 4.4。

表 4.4　直线长度与 v_{85} 关系表（直线到曲线过渡）

曲线上的 v_{85}/(km/h)	不同直线上 v_{85T}(km/h) 条件下独立直线的长度									
	40	45	50	55	60	65	70	75	80	85
	(1)	(2)	(3)	(4)	(5)	(6)	(7)	(8)	(9)	(10)
20	**55**	75	95	120	145	175	205	235	270	310
25	—	**65**	85	110	135	165	195	225	260	300
30	—	—	**75**	95	125	150	180	215	250	285
35	—	—	—	**80**	110	135	165	200	235	270
40	—	—	—	—	**90**	120	150	185	220	255
45	—	—	—	—	—	**100**	130	165	200	235
50	—	—	—	—	—	—	**110**	140	175	215
55	—	—	—	—	—	—	—	**120**	155	190
60	—	—	—	—	—	—	—	—	**125**	165
65	—	—	—	—	—	—	—	—	—	**135**

表中黑体长度值(TL_S)表示非独立直线的上限值，即曲线间直线长度 TL_S 时，$|v_{85,1}-v_{85,2}|=20$ km/h。绘定曲线上运行速度时，直线长度大于 TL_S，$|v_{85,1}-v_{85,2}|>20$ km/h，直线为独立直线。如表 4.4 第 7 行数值，曲线上运行速度为 50 km/h，直线长度等于 110 m，直线上最大运行速度为 70 km/h，$|v_{85,1}-v_{85,2}|=20$ km/h；直线长度大于 100 m，则 $|v_{85,1}-v_{85,2}|>20$ km/h，直线为独立直线。

根据理论和实践经验，依据安全设计标准Ⅱ，曲线间的直线长度可以分成三种情况进行讨论。

第一种情况（图 4.1）：直线长度小于表 4.4 中的 TL_S，是非独立直线。在设计过程的安全评价中，可以忽略该直线，曲线-曲线的关系是设计安全评价的控制要素。

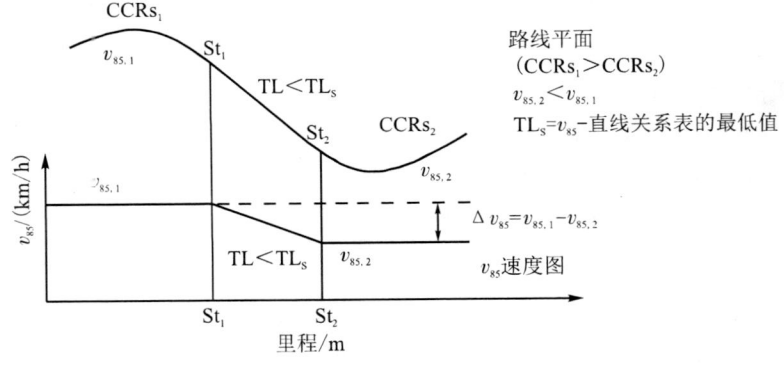

图 4.1　非独立直线速度图

第二种情况（图 4.2）：直线长度大于 2 倍的长度高限值(TL_L)，是独立直线。TL_L 的值取决于设计路段的限速情况，若设计路段限速为 70 km/h，则 TL_L 为表 4.4 第 7 列的值，若设计路段限速为 80 km/h,则 TL 取表 4.4 第 9 列的值。在这种情况下,汽车有足够的距离加速至限制车速,并以限制车速运行一段距离,直线-曲线的关系是设计安全评价的控制要素。

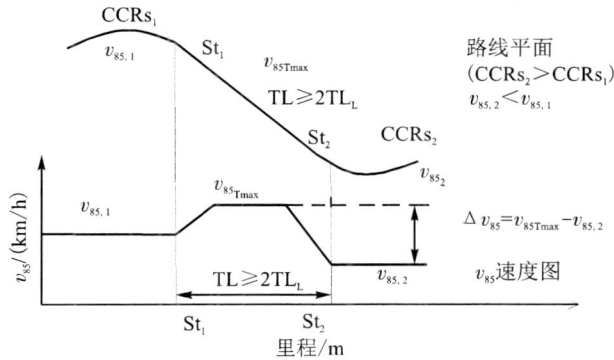

图 4.2　独立直线速度图 ($TL \geq 2TL_L$)

第三种情况(图 4.3):直线长度介于第一种情况与第二种情况之间,为独立直线。汽车在直线上的车速达不到限制车速,直线-曲线的关系是设计安全评价的控制要素。

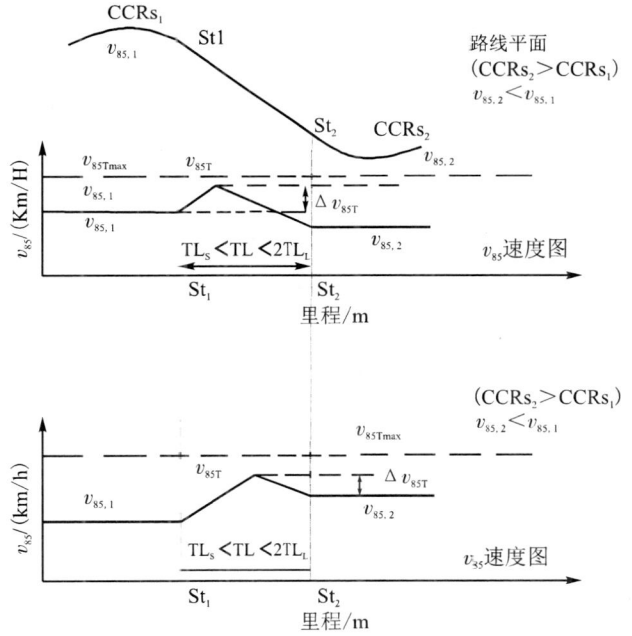

图 4.3　独立直线速度图($TL_S < TL < 2TL_L$)

4.2.2　基于曲率变化率(CCRs)的城镇化公路平面线形安全评价标准

国外在公路安全审查以及公路安全设计中,常常将单曲线曲率变化率(CCRs)作为一个很重要的核查、设计参数。CCRs 中涉及了平曲线的长度、曲线转角、曲度等与交通安全有着重要关系的变量。研究表明,曲率变化率与运行速度(v_{85})、事故率(AR)具有较强的相关性。v_{85} 的变化值为 10 km/h 时,对应的 CCR_S 的变化值大约为 180 gon/km;v_{85} 的变化值是 20 km/h,对应的 CCR_s 的变化值大约为 360 gon/km。由此,可将安全标准 Ⅰ~Ⅲ转化为城镇化公路平曲线安全标准。

本书提出关于 CCRs 的安全设计标准,此标准兼顾了城镇化公路线形设计的连续性、车辆运行速度的连续性以及汽车的行驶稳定性等方面,不仅可以指导新建城镇化公路的设计,也可以用于审核已修建城镇化公路的安全性。所建立的关于 CCRs 的安全标准,是经运行速度、横向力系数的安全评价标准演化而来,二者有着严格的对应关系,相比较而言,CCRs 对指导城镇化公路设计以及安全核查更方便、且更具有可操作性。

(1)平曲线安全标准Ⅰ(设计一致性检查)

该标准用于进行城镇化公路平曲线设计一致性的检查,检查对象是单个曲线段。对于某一路段来说,设计曲线的 CCRs 与该路段中曲线平均变率($\overline{CCRs}$)应保持平衡,才能保证较好的设计一致性。对于设计一致性较差的路段,必须调整设计参数,以保证安全性。安全标准Ⅰ检查的内容和标准如表 4.5 所示。

表 4.5 安全标准Ⅰ检查内容和标准表

情况	条件
优秀设计	$\|CCRs_i - \overline{CCRs}\| \leq 180$ gon/km
一般设计	180 gon/km $< \|CCRs_i - \overline{CCRs}\| \leq 360$ gon/km
较差设计	$\|CCRs_i - \overline{CCRs}\| > 360$ gon/km

注:$CCRs_i$ 路段内的第 i 个曲线的曲率变化率。

$\overline{CCRs}$ 平曲线路段的平均曲率变化率

$$\overline{CCRs} = \frac{\sum_{i=1}^{n}(CCRs_i \cdot L_i)}{\sum_{i=1}^{n} L_i} \quad (4.4)$$

式中 $CCRs_i$——单个曲线的曲率变化率,gon/km;

L_i——i 段平曲线的长度,m。

(2)平曲线安全标准Ⅱ(运行速度一致性检查)

安全标准Ⅱ用于进行城镇化公路运行速度一致性检查,检查对象是相邻线形要素的关系是否满足安全的要求。安全标准Ⅱ检查的内容和标准如表 4.6 所示。

表 4.6 安全标准Ⅱ检查内容和标准表

情况	条件
优秀设计	$\|CCRs_i - CCRs_{i+1}\| \leq 180$ gon/km
一般设计	180 gon/km $< \|CCRs_i - CCRs_{i+1}\| \leq 360$ gon/km
较差设计	$\|CCRs_i - CCRs_{i+1}\| > 360$ gon/km

注:$CCRs_i$ 路段内的第 i 个曲线的曲率变化率。

（3）平曲线安全标准Ⅲ（行驶稳定性检查）

安全标准Ⅲ用于检查并保证汽车的行驶稳定性。通过考虑横向力系数提供值与横向力系数需求值之间的关系，来评价汽车行驶的稳定性，从而得到安全标准Ⅲ的检查内容和标准。安全标准Ⅰ检查的内容和标准如表4.7所示。

表4.7 安全标准Ⅲ检查内容和标准表

情况	条件
优秀设计	$CCRs_i \leq 180$ gon/km
一般设计	180 gon/km $< CCRs_i \leq 360$ gon/km
较差设计	$CCRs_i > 360$ gon/km

注：$CCRs_i$ 路段内的第 i 个曲线的曲率变化率。

4.2.3 城镇化公路平曲线组合

圆曲线有柔和的几何形态，能较好地适应地形的变化，获得圆滑流畅的线形。缓和曲线能有效地缓和直线与圆曲线间的曲率变化，保证行车平顺安全。同时缓和曲线还能起到超高、加宽过渡段的作用。尤其是山岭重丘地形，平曲线设置较为频繁，常常采用连续多个平曲线组成的线形。驾驶员沿公路线形为其制定的行驶轨迹前进，要不断地随线形变化而转动方向盘和换挡操作。如果平曲线组合不当，势必造成驾驶操作忙乱，导致事故发生。因此，城镇化公路平曲线组合设计要满足标准和规范的要求。

（1）城镇化公路平曲线组合安全评价要点

1）检查缓和曲线参数及圆曲线参数是否协调均衡；
2）评价各种曲线组合的连续性和行车稳定性；
3）相邻曲线半径比是否均衡；
4）CCRs 评价，对不能改善的路段进行交通安全设施设计。

（2）城镇化公路平曲线组合评价注意事项

1）在进行城镇化公路平面线形设计中，应具有相关性设计的思想。相关性设计指设计要素（单元）的组合设计，在相关性设计中，认为一个设计要素（单元）受其他设计要素（单元）的制约或影响。这种思想与简单地把各要素（单元）拼接到一起构成设计的思想是不同的。相关性设计的目的是保证汽车在行驶过程中运行速度不发生急剧变化。为了获得运行速度的连续性，各个曲线的半径应该做到均衡，当然独立直线与曲线间也应做到这一点。

2）从安全角度出发，要达到一般安全水平。

3）相邻曲线应具有一定的均衡性。通常在设计过程中，设计人员只控制单个曲线半径能够满足技术标准的规定，而忽略相邻曲线半径的关系。研究表明，仅控制单个曲线半径，并不能保证设计的连续性和安全性，还必须考虑相邻曲线半径的关系，相邻曲线半径和安全性之间的关系如图4.4所示。

4）对于直线-缓和曲线-圆曲线的组合，当直线为独立直线时，圆曲线半径应大于400 m。

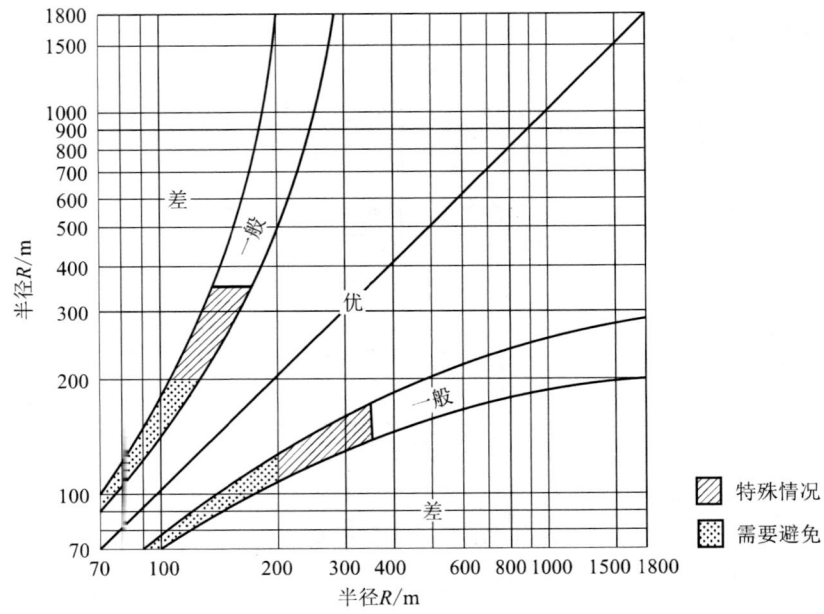

图 4.4 相邻圆曲线半径与安全性关系图

4.2.4 城镇化公路平面线形安全评价程序

分析城镇化公路平面线形要素与安全的关系,建立基于平曲线半径与运行速度和曲线曲率 CCRs 与运行速度的关系模型,主要是为了进行城镇化公路平曲线路段的安全性评价,从而指导城镇化公路平曲线路段的安全性设计。

(1)城镇化公路平曲线路段的安全性评价

在设计阶段,应用本书 4.2.2 节建立的城镇化公路平曲线安全评价标准,判断曲线要素取值是否合理,如不满足安全标准要求,须对这些要素值进行调整,直至满足安全标准为止。

对于已有城镇化公路,在评价平曲线路段安全性时,可根据设计资料按照本书 4.2.2 节建立的城镇化公路平曲线安全评价标准,对平曲线路段的安全性做出评价。

(2)城镇化公路平曲线路段的安全设计方法与步骤

借鉴国内外较为先进的公路安全设计理念,并根据建立的城镇化公路平曲线要素模型安全评价标准,在进行城镇化公路平曲线的安全设计中可采用如下步骤(图 4.5):

1)根据地形、公路功能、公路等级与设计交通量确定设计速度 v_d。

2)依据设计速度 v_d,利用技术标准,确定缓和曲线最小长度、平曲线最小半径、竖曲线最小半径、坡度等技术指标,同时确定设计速度下的最大容许横向力系数。

3)利用 CAD 软件,进行路线的平面设计,确定平面设计参数,在设计过程中需考虑与环境配合问题,检查相邻单曲线之间的相互关系。若相邻曲线半径不满足安全条件时,则需重新确定由线半径。

4)计算单曲线的 CCRs 值。

5)计算单曲线的 v_{85} 值,并进行直线的安全性分析。

6)利用安全检查标准,检查路线的安全性。如果路线设计的安全性达不到优秀设计标准,需进行相应的设计要素核查,并采取相应的修改措施。

7)基于v_{85}与v_d,进行视距安全性计算,同时确定最大超高率,并检查汽车稳定性是否满足安全标准Ⅲ的要求。如果不满足,需要调整路线设计参数而重新进行安全检查。

8)如果路线已满足上述安全指标和标准,则为满足安全条件的路线方案。

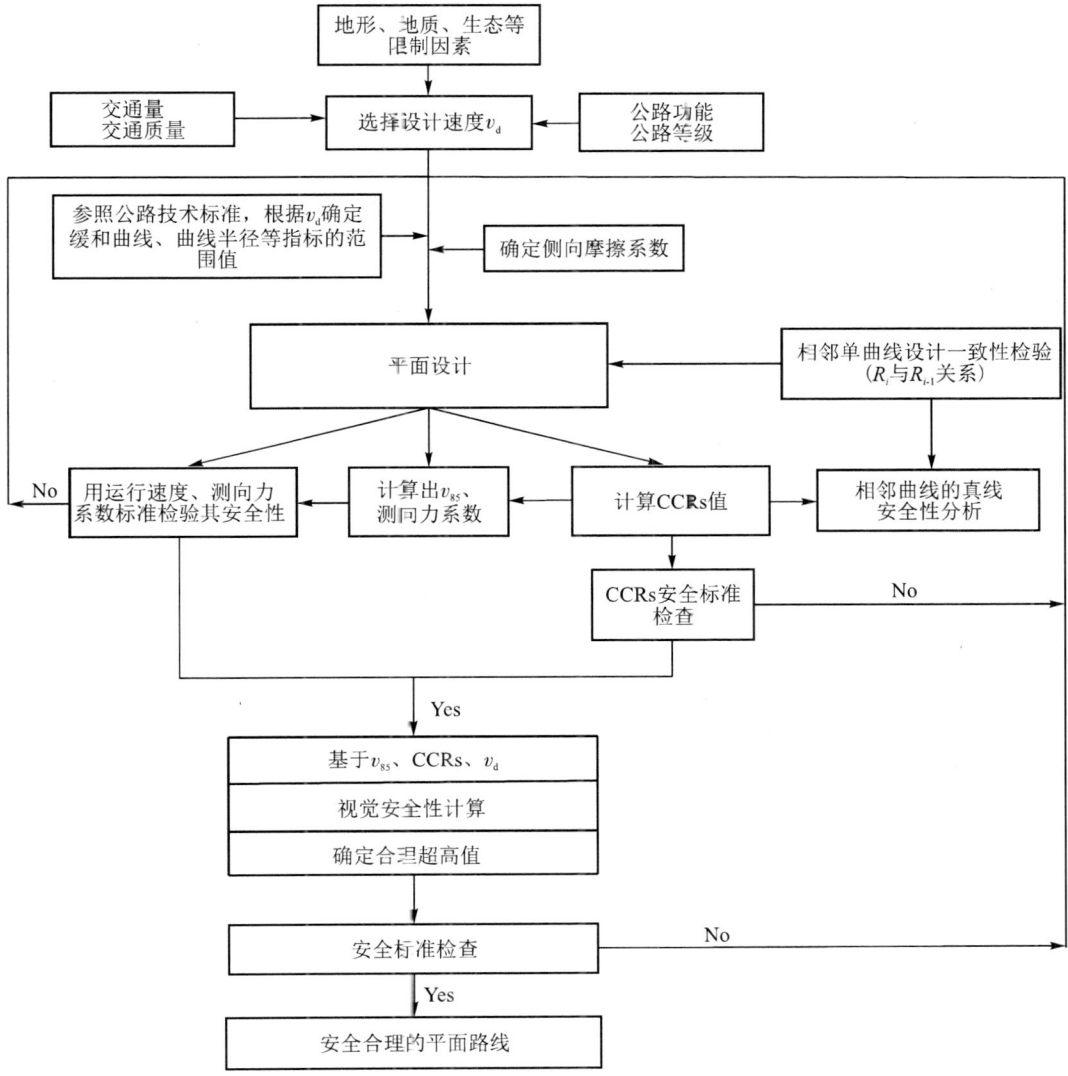

图4.5 城镇化公路平面线形安全设计程序

4.3 城镇化公路纵断面线形安全评价

4.3.1 评价方法

采用路段运行速度计算值对路段坡度、坡长和竖曲线半径进行评价;逐个检查竖曲线半径和长度是否符合标准要求;对夜间交通量较大、沿线有跨路桥的路段,其半径和曲线长度应进行验算。

4.3.2 评价标准

路段运行速度计算值与设计速度之差小于或等于 20 km/h 时,路段的坡度、坡长及竖曲线半径值不变。

路段运行速度计算值与设计速度之差大于 20 km/h 时,应按运行速度计算值调整相应路段的坡度、坡长及竖曲线半径值。

平曲线半径不变时,应按预测运行速度对应值,并考虑大纵坡(坡度 $i>3\%$)对超高值的影响,加大超高横坡度。

$$E_{\min} = E + \frac{i_{纵} + E}{6} \tag{4.5}$$

式中 $E_{\min}$——大纵坡路段的最小超高值,%;

$i_{纵}$——纵向坡度,%;

E——《公路路线设计规范》(JTG D20—2017)规定的超高值。

平纵组合路段应按照计算运行速度的标准,检查平曲线与竖曲线组合后的视距。视距的评价标准是在路面上任一点按规定的视高看到的障碍物最高点的距离不得小于停车视距。因此在有可能妨碍视线的边坡、路缘带、树木或其他障碍物等处,沿潜在的临界视线绘出纵断面图。

4.3.3 特殊路段纵坡

城镇化公路的特殊路段主要是桥梁处的路段。桥梁是城镇化公路的重要组成部分,应当和路基一起构成一条平顺而连续的线形,才有利于汽车快速安全行驶。但是,桥梁由于受设计洪水位和桥下通航净空的限制,桥面设计标高可能高于桥头引线路基标高,这就造成纵断面不平顺。这种情况不利于行车安全。

(1)安全标准与要求

《公路工程技术标准》(JTG B01—2014)规定:桥梁及其引道的平、纵、横技术指标应与路线总体布设相协调。桥上纵坡不宜大于 4%,桥头引道纵坡不宜大于 5%。位于市镇混合交通繁忙处,桥上纵坡和桥头引道纵坡均不得大于 3%。桥头两端引道线形应与桥上线形相配合。

(2)安全评价要点

检查设计是否满足上述标准要求,并使桥梁及其两端引线的平、纵线形尽可能平顺,与周围环境相协调,使视野开阔、视线良好。

4.4 城镇化公路安全设计方法

4.4.1 城镇化公路安全设计内容

城镇化公路安全设计主要是从安全的角度出发,合理选择公路几何要素,结合公路环境进行交通安全设施设计,制定城镇化公路安全审查方法进行安全审查评价。表 4.8 列出了城镇化公路安全设计涉及的项目和相关内容。

表 4.8 城镇化公路安全设计涉及的项目和相关内容

项目	内容
公路几何设计	曲线间直线长度(最大值、最小值);平曲线半径;平曲线之间的组合;纵坡大小(最大值、最小值);纵坡长度;竖曲线;平纵组合;可视性与视距;横断面宽度(组成、车道数、车道宽、横坡等);中央分隔带(形式、宽度、绿化树木的高度、路缘石的位置、形状等);横向安全宽度(富余宽度);边坡坡度、高度;排水系统(边沟、排水沟等位置、形式);辅助安全设施(如逃生车道,警示路缘带等);路面(面层的结构、材料、平整度等);与环境的和谐性
公路交通安全设施设计	各种交通警示标志(位置、大小、颜色、可视性);标线和视线诱导标(线型、颜色、可视性);标志标线的统一和协调;护栏(位置、高度、刚度、颜色、长度、开口);管理和服务设施
安全审查	安全审查指标体系的建立;安全审查评价方法的建立

4.4.2 城镇化公路安全设计总体要求

城镇化公路项目设计中采用的技术指标要符合现行标准、规范的有关规定,并应提出不符合现行标准、规范规定的技术指标,各单项指标以及各路段之间的衔接组合影响行车安全性时的协调措施和方法。

运行速度协调性评价是对相邻路段的运行速度的差值进行评价。相邻路段是指平面、纵断面、横断面指标或设计速度不同的相接路段,一般是指平曲线的起点、曲中点、终点,纵断面变坡点及横断面宽度变化的前后路段。根据运行速度预测方法对相邻路段的线形特征点(直线起、终点,平曲线起、终点及曲中点,竖曲线变坡点等)进行双向运行速度预测并计算相邻路段运行速度的差值。评价后对运行速度协调不良路段需重新调整平、纵面设计。

设计速度与运行速度协调性是对同一路段(设计速度、平纵面技术指标及横断面相同的路段)设计速度和运行速度差值进行评价,当速度差值大于 20 km/h 时,应对该路段相关指标进行安全性验算。

不同设计速度的相邻路段设计速度差不宜大于 20 km/h。设计速度大于 20 km/h 的相邻路段间宜设置过渡路段。过渡路段的长度应能保证线形指标过渡的需要,并设置交通设施引导驾驶员调整运行速度。

4.4.3 城镇化公路安全设计步骤与程序

4.4.3.1 城镇化公路几何线形安全设计步骤与程序

城镇化公路几何线形安全设计总体方法与过程具体如下(图 4.6):

1)首先确定地形类、公路功能、公路等级与计算设计交通量并确定设计速度 v_d。

2)基于设计速度 v_d,利用国家公路工程技术标准,确定缓和曲线最小长度、曲线最小半径、竖曲线最小半径、坡度等技术范围值。同时,也确定横向摩擦系数值。

3)使用 CAD 软件,进行城镇化公路路线的平、纵设计,而确定平面、纵断面的各个设计参数。路线设计时,需要考虑环境问题。设计人员设计平面的过程中需要检查相邻单曲线之间的相互关系。如果相邻曲线半径不满足一定条件时,需要重新设计该单曲线半径并重新计算平面设计参数。

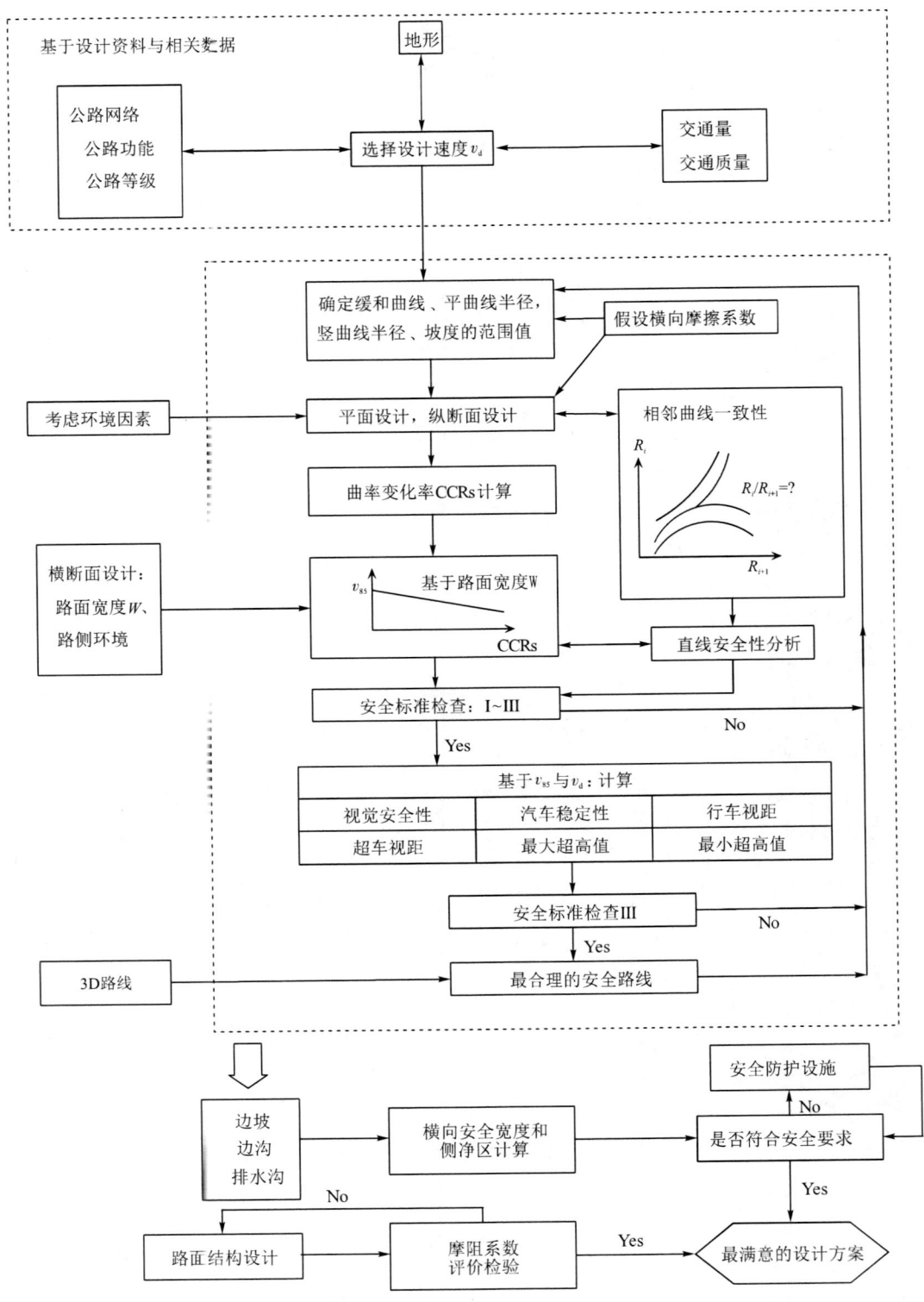

图 4.6 城镇化公路几何线形安全设计流程图

4) 逐个计算各曲线的 CCRs 值,为平曲线安全评价提供基础数据。

5) 利用第 3 章建立的运行速度预测模型,计算单曲线的 v_{85} 值。同时,进行直线的独立性分析。

6) 检查全路线的安全性并判断路线的安全性是否满足标准条件,这是最关键的环节。如果路线安全性达不到优秀设计标准,需要修改路线设计参数并且参考有关规范和标准要求。

7) 进行横断面以及中央分隔带设计,考虑横断面要素对运行速度的影响。

8) 基于 v_{85} 与 v_d,计算视觉距离、超车距离、最大超高值、最小超高值,并检查是否满足安全标准Ⅲ的要求。如果不满足,需要调整路线设计参数而重新进行安全评价。

9) 建立 3D 模型,显示 3D 路线,如果该路线已满足路线安全标准的优秀设计范围值,就是最合理的路线。

10) 进行边坡坡度、高度设计,选择边沟、排水沟形式并进行设置,进行横向安全宽度和侧净区计算,检查是否满足安全要求。如果不满足,需要采取相应的防护措施。

11) 对选择的合理的路线设计进行安全评价后,不满足安全标准的路段设置辅助安全设施。

12) 根据项目使用功能、交通组成、气候条件等对抗滑能力的要求,选择路面结构形式,从安全性影响方面进行评价。主要采用专用仪器测定摩阻系数进行评价。如果不满足,需要重新选择路面结构形式后进行安全评价。

4.4.3.2 城镇化公路交通安全设施设计步骤和程序

1) 标志设计后按常规、警告、指示三个大类逐项评价,主要包括设置的必要性和设置位置的正确性(包括标志高度、距公路硬路肩边缘的横向距离以及警告标志距危险点的距离等)。其中警告标志距危险点的距离应按照运行速度计算值进行评价。按照规范要求对标志的大小、颜色、信息等进行评价,如不满足要求进行适当调整或采取相应改善措施。

2) 结合道路情况进行标线及视线诱导标的设计,按规范对设置位置、材料、反光性等进行符合性检查,不满足安全要求的要进行适当的调整。

3) 对整个路网标志和标线进行协调一致设计,保证标志和标线的配合设计的合理性。

4) 根据道路横向情况进行路侧护栏设计,对护栏位置、高度、刚度、颜色以及设置形式等进行评价,保证其满足规范要求。

4.4.3.3 城镇化公路安全审查方法

城镇化公路项目安全审查的目标是确定项目潜在的安全隐患,确保考虑了合适的安全对策;使安全隐患得以消除或以较低的代价降低其负面影响,避免道路成为事故多发路段;保障道路项目在规划、设计、施工和运营各阶段都考虑了使用者的安全需求,从而保证现已运营或将建设的道路项目能为使用者提供最高实用标准的交通安全服务。

(1) 城镇化公路安全审查程序的组成及建立

城镇化公路安全审查程序主要由安全审查清单、安全技术条款和安全技术条款的理论支持三部分组成。

安全审查清单是实施安全审查的指南，包含了审查项目、审查内容、审查要点以及审查实施的框架。审查程序中的技术条款，是安全审查取向、审查标准与改良建议的集合。它是服务于审查清单的，最主要的作用是对清单中的审查项目的安全取值区间进行界定，从而提供安全审查的依据和安全改造的建议。

安全审查清单的创建是以城镇化公路安全的相关因素研究为基础的。通过收集道路的资料，整理相关年份的交通事故数据，实地勘察取证，经过系统分析与相关性研究，选取城镇化公路规划、设计、施工以及运营中仅与安全相关的主要要素指标，作为安全审查的项目。

安全审查程序中理论支持的基础数据，主要来源于实际工程资料。根据这些资料，通过回归分析，获得相关规律的研究成果。

(2) 城镇化公路安全审查的步骤

第一步：在安全审查实践中，应首先确定出针对安全的审查取向，定位审查点，从而确定具体的审查内容（审查项目清单），并根据逻辑相关性，构筑安全审查的指标体系。

第二步：选择安全审查评价方法，通过评价各个指标因素，审查项目的安全效能。

第三步：根据安全审查结果，按城镇化公路的不同阶段采取修改规划、完善设计、工程处理等措施来达到公路安全审查的目的。

(3) 城镇化公路安全审查指标的建立

建立安全审查指标体系应从系统工程的角度出发，本着科学性、可行性、系统性和可比性的原则，既考虑城镇化公路交通的特点，又结合现行评价指标的应用。建立的审查指标体系具有如下特点：

1) 从人、车、路和环境四方面综合反映影响安全状况的因素；从已发生事故量、事故严重程度和发生事故可能性三个角度审查安全水平；

2) 以绝对数据事故次数、事故死亡人数和事故受伤人数为基础采用相对指标，以利于国内外横向比较

3) 针对城镇化公路交通的特点，将摩托车、非机动车对安全的影响考虑进去；

4) 考虑道路所经村镇和地区之间交通状况的差异，对村镇和地区的评价应分别进行。

(4) 城镇化公路安全审查评价方法的建立

要使一个道路安全审查真正在技术和政策上发挥作用，必须要做到以下两点：①制订严格的道路安全审查组织形式；②提供道路安全审查清单和数据库。

城镇化公路安全审查评价方法基本步骤为：

1) 资料收集和研究。明确评价对象和范围，收集国内外相关法规和标准，了解同类系统、设备、设施的运作和事故发生情况，以及评价对象的地理、气候条件及社会环境状况等。对收集到的资料应进行深入研究，研究的深入程度可大大缩短分析和评价的进程。

2) 危险因素辨识与分析。根据评价对象的特点，辨识和分析系统可能发生的事故类型、事故发生的原因和机制。

3) 确定评价方法，实施安全评价。在上述危险分析的基础上，划分评价单元，根据评

价目的和评价对象的复杂程度选择具体的一种或多种评价方法,主要以建立的安全审查指标体系采用相应的评价方法,常用的有层次分析法、多层次模糊评价法、灰色关联度法等,对事故发生的可能性和严重程度进行定性或定量评价,在此基础上进行危险分级,以确定安全管理的重点。

4) 提出降低或控制危险的安全对策措施。根据评价和分级结果,高于标准值的危险必须采取工程技术或组织管理措施,降低或控制危险。低于标准值的危险属于可接受或允许的危险,应建立检测措施,防止生产条件变更导致危险值增加,对不可排除的危险要采取防范措施。

4.4.4 城镇化公路安全设计改善设计流程

1) 根据前期可行性研究确定的计算行车速度标准,采用计算行车速度概念进行城镇化公路线形初步设计,绘制路线的平面图和纵断面图。运营阶段可采用现场调查运行速度和公路设计要素的方法。

2) 将要研究其运行速度的路线划分为直线段、纵坡段、平曲线段和弯坡组合等若干个分析单元,每个单元的起、终点为预测运行速度线形的特征点。

Ⅰ 直线段:$R \in [1000, +\infty] \cup I \in [-2\%, 2\%]$;

Ⅱ 纵坡段:$R \in [800, +\infty] \cup I \in [-8\%, -2\%] \cup [2\%, 3\%]$;

Ⅲ 平曲线段:$R \in [150, 1000] \cup I \in [-2\%, 2\%]$;

Ⅳ 纵坡上平曲线:$R \in [150, 800] \cup I \in [-8\%, -2\%] \cup [2\%, 8\%]$;

Ⅴ 平直线上凸竖曲线:$R \in [1000, +\infty] \cup R_竖 \in [2000, 4300]$;

Ⅵ 平直线上凹竖曲线:$R \in [1000, +\infty]$。

其中,R 为平曲线半径,I 为纵数,$R_竖$ 为纵断面竖曲线半径。

3) 在任选一个方向进行第一次的运行速度 v_{85} 测算时,首先要推算与设计路段衔接的相邻路段速度,作为本路段的初始运行速度 v_0,然后根据所划分的路段类型分为不同的路段区间 $L_1, L_2, L_3, L_4, \cdots, L_n$,分别进行运行速度 v_{85} 的测算 $v_1, v_2, v_3, v_4, \cdots, v_n$。

4) 计算相邻路段的运行速度差值 Δv_{85},进行运行速度协调性评价。结合城镇化公路线形情况进行安全评价Ⅰ~Ⅲ。

安全评价后按评价结果分段进行改善,首先确定需要改善的路段属于哪个分析单元,然后根据不同的情况进行相应的改善设计。

进行路段改善设计时要考虑线形所经之处的地形、地貌、地质等实际情况,考虑经济、技术等情况而改善。若受平面控制,则可以首先考虑进行平面改善,通过修改平曲线半径、超高、加宽等设计要素后,重新预测运行速度,使其满足公路线形连续性的要求,如果平面设计要素受到地形限制不能改动,则可以考虑改善纵断面设计要素(坡度、坡长等),再重新预测运行速度使其连续。如果地形允许,也可以进行平面、纵断面同时改善。路段改善设计详细流程见图 4.7。

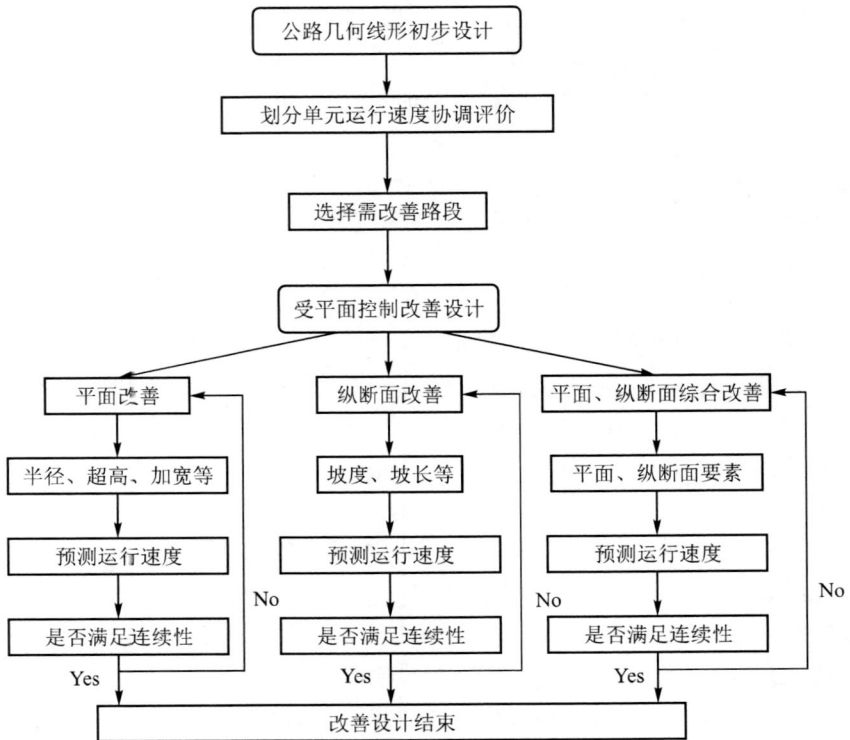

图 4.7 公路安全改善设计流程图

第5章 城镇化公路合理限速方法研究

5.1 运行速度与限速标准的关系研究

5.1.1 基本概念

（1）设计速度

设计速度是指当天气条件良好、交通密度小、车辆行驶只受道路物理条件限制时，中等驾驶水平的驾驶员能够安全行驶的最大速度，是道路线形设计的基本依据和重要参数，其控制的主要是某设计路段中线形条件最差的地方，它能确保车辆以设计速度行驶时，平稳安全地通过。实际上大部分设计路段的线形指标都较好，且高于其设计速度对应的技术指标值，而且车辆行驶在公路上的实际车速大多高于设计速度。

（2）运行速度

运行速度是驾驶员在气候条件良好的情况下，根据交通条件、实际道路条件等，所采用的安全行驶的最高速度，是通过实地观测得到的数据。运行速度是驾驶员凭自己的心理期望和道路条件所采取的行驶速度，表征了该道路的实际交通情况。运行速度与期望速度、驾驶员素质、交通量及交通组成、公路线形、周围环境、交通管理设施和安全设施等多种因素有关。通常将断面测定或预测的第85%位车辆的行驶速度（v_{85}）作为运行速度。v_{85}表明行驶在该路段的所有车辆中，85%车辆的运行速度都在此速度值以下，而有15%车辆的运行速度高于此值。v_{85}反映了行驶在该道路上的大多数驾驶员的交通心理需求，国内外交通管理部门常以此作为某路段的限制速度。

（3）期望速度

期望速度是指在基本不受其他车辆约束的条件下，驾驶员个人希望达到的最高"安全"速度。与驾驶员的性格、道路等级、承运任务的急缓、车辆性能等相关。理论上讲，期望车速与实际车速并不一致，但实际行车速度总是受到期望车速的影响，而且实际行车速度一般都较接近期望速度。

（4）限制速度

限制速度包含最高行驶速度限制和最低行驶速度限制，是指道路运营后，交通管理部门在保障车辆安全运行条件下为发挥道路的运输效率，制定的管理速度。限制速度是交警执法的依据，是具有法律效力的，同时也是分析交通事故原因常用的指标之一。国家道路交通安全法规定：机动车在公路上行驶，不得超过限速标志的最高时速；在没有限速标志的路段，应当保持安全速度，不得超过下列最高行驶速度：没有划道路中心线的公路,城市道路为30 km/h,公路为40 km/h;同方向只有1条机动车道的道路,城市道路为50 km/h,公路为70 km/h。

(5) 建议速度

建议速度的设置是为了在车辆经过潜在危险点(如匝道、陡坡处、弯道)时,引导驾驶员按照建议限速值选择安全的行驶速度。它对驾驶员起提醒和警告作用,通常不具备法律效力,属非强制限速。

(6) 平均速度

平均速度主要指空间平均速度和时间平均速度。空间平均车速是在给定的时间内,在某一路段上所有车辆行驶距离的总和除以行驶时间的总和;时间平均车速是所有行驶车辆在给定时间内通过某断面的地点速度的平均值。

(7) 速度差

速度差一般包含三种:

1) 相邻路段运行速度 v_{85} 的差值,是运行速度协调性评价采用的评价指标。相邻路段是指平、纵、横断面技术指标或设计速度不同的连接路段,一般指平曲线的起点、中点、终点,纵断面变坡点及横断面宽度变化的前后路段。

2) 各个路段的运行速度 v_{85} 和设计速度的差值,是同一路段设计速度与运行速度协调性评价采用的评价指标,表征的是整条道路设计指标的均衡性。

3) 速度调查样本的均方差,常用来表征某一断面速度分布的均匀性。速度均匀性(速度方差)只有在某种特定的服务水平下(如交通量)才有意义。速度方差较大,车流间的互相干扰也就越大,也就越容易发生交通事故。速度调查样本的速度一般是地点速度、行驶速度。

5.1.2 设计速度、运行速度与限制速度的关系

正确理解和处理设计速度、运行速度与限制速度相互之间的关系,是合理确定限速值的依据和前提。从20世纪30年代开始,设计速度就是公路设计的主要依据。如选择平、纵面的设计参数,以及超高、加宽设计等。而运行速度,是指驾驶员根据其行驶道路的实际情况,自己的驾驶习惯和经验判断所选择的行驶车速;限制速度,是指交通管理部门从安全和运营速度的角度考虑,限制公路某一路段的最高运营车速。目前大多数国家的公路速度管理通常做法是,通过对断面的单车自由流车速进行实地观测并统计分析,取其第85%分位车速作为限制车速的上限。当然,限制车速也应考虑其他因素,如国家强制最高限速、该路段的事故记录以及路侧安全设施或改善情况等。美国的一份民意调查显示,36%的人可以接受将设计车速作为限制车速,而近50%的人则认为新建或改建新开通的公路,可以先用设计车速作为限速值,而随着公路设施的使用,可采用实地观测地点车速 v_{85} 作为修正限速值。

(1) 设计速度与运行速度

我国公路设计采用设计速度作为依据。如果只从几何要素的角度考虑,设计速度也就是车辆在受限路段所能安全行驶的最大速度。设计速度是一个固定值,作为设计参数,只是规定了最低设计标准,没有考虑是否满足实际行车速度的需求。

一条公路的受限路段(弯道、纵坡路段)一般很少,而大多数为线形良好的非受限路

段,其线形指标高于受限路段,为车辆提供了能以高于设计速度的车速行驶的道路条件。尽管公路几何设计指标均满足现行技术标准,但事故率仍居高不下。因为车辆实际行驶速度通常会超过设计速度,因此,满足设计速度要求的视距、超高等道路设计值不一定能够满足实际车速的需要。

以运行车速为基础的线形设计方法,是根据实际车速确定设计指标,以满足车辆行驶的要求。目前这种设计方法在国外得到了较为广泛的应用。现阶段,我国采用运行车速设计方法客观上仍存在许多困难,常采用设计速度和运行车速相结合的设计方法。

其基本思路是:以设计速度为基础进行初始设计,再运用"运行车速预测模型"推算各路段的运行车速,将"设计控制原则"作为标准检验并修正初始设计,然后根据各路段的线形和运行车速最终确定设计指标,使各路段指标协调和统一,以满足安全行车的要求。

(2) 设计速度与限制速度

我国目前尚无一套针对各类道路合理限速及限速设施的全面、翔实的标准、规范或指南。通常将路线设计速度作为该路段的限速标准,或者采用比设计速度低 10~20 km/h 的速度值为限速值。这种限速方法由于太过保守,可能会降低运营效率,也会给执法管理带来负面影响,而且通常这种限速值往往得不到大多数驾驶员的认可。

与设计速度相比,限制速度更注重公路的使用与管理,为降低事故率和减轻事故严重程度,希望设置合理的限制速度,约束驾驶行为,保障车辆通行安全。驾驶员实际行车时并不考虑设计速度,而是以自己的期望速度行驶。运行车速是驾驶员期望速度的反映,限制速度应以运行速度和期望速度为基础,结合事故资料分析来确定。

综上所述可得到结论,设计速度并不能够真实反映各种车型在道路上行驶的实际运行速度,道路线形条件对各种车型运行速度的影响效果是不同的,不能简单地将设计速度当作限制速度来管理交通运营。对具体交通状况和线形条件等不加深入分析和计算,简单采用设计速度作为限速值,大部分路段,特别是在线形指标较好的路段必然出现严重的超速现象,从而使限速标志失去公信力,达不到限速的最终目的。对于新建公路,设计速度可暂时作为限速标准;对于已运营的公路,应依据其交通量和运行速度观测数据、交通事故统计资料、道路周围环境及某路段的特殊要求等来确定。

(3) 运行速度与限制速度

多数国家均采用实际观测得到的自由流情况下车辆运行速度 v_{85} 作为限速依据。通过观测得到的车辆实际运行速度能够真实充分地反映车辆在道路上运行的实际状况。因此,以运行速度为依据制定的限速标准切合公路的运行条件,可以提高驾驶员服从限速规则的比例,从而提高公路的运行效率和交通安全性能。

美国《统一交通控制设施手册》(manual on uniform traffic control devices, MUTCD) 认为限速值可采用通过观测得到的自由流情况下车辆行驶的 v_{85},最好按 5 km/h 或 10 km/h 的整数倍取值。除此之外,限速值的确定还需考虑公路线形条件和道路环境条件、驾驶员、车辆机械性能、交通流分布以及交通事故等因素。

城镇化公路由于混合交通现象严重,在确定限速值时,除了以 v_{85} 作为参考依据,还必须考虑速度的离散程度。当交通流密度小于临界密度时,可采用 v_{85} 作为限速值;当交通流密度大于临界密度时,为防止离散性过大影响交通安全性和畅通性,限速值应小于 v_{85},从而减小速度分布范围,具体值的确定还应考虑可潜在事故情况、交通流组成、实施可行性、邻近路段限速情况等。为降低速度离散性,还应限制最低车速,其值一般取15%位车速值(v_{15}),由于大中型车的 v_{15} 偏低,若将其作为最低限速值的参考依据,降低车速离散性的效果就不太明显。调查显示小型车 v_{15} 相当于混合交通流20%位车速值(v_{20}),建议将小型车的 v_{15} 作为最低限速值,以保证大多数车辆的行驶要求。

综上所述可知,运行速度作为限速依据明显比设计速度具有优势。我国交通管理部门常将运行速度 v_{85} 作为限制车速的依据。国外很多发达国家也都是根据运行速度来管理和控制速度的。本书采用以运行速度作为限速的主要依据,在此基础上,提出确定合理限速值的方法。

5.1.3 运行速度与限速指标的关系

选择浙江省省道323绍甘线进行调查。绍甘线北起绍兴市区,南至嵊州甘霖镇与嵊义线相交处,全长78.145 km,途经绍兴市郊、绍兴县及嵊州市。其中K4+000～K26+460和K68+855～K78+145段位于平原微丘区,采用二级公路标准,设计速度80 km/h;K26+460～K34+506位于山岭重丘区,采用二级公路标准,设计速度60 km/h;K34+506～K66+490路段位于山岭重丘区,设计速度60 km/h,采用四级公路标准;K66+695～K68+855位于山岭重丘区与平原微丘区的过渡路段,采用三级公路标准,设计速度60 km/h。绍甘线全线设计速度和路基、路面宽度变化多,平原微丘区路段交通量大(特别是绍兴市郊段),等级高、路基路面宽,线形好、车速快,但其公路两侧村镇密集,平面交叉口多,混合交通严重,交通秩序混乱;山岭重丘区路段总体公路等级低,路基、路面宽度窄,交通量小,急弯陡坡路段、连续下坡路段、视距不良路段、路侧险要路段等多。

调查在绍甘线右K4+800～左K34+400段选取了20个点,遵循上述调查方法进行运行速度和交通量调查,调查结果见图5.1～图5.3及表5.1。

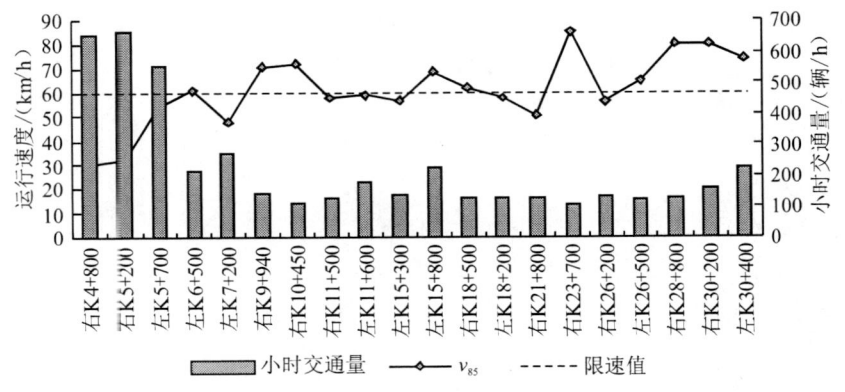

图5.1 客货车混合交通流速度和交通量分布图

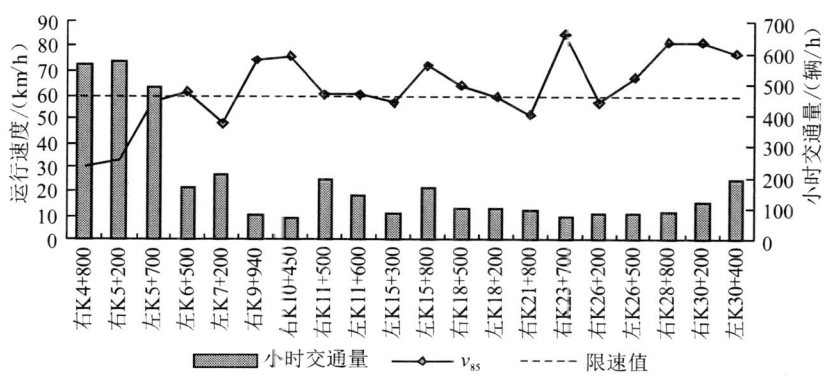

图 5.2 客车速度和交通量分布图

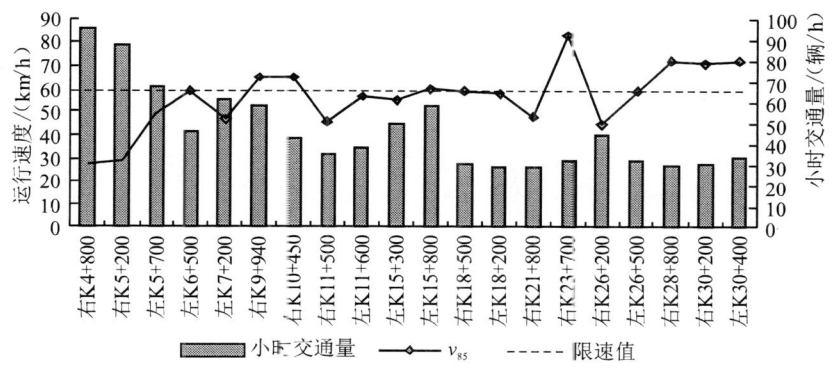

图 5.3 货车速度和交通量分布图

图 5.1~图 5.3 及表 5.1 中的数据显示：客车和货车车速的变化趋势基本一致，客车超速行驶现象严重，货车大多遵循限速值行驶。在穿越城镇和村庄、交叉口附近的路段，车辆的行驶速度均较低；交通量较大的路段，车速也较低，说明驾驶员选择速度时受其他道路使用者的影响。其中右 K4+800 和右 K5+200 的车速最低，客车的 v_{85} 低至 30 km/h 和 33 km/h，因为这两点均位于城镇路段，每天傍晚此段会有集市，小贩沿线摆摊设点、占道经营，大大缩小了道路的有效通行宽度；居民在马路中间来回穿梭，严重干扰了行驶车辆。左 K18+200 处设置了"前方测速区"的警告牌，v_{85} 小于限速值，表明警告牌起到了一定的作用。左 K6+500、左 K11+600、右 K18+500 和右 K21+800 处在急弯路段，车辆速度均较低；右 K9+940 和右 K28+800 是长下坡路段，驾驶员未受地形影响，速度大多在 70~80 km/h。

综上所述，驾驶员选择驾驶速度时通常受线形条件（尤其是平面）、交通量、周围环境（包括其他行驶车辆和行人干扰）的影响；单一设置限速标志，其作用效果不明显，配合测速、超速罚款等管理措施，则控制速度的功效大增。

表 5.1 速度调查结果表

序号	桩号	地点特征	调查时间	混合交通流 v_{85}/(km/h)	混合交通流 交通量/(辆/h)	客车 v_{85}/(km/h)	客车 交通量/(辆/h)	货车 v_{85}/(km/h)	货车 交通量/(辆/h)
1	右K4+800	市郊区路段	17:00~18:30	30	655	30	560	28	95
2	右K5+200	城镇路段	17:00~18:30	32	661	33	574	29	87
3	左K5+700	交叉口前	14:00~16:00	54	557	57	489	49	68
4	左K6+500	连续S形弯	14:00~16:00	61	214	61	168	59	46
5	左K7+200	村庄路段	16:00~17:50	48	271	48	209	47	62
6	右K9+940	下坡路段	14:00~16:00	71	140	74	82	65	58
7	右K10+450	交叉口前	8:00~10:00	72	111	76	68	65	43
8	右K11+500	城镇路段	10:00~12:00	58	127	60	191	46	36
9	左K11+600	急弯路段	14:00~16:00	59	177	60	139	57	38
10	左K15+300	城镇路段	8:00~10:00	57	136	57	86	55	50
11	左K15+800	交叉口前	14:00~16:00	69	225	72	167	60	58
12	右K18+500	急弯路段	16:00~18:00	62	129	64	98	59	31
13	右K18+200	警告牌设置点	13:00~15:00	58	126	59	97	58	29
14	右K21+800	急弯路段	14:00~16:00	51	123	52	94	48	29
15	左K23+700	连续S形弯	8:00~10:00	85	107	85	75	83	32
16	右K26+200	村庄前方	10:00~12:00	56	130	57	85	45	45
17	右K26+500	穿越村庄路段	16:00~17:50	65	119	67	86	59	33
18	左K28+800	下坡路段	8:00~10:00	80	121	82	91	72	30
19	右K30+200	村庄前	8:00~10:00	80	155	82	124	71	31
20	左K30+400	隧道出口	8:00~10:00	74	223	77	189	72	34

5.2 城镇化公路限速方法的研究

5.2.1 现有限速方法

目前我国尚无一套全面、完整和翔实的针对城镇化公路的合理限速方法、标准及措施的指南或规范。如何在城镇化公路车速限制标准的基础上,提出合理的车速限制实施方法最终决定了限速的实施效果。因此,有必要研究给出一套切实可行的城镇化公路车速限制方法。

常见的公路限速方法有全线统一、特殊点段局部、分车道及分车型限速等方法,大多数时候是采用以上多种方法结合的方式对公路进行限速限制。

(1)全线统一限速

目前国内应用最为广泛的限速方法就是全线限速,主要参照设计速度来确定限速标准,一整条路实施一个限速值,在道路交叉口或出入口等关键位置设置了具有法律效力的限速标牌,是交警管理部门执法的主要依据。

1)优点:该方法实施简便,几乎不需要做任何调查研究和论证工作。

2)缺点:依据设计速度确定的限速标准并不能真实地反映道路实际行车状况,驾驶员在道路上驾驶的车速往往高于设计速度。该方法容易引起驾驶员的强烈不满、遵循率较低,由此造成标志的执法公信力降低、执法压力增大、可信度下降等一系列问题。

3)适用性:此方法一般用于新建道路,通常配合其他限速方法使用。

目前限速值的确定是全线统一限速方法存在的关键问题。建议选择能真实反映道路行车条件和行车状况的限速标准。

(2)特殊点局部限速

特殊点局部限速是指为道路某一区段设置合理、安全的限速值。这些区段主要指法律规定的机动车限速区(如商业区限速 48 km/h),而法定限速值又不能很好地适应道路条件或交通条件的某特定区段。为保证可实施性,新的限速值必须沿着公路用标准的限速标志标示出来。局部限速需要周期性的更新调研。局部限速值通常低于其他一般路段的限速标准,且其对应的限速路段长度也较短,应在局部限速起始处设置限速标志,结束处设置解除限速标志。局部限速具有以下特点:

1)优点:可以降低某特定路段事故率,确保交通安全。

2)缺点:如果限速区设置不合理,两个相邻限速区不能很好地衔接,这种情况下容易导致驾驶员控制车速发生跳变,从而使该区域的车速离散程度增加。

3)适用性:设置限速区的路段,通常是道路的几何线形特殊或道路环境条件频繁变化的地方,城镇化公路的局部限速主要应用于特殊环境的路段,例如事故多发段、学校或居民区附近的穿越路段。

建议:当相邻两个限速区的限速差值超过 20 km/h 时,为保证驾驶员安全顺适地减速,建议在两个限速区间设置一定长度的过渡段,设置相应的提示标志。

(3)分车型限速

分车型限速指根据车辆行驶安全、运营管理和交通流特性的需要,对不同车型实施不同的限速标准的方法。分车型限速标志如图 5.4 所示。

图 5.4　分车型限速标志

在分车型限速是否能提高交通安全的问题上,目前的研究尚未得到一致的结论。针对货车采用较低限速,支持者认为与小汽车相比,货车加减速性能差、制动距离长、操作不够灵活;而反对者则认为分车型限速会加大车辆之间的速度差,可能会引发更多的事故。分车型限速具有以下特点:

1)优点:考虑到不同车型的车辆性能之间的差异,有助于改善道路的交通安全状况。

2)缺点:此限速方法最好与分车道限速结合使用,从而避免同一车道内前后车辆间追尾事故的发生;对车型的划分要求高,可考虑小客车与其他车辆,或大货车与其他车辆等方式来划分车型。

3)适用性:某种车型的车辆事故较多,需从限速角度考虑以减少事故发生。

建议:①宜与分车道限速结合使用;②车型划分应明确,高等级公路可按照小型车与大型车划分,其中小型车包括小型载客汽车和轻型货车,大型车则包括大客车、大货车和拖挂车;③低等级公路(如城镇道路、县道)还应单独考虑摩托车的限速标准。

(4)其他限速方法

1)特殊天气限速

不良气候条件(通常指雨、雪、雾等)给行车安全带来了非常大的不利影响,所以,除常规限速标准外,还应制定不良天气条件下的限速标准。在不良气候条件下的限速措施可采用建议速度的方式,可利用道路上的可变信息板显示出来,以提醒驾驶员根据道路周围环境和天气条件及时调整车辆的运行速度。2009 年江西省开辟国内分天气限速管理之先河,结合不同天气条件下的道路通行安全系数,分别制定了晴天和雨天两种不同环境下的限速模式,区别通行条件进行限速管理,更为科学、合理、有效地预防恶劣天气道路交通事故。特殊天气限速标志如图 5.5 所示。

2)分时段限速

常见的分时段限速就是按照白天和夜间划分时段。路侧有学校分布的路段,一般会设置限速标志,但白天学生不通过的时间段或夜间根本无学生通行的时候,该标志的限速功能仍存在,影响了道路的通行能力。分时段限速标志如图 5.6 所示。

图 5.5 特殊天气限速标志　　　　图 5.6 分时段限速标志

3) 可变限速

随着道路条件(路面状况、交通流状况、能见度、交通事故情况等)改变限速值,这种方法是有效的。可变限速系统的昂贵费用限制了它的应用,通常用于交通量较大的高速公路或部分天气变化较大路段。当可变限速系统的有效性进一步加强时,它将在城市道路得到更广泛的应用。因为它适用于处理交通量、行驶速度和交通流密度的瞬时变化的路段。

5.2.2　推荐限速方法

城镇化公路与一般等级公路的功能明显不同,城镇化公路的路肩除汽车停靠外,同时供农用车、自行车和行人通行。特别是在公路沿线城镇、村庄比较密集的地区,农用车和路侧行人、自行车、学校等因素对车辆的运行产生较大的干扰,行人、非机动车频繁穿越公路,使交通混杂,冲突严重,容易造成交通事故。穿越城镇的路段还兼有城镇道路的功能,过境车辆和当地居民通行混杂是城镇公路的典型特征。

综上所述,由于城镇化公路横跨区域较大,途经的地区环境和地理条件不一样,道路周围居民行为或与之交叉的支路都会对行驶在主线上的车辆造成干扰,每个路段周围环境不同,受到的干扰程度也不同。地形和交通环境的复杂性和多变性使整条道路不可能采用全线统一限速,对于不能满足全线统一限速的路段应根据路段的具体情况建立限速区。建议城镇化公路采用全线统一限速和特殊点局部限速相结合的方法,特殊点局部限速指针对途经城镇、村庄或者学校等路侧有建筑物的路段设置限速区;在学校或集市区附近,可根据实际情况实施分时段限速。

5.3　城镇化公路限速标准的研究

5.3.1　限速区设计参数研究

5.3.1.1　限速区最小长度

限速区过短导致限速值的频繁变化,限速标志也随之增多,将增加驾驶员紧张度,造成信息过载引起驾驶员身体和视觉上的疲劳,易诱发事故。

根据国外经验,限速区设置得越长越好,尽量保证限速区内线形和道路环境的一致性。目前,我国对限速区长度方面没有深入研究,限速和解除限速标志随意设置。

驾驶员驾驶车辆按照标志信息指示经历了速度变化过程之后,进入限速区,期望能在一段时间内稳定行驶,缓解之前因调整速度产生的紧张感,限速区的最小长度应不小于车辆稳定行驶所需的最小长度。稳定行驶路段长度的确定主要考虑驾驶员心理上期望稳定行驶所需的最短时间及行驶车辆的操作稳定性等方面的因素。过短的时间和距离使驾驶员频繁换速,导致其不愿遵循限速标志上提供的信息。根据已有的对驾驶员经验研究和心理调查,参考《公路安全保障工程实施技术指南》中建议的限速区间,提出限速值小于 80 km/h 时,将该稳定行驶的最短时间取 $t = 40$ s 的限速行程。

限速区最小长度 S 计算公式如下:

$$S = \frac{v}{3.6}t \tag{5.1}$$

限速区最小长度推荐值见表 5.2。

表 5.2　限速区最小长度推荐值

速度/(km/h)	30	40	50	60	80
限速区长度理论值/m	333.33	444.44	555.56	666.67	888.89
限速区长度修正值/km	0.3	0.4	0.6	0.7	0.9

5.3.1.2　过渡段长度

公路线形特征和路侧环境的突变均会引起运行速度的变化,从安全角度出发,在不同限速区段的变化点应对驾驶员有所提示。特别是当公路从限速值较高的限速区向限速值较低的限速区过渡且差值过大时,将影响前后两个断面的运行速度协调性,当速度差超过了驾驶员的脑力负荷和期望时,会造成潜在的安全隐患。为了避免运行速度的突变,应在相邻限速区差值过大(一般不小于 20 km/h)的路段插入过渡段,引导驾驶员在限速区之间安全过渡。

过渡段最小长度的确定主要考虑驾驶员调整行驶速度和保持稳定驾驶所需的行驶距离。限速区过渡段示意图如图 5.7 所示。

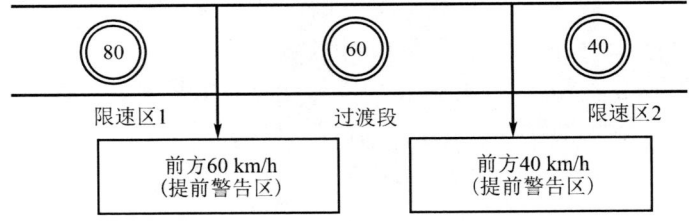

图 5.7　限速区过渡段示意图

(1)车速调整过程行驶的距离 L_1

车速调整过程行驶的距离是指驾驶员在过渡段中将车速调整到满足限速区要求所需的距离。

L_1 的计算公式如下：

$$L_1 = \frac{v_1^2 - v_2^2}{2a} \quad (5.2)$$

式中　v_1——限速区1的速度；

　　　v_2——限速区2的速度；

　　　a——根据《公路交通标志和标线设置规范》(JTG D82—2009)，减速度约为 0.75~1.5 m/s²，本书取 1.0 m/s²。

(2)车辆稳定行驶的距离 L_2

车辆稳定行驶的距离是指车辆在完成上述车速调整后，根据转向、避让或换车道等操作要求所需的行驶距离。

$$L_2 = v_2 t \quad (5.3)$$

式中　t——驾驶员需要6~10 s的时间对周围环境的信息进行判断处理和4~4.5 s的时间实施相应的操作。本研究取12 s。

(3)过渡段长度 L

过渡段长度 $L = L_1 + L_2$，根据上述计算公式，可得限速区过渡段最小长度，其值取50 m的整倍数，见表5.3。

表5.3　限速区过渡段的最小长度推荐值　　　　　　　　　　单位:m

限速区 v_1/(km/h)	限速区 v_2/(km/h)			
	60	50	40	30
80	300	300	300	300
70	—	250	250	250
60	—	—	200	200
50	—	—	—	150

5.3.2　限速标准研究

合理限制车速是确保公路安全的必不可少的措施，包括最高限速和最低限速，公路上限速可以降低车速的离散程度，保持车流均衡，可以避免频繁加减速而导致碰撞事故的发生。由于超速引起的事故黑点的整治可以通过对该路段限速来达到改善的目的。

江西省交通运输厅制定的《江西省公路交通限速标志设置指南(试行)》将公路正常路段限速值标准拟定为：一级公路90(80) km/h；二级公路80(60) km/h；三级公路及以下40(30) km/h；四级公路20 km/h。公路特殊路段限速在正常路段限速基础上折减一定比例，折减值根据特殊路段危险、复杂程度决定。如，公路穿越城镇、集镇、村庄路段限速的参考范围为：一级公路40~60 km/h；二级公路30~40 km/h；三级公路及以下20 km/h。在离开特殊路段或区域50~100 m应重新设置正常路段的限速标志。各国限速标准参考表见表5.4。

表 5.4　各国限速标准参考表

国家(地区)	高速公路/(km/h)	一般公路/(km/h)	城镇公路/(km/h)
中国	60~120	40~70	30~50
美国	90~120	90	40~50
奥地利	130	100	50
日本	100	60	—
保加利亚	120	95	45
比利时	120	90	50
匈牙利	120	80	50
英国	115	95	50
荷兰	120	80	45
德国	130(建议性)	100	50
意大利	130	90	50
希腊	120	110	50
西班牙	120	90	50
爱尔兰	115	95	50
卢森堡	120	90	50
丹麦	110	80	50
挪威	90	80	50
马其顿	120	80	50
葡萄牙	120	90	60
波兰	110	90	60
斯洛伐克	130	90	60
罗纳尼亚	70~90	70~90	60
土耳其	120	90	50
斯洛文尼亚	130	90	50
法国	130	90	50
芬兰	120	100	50
捷克	130	90	50
克罗地亚	130	80	50
瑞典	110	90	50
瑞士	120	100	50

2004 年,浙江省交通厅、公安厅联合下发《关于清理和完善公路交通限速标志的通知》,指出:①铁路道口、下陡坡处、窄路、窄桥、急弯路等复杂和危险路段,设置最高时速不超过 30 km/h 的限值;未划道路中心线的路段,设置最高时速不超过 40 km/h 的限值;同一方向只有一条机动车道的路段,经安委会、公安、交通部门共同认定列入交通事故多发的整改路段,可设置适当低于该路段设计车速标准的限值。②限速标志一般在某个控

制点段设置,且限速标志限值原则上不得小于设计时速;在控制点段设置限速标志的,可配合设置相应的警告交通标志,告知机动车驾驶人限速的原因和理由;某个路段控制点设置的限速值与该路段的最高限速值差距较大时,原则上按 20 km/h 的级差设置相应限速值的交通标志。在设置限速交通标志的同时,应设置相应的解除限速交通标志,或在路口等处设置标有区域或距离的辅助标志(已设辅助标志的可不再设解除限速标志)。分支干路的路口(包括通行机动车的开口),可不设置限速交通标志,但应在支路口设置减速让行或者停车让行标志。

城镇化公路沿线有许多城镇和村庄,途经城镇的路段逐渐被城镇化,交通环境混乱,车辆运行受行人、非机动车、集市及常出入路边工厂的车辆等因素的横向干扰,调查证明,车辆的运行速度与其受到的干扰程度密切相关。

5.3.2.1 横向干扰与运行速度的关系

城镇化路段对主线产生的横向干扰主要取决于途经城镇路段的长度、从支路行驶到主线上的车辆和行人的数量、路侧停靠车辆的数量及建筑物距路侧的距离等。调查采用问卷调查的方式,问卷中列举了几种可能对主线行驶车辆的运行速度造成影响的因素,包括支路出入的车辆、路侧慢行的非机动车和行人、摩托车、横穿马路的行人等。问卷要求被调查者根据自己的主观感受对这些因素的影响程度排序,分五个等级,其中"5"为干扰最严重的等级。为了确定各影响因素的权重值,按照干扰等级对其进行打分,"5"级为50 分,"4"级为 40 分,依次类推。各个影响因素的得分情况见表 5.5。

表 5.5 横向干扰调查统计表

序号	支路车辆	慢行车辆	路侧停车	摩托车	行人
1	20	10	30	50	40
2	50	20	10	40	30
3	40	10	20	40	30
4	40	30	10	50	20
…	…	…	…	…	…
100	30	20	10	50	40
合计	2960	2720	2480	3520	3320
权重	0.20	0.18	0.17	0.23	0.22

调查结果显示,摩托车产生的横向干扰最严重,其余依次为行人、支路车辆、慢行车辆和路侧停车。

根据调查表各个因素的得分情况,可得到各影响因素的权重值。在对各影响因素赋予了权重值的基础上,构造横向干扰变量 LIV(lateral interference variable)的计算模型,用一个横向干扰变量代替五个干扰因素,其值的大小取决于每个影响因素的加权值。

LIV 代表单位时间内(一般为 1 h)在观测点前后各 100 m 的范围内产生的横向干扰;其他参数均指的是在观测时间段内,路段上发生的实际干扰数量。

$$\text{LIV} = 0.20 N_{sv} + 0.18 N_{ssv} + 0.17 N_{psv} + 0.23 N_{mot} + 0.22 N_{ped} \quad (5.4)$$

式中 N_{srv}——支路车辆(slip road vehicles)数量；
N_{ssv}——慢行车辆(speeds slower vehicles)数量；
N_{psv}——路侧停车(park side vehicles)数量；
N_{mot}——摩托车(motorcycle)数量；
N_{ped}——行人(pedestrian)数量。

根据横向干扰程度和路侧用地情况，对横向干扰进行分级，具体标准见表5.6。城镇化公路典型路段如图5.8所示。

表5.6 横向干扰等级划分

等级	横向干扰量	路侧用地情况
Ⅰ	0~50	路侧为农田或山体、水库或少量建筑物等
Ⅱ	50~100	有少量居民或工厂、加油站、小店铺等
Ⅲ	100~150	大村庄或小城镇等
Ⅳ	>150	商业区、大城镇、农贸市场、集市等

图5.8 城镇化公路典型路段

根据运行速度数据和横向干扰调查结果,采用数理统计方法,可得到两者的关系图。图 5.9 是根据各观测断面的调查数据建立的速度-横向干扰散点图。由图 5.9 可以明显看出,车辆运行速度与横向干扰成负相关;横向干扰严重的地方,车速明显降低;不同的横向干扰等级,速度差值约为 10~20 km/h。

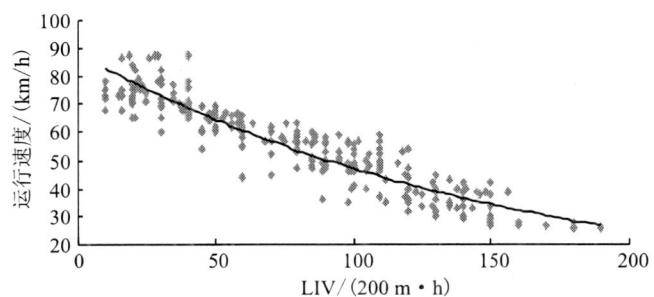

图 5.9 运行速度与横向干扰的关系图

根据散点图,拟合运行速度与横向干扰的关系模型为:

$$v = 88.254 e^{-0.0063 LIV} \quad (5.5)$$

式中　　v——车辆运行速度;

　　LIV——车辆行驶在某断面时,该断面的横向干扰量。

5.3.2.2　限速流程与标准

限速值的确定应在公路的设计指标和实测运行速度的基础上,根据速度特征及路侧影响程度,划分限速区段,并为每个限速区段选取满足安全行车要求的限速值,各区段的限速值应协调过渡、避免频繁变换。限速值一般取 10 km/h 的整数倍。

城镇化公路限速值确定时根据限速方法分两种情况:全线统一的限速标准和局部限速区的限速标准。对于新建道路,全线统一的限速标准,一般参考设计速度值和当地法规、经验等;局部限速区的限速标准,除参考设计速度外,还可参考路段的横向干扰情况,根据上述速度与横向干扰的关系式,预测车辆的运行速度,将预测值作为限速标准。对于已运营道路,全线统一限速值可参考实测的 v_{85} 和交通事故资料;局部限速区的限速值可依据实测的 v_{85} 和横向干扰情况及交通事故资料。限速流程详见图 5.10。

通过对观测数据的统计分析,取得各代表型路段的车速,根据实测运行速度与横向干扰等级的关系,提出了城镇化公路限速推荐值,见表 5.7。

表 5.7　城镇化公路限速推荐值　　　　　　　　　　单位:km/h

设计速度 /(km/h)	不同横向干扰等级下限速推荐值				
	Ⅰ	Ⅱ	Ⅲ	Ⅳ	Ⅴ
80	80	80	60	40	40
60	60	60	50	40	40
40	40	40	40	30	30

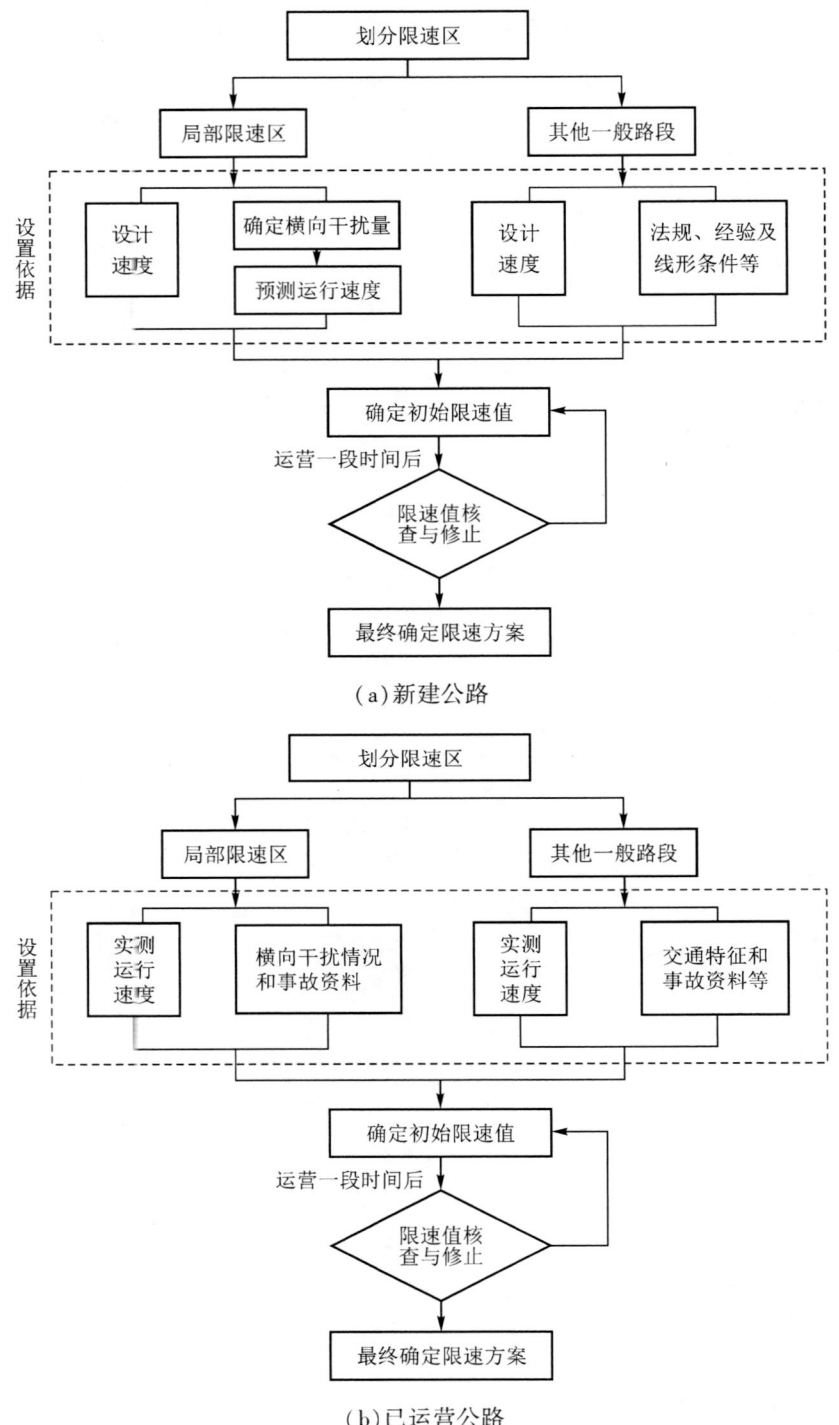

(a) 新建公路

(b) 已运营公路

图 5.10 城镇化公路限速方案制定流程图

5.4 城镇化公路限速措施的研究

5.4.1 视觉措施

(1) 限速标志

交通标志为道路使用者提供了明确、直观、易懂的交通信息。限速标志是限制公众驾驶行为、维护交通安全的重要设施。限速标志主要包括固定限速标志和可变限速标志两种,均属于禁令标志。固定限速标志(图 5.11)为最常见的强制性限速手段。

限速标志标示在此限速路段(从该标志起至前方设置解除限速标志之间的路段),车辆行驶速度不得超过限速标志所示的数值,应设置在限速区域的起点。

根据问卷调查显示,当看到限速标志时,约 25% 的驾驶员会适当地降低车速,使其接近限速值,说明限速标志能起到一定的速度控制作用,但有很大一部分驾驶员看到限速标志未受其影响,仍根据路况保持自己的行车速度。此外,35% 的小客车驾驶员认为,是否按照限速值行驶,要看是否有雷达测速,可见对于小客车而言,超速限速极为普遍,雷达测速配合限速标志使用能起到很好的辅助作用。

图 5.11 限速标志

(2) 薄层铺装

薄层铺装是铺设于路面上的一种彩色防滑材料,也通常被称作彩色防滑路面。其作用是防止车辆打滑,增强车辆运行制动时的减速效果;通过鲜艳的色彩,从视觉上警示驾驶员,并美化环境。它的颜色可根据使用情况自行调节,色彩鲜艳。它有三大特点:彩色、振动、防滑。其工作原理是:在铺装材料中加入耐磨的颗粒材料,使路面形成凸起面层,车辆行驶通过时产生轻快振动,能起到提醒驾驶员减速的作用;路面鲜艳的色彩与传统路面颜色形成强烈反差,给驾驶员造成视觉上的冲击,提高驾驶员注意力,能使车辆达到减速慢行的效果。

薄层铺装从设置形式上可分为斑马线型和导向标型,如图 5.12 所示。斑马线型为垂直于行车方向的线条,线条宽度可选择为 0.15 m、0.2 m、0.3 m 或 0.45 m,线条平行分布;导向标型为顺向行车方向施划导向标识。

薄层铺装由于工程造价较高,应设置在超速引起交通事故高发的路段、穿越城镇路段混合交通严重的交叉口附近。

图 5.12　彩色防滑路面(薄层铺装)

根据问卷调查,大部分驾驶员通过薄层铺装路面时有降低车速的趋势,因为采用彩色防滑材料醒目且有振动特点,对驾驶员视觉刺激较大。

(3)彩色路面

目前常用的彩色路面有两种:一种是采用高反射的浅色集料,改善路面亮度和光的反射性;另一种是在沥青混合物中加入人工合成的有色混合物或颜料,产生不同的路面颜色。彩色路面最早在日本东京使用,目前在世界各地得到了广泛的运用,主要用于公交车道、人行横道、路口非机动车道等需要特别标明的专用车道,用其来区分不同行车车道,行车道与自行车道、人行道等。道路铺装彩色路面可起到美观的作用,还可对驾驶员产生视觉的冲击,起到提醒和增强对行人及非机动车使用者等弱势交通者的保护作用,从而提高道路行车的安全性。彩色路面如图 5.13 所示。

图 5.13　彩色路面

彩色路面主要用于交通量较大的城镇路段,其作为速度控制手段的效果需进一步评估。

5.4.2　错觉措施

(1)平面错觉标线

佐尔纳错觉标线(图 5.14)是平面错觉标线最常见的一种。佐尔纳错觉标线给人的感觉是一组竖直平行线在另一组倾斜平行线的干扰下变得感觉上不平行,会变宽或者变窄。在公路改造时,设置佐尔纳错觉标线让驾驶员感觉前方的路在变窄,会感到危险而主动减速,从而达到有效控制车速的目的。

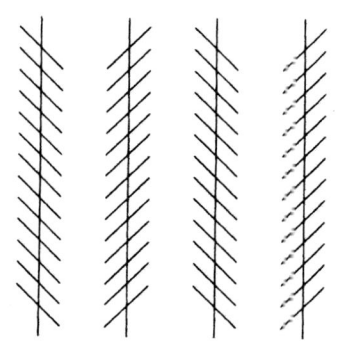 

图 5.14 佐尔纳错觉标线

日本学者大山有关佐尔纳错觉标线线形组合形式的研究表明,直线与斜线交角为 25°时造成的错觉效果最明显,但对斜线间距的大小没有明确的研究。国内同济大学的道路与交通工程教育部重点实验室对斜线间距的大小展开了错视觉动画效果对比实验。试验假设小型车和大型车的驾驶员视线高为 1.1 m 和 2.5 m,斜线间距分别取 1.5 m、2.0 m、2.5 m 和 3.0 m,被测试者共有 132 名,其中包括有驾驶执照在内的人员。实验中假设模拟行车速度为 60 km/h,被测试者通过观看不同斜线间距的连续视觉动画,选择自己感觉效果最好的组合形式。实验结果显示:受视线高度的影响使观测角度不同而造成选择结果的差异。对于小型车驾驶员而言,认为斜线间距为 2.5 m 能达到最好效果的人所占比例最多;对于大型车而言,则认为间距为 2.0 m 时能达到最好效果的人最多,详见表 5.8。

表 5.8 选择最好视错觉效果人员比例

视线高/m	不同斜线间距下选择最好视错觉效果人员比例			
	1.5 m	2.0 m	2.5 m	3.0 m
1.10	9.1%	27.3%	42.4%	21.2%
2.50	15.2%	39.4%	24.2%	21.2%

在危险区间或路段的交叉口附近交通标线设计中,采用佐尔纳错觉划线形式,使驾驶员视觉上感到前方车道变窄,从而达到减速的目的。道路通行车辆均为大小车型混合行驶,根据上述实验结果的分析,斜线间距选为 2~3 m 最为适宜。对于小车居多,速度偏高的道路宜采用稍大的取值,而其他运行速度较小或大型车所占比例较多的道路则可采用稍小些的取值。

佐尔纳错觉标线的划线距离较长,占地面积较大,因此适用范围受到一定的限制,一般用于交通量比较大的大型交叉口。

根据问卷调查,约有 30% 的驾驶员看到标线后,会降低车速;有多数驾驶员表明熟悉路面状况后,其减速效果就大打折扣。另外,所有车辆通过路面视错觉标线时保持车速不变的仍比降低车速的多,这说明视错觉标线仍只是一种人性化的非强制性减速设施,它起到的提示作用大于减速作用,其使用可靠度较低。

(2) 立体视错觉标线

立体视错觉是利用了人们对颜色的视觉反差以及轴测图的原理,使驾驶员在很远地方看到道路前方出现"立体状物体",会自动减速,进而达到使降低车速的目的。目前常用的立体图形视错觉标线主要包括以下几类:

1) 多边形错觉标线

这种三维视觉减速标线在国内很多公路上得到了广泛的应用,而且都取得了良好效果。该标线由"黄、白、蓝"三色组合产生三维立体效果,排列整齐后,从远处看,就像是一条凸起的减速带,行驶过的车辆一般都会主动减速。视觉减速带如图5.15所示。

图 5.15 视觉减速带

这种立体标线的布置方式较多,没有统一的标准,尺寸也大小不一,可在一个车道里只划一个大的,也可以规则排列多个。其优点较多,划线简单、成本低廉;与振荡式减速标线相比,车辆经过时感觉平坦舒适,没有振动和颠簸;而且,由于颜色鲜艳,在夜间和雨雾天气,其减速效果更加明显。

该标线可应用于急转弯路段前方、穿越村庄等人口密集区和进隧道前路段。其减速效果和平面视错觉标线一样。

2) 立体人行道标线

人行横道线采用长方体的三维图(图5.16)来标示,可使驾驶员看到后主动减速。在没有交通指示灯的路段,虽划有人行横道线,但高速行驶的驾驶员很容易忽视人行横道线。如果采用这种立体的标线,驾驶员在远处就会感觉到前面有立体物体,为保证安全提前减速,也就保证了正通过的行人的安全。

图 5.16 三维人行道斑马线

三维人行道标线适用于没有交通指示灯且人口密集的路段。

3）利用造成错觉的图画来达到减速的目的

有些经过村庄的路段,行人密集,且行人的随意性较大,不一定只在路口附近出现。为保证村民的安全,车辆全程都要保持低速通过,只靠限速标志不能满足要求。为了控制车速,可采用立体图画的视错觉措施,如图 5.17 所示。驾驶员看到这种立体图画会误以为路面不平整,为保证安全就会减速。

图 5.17　立体图画的减速措施

这种措施成本较低,且可随意设置,十分方便,可随机地设置在任一路段,随时提醒驾驶员控制车速,适用于经过村庄人口密集的路段。

(3) 仿真警察

驾驶员车速较快时,很难对事物的细微特征做出准确判断。仿真警察就是利用这一原理。仿真警察的意义主要在于警示作用,事故多发路段设置仿真警察(图 5.18)是为了对行驶中有超速或疲劳驾驶的驾驶员起到警示作用,减少事故的发生。

仿真警察主要设置在危险路段(长大下坡、视距不良和长直线接小半径路段)前方、交通量较大的平交口和进入村镇前路段等。

图 5.18　仿真警察

据统计,国内外已设置仿真警察的路段,控速效果显著,事故率也有所降低。通常仿真警察与雷达测速组合设置才能起到更好的控制车速效果。

5.4.3　听觉措施

(1) 减速振动标线

减速振动标线是在路面上喷涂专用涂料,经过快速固化形成的突起减速带,突起高度一般为 5~6 mm,而且有反光效果。车辆行驶在振动型减速标线上时,会产生轻微的振动,这种振动从车辆座椅传递给驾驶员,使其产生不舒服的感觉;而且,当汽车轮胎碾压在标线上时,会发出刺耳的共鸣声,刺激着驾驶员的耳膜;此外,标线的突起形状使其具有反光效果,即使在雨天的夜晚,标线也有较好的视认性,能给驾驶员造成强烈的视觉冲击。因此,在听觉和视觉的双重刺激下,驾驶员会自觉降速。但振动减速标线仍存在缺陷:易剥落、易被磨平、强制减速的效果不明显。

振动减速标线(图 5.19)一般设置在连续弯道路段、经过学校区的路段、长下坡路段、隧道出口进入弯桥前的连接路段和视距不良路段。

图 5.19 振动减速标线

根据问卷调查,振动减速标线对小客车的作用远大于大客车和货车。大客车和货车对振动减速标线不敏感,基本感觉不到振动或者感觉轻微,通过时基本维持原有车速;绝大多数小客车驾驶员通过减速标线时会减速,但一旦通过后,会立即提速。这说明振动减速标线对小客车的减速效果较好,但持续性差。

(2) 道钉减速带

道钉是固定于路面上的突起标记块,起标线作用。在高等级公路上可用作车辆分道线、中心标记线、边缘线;也可用来标记弯道、导流标线、路面障碍物、车道变窄等危险路段,如图 5.20 所示。目前道钉作为减速带在各等级公路上得到了广泛的应用。

图 5.20 道钉减速带

与振动标线相比,道钉耐磨耐压,不宜被磨损,而且道钉的反光片反光亮度强,效果更持久,可视距离较远,晚间视觉诱导性强(图 5.21)。当车辆行驶在道钉减速带上时会产生强烈的颠簸感,迫使驾驶员降速,以保证行车舒适和安全。道钉适用于交叉口前的路段和穿越城镇路段。

图 5.21 道钉减速带夜视效果

(3) 驼峰式减速带

国内常用的驼峰式减速带有水泥台和橡胶减速带。水泥台减速带是在路面上用水泥浇筑的高出地面 20~40 cm 的圆拱。由于水泥台的刚性较大,安装时易对路面造成损坏,且对车辆造成的冲击较大,所以大多数道路采用橡胶减速带较多。橡胶减速带由橡胶和添加物经模板压制而成,表面具有凸点或花纹,颜色一般为黄黑相间,高约 8~15 cm,纵断面为圆弧状。驼峰式减速带如图 5.22 所示。

(a) 水泥台

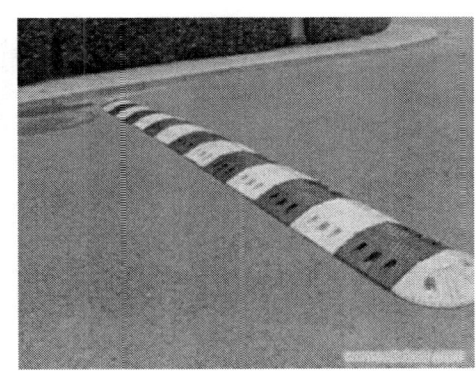

(b) 橡胶减速带

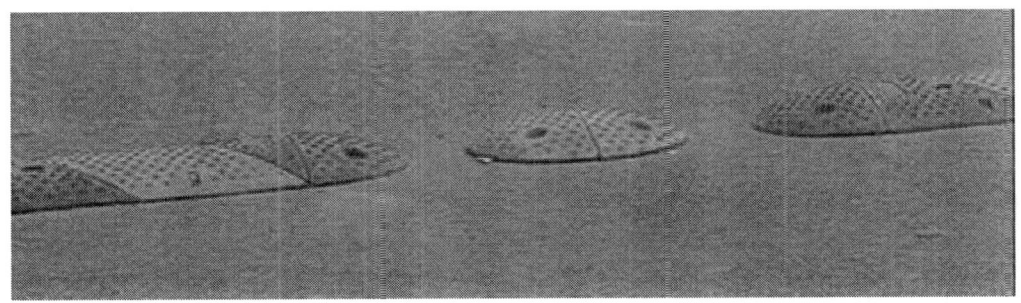

(c) 考虑到自行车的橡胶减速带

图 5.22 驼峰式减速带

减速带一般用在人口密度大、车辆干扰多、行车速度慢的路段;通常用于交通量小的低等级公路,穿越城镇、村庄和学校的路段等。

根据调查,减速带能使所有车辆强制减速,且减速幅度较大,几乎所有通过车辆都需减速 10~25 km/h 才能安全通过减速带。

5.4.4 管理措施

(1) 监控设施

1) 雷达和激光测速器

雷达和激光测速器是通过雷达波和光波来测量车辆行驶速度的电子装置,一般设置在事故多发或交叉口附近路段,主要用来监视驾驶员的超速行为。对交通管理部门管制驾驶员超速行为,减少交通事故及降低伤亡程度有着相当重要的作用。我国雷达和激光测速器是交通警察执法的有力工具,控制车辆行驶速度的效果明显,是国内公安交通管理部门整治违规超速的主要设备。

雷达和激光测速器用来配合限速标志使用,主要用于长直线接小半径路段、长大下坡路段、长大隧道、混合交通较大的平交口、急转弯路段等。

2) 速度反馈系统

速度反馈系统的工作原理是当车辆进入"速度反馈标志"前部 10 m 到 300 m 的范围内,雷达将自动探测车辆行驶的速度,并在 LED 显示屏上显示,可以很好地提示驾驶员是否超速,及时提醒驾驶员注意降低行驶速度,从而有效减少因超速引发道路交通事故的发生。

速度反馈标志(图 5.23)主要适用于学校、急转弯、施工路段、交通繁忙的十字路口附近等,也适合于危险路段,特别是超速引起事故频发的路段。

据统计,设置速度反馈标志可使车速降低 8%~25%,同时遵守限速的司机比例也上升 50%。

图 5.23　车速反馈标志

(2) 宣传教育

交通安全宣传教育包括安全知识、交通心理、道路交通法规和道德的宣传教育。通过宣传教育,使广大交通参与者了解交通法规,并以此作为判断人们交通行为是否合法的标准。交通安全宣传和教育是预防道路交通事故的治本之策。

宣传对象是全民。通过对驾驶员宣传和教育,提高其对高速行车危险性的认识,从根本上杜绝超速驾驶的发生,达到控制车速的目的。道路交通事故的发生是由人、车、路及周围环境等因素所致,针对交通事故原因的统计分析显示,人是最主要的原因。所以应高度重视通过宣传、教育来改变驾驶员对待交通安全的态度,改进不良驾驶行为,从而达到提高交通安全的目的。除了驾驶员,还应针对行人进行宣传、教育,作为道路交通中的弱势群体,行人应遵循交通法规,以保证自身安全。

宣传材料(图 5.24)要有针对性,应针对不同人群的特点制定内容,这样才能吸引不同的人群长期参与到教育中来。材料还应及时更新,保证其时效性。宣传形式要新鲜活泼,可综合采用报纸、电影、电视等新闻传媒,户外宣传栏及学校黑板报等设施,由表及里、由点到面、由浅入深,全面提升全民的交通安全意识。

图 5.24 交通安全宣传漫画和宣传栏

(3)法规建设

《中华人民共和国道路交通安全法》及其实施条例对各等级道路的各类型车辆均规定了相应的限速标准;省级立法机构也根据当地实际情况相应地制定了一些地方法规。目前,我国的限速标准还未达到速度、安全、效益很好地相结合,还有一定的缺陷。

严厉查处和惩罚车辆超速行驶是预防超速驾驶的最有效方法。

明确各级政府、相关部门的职责及不承担相应职责的后果。从法律上赋予交警部门执行力,对不履行职责的单位或个人依法进行惩处。针对新出现的交通现象(如电瓶车、电动车及燃料车等引发的新问题)应及时出台相关管理措施,使保证交警部门在宣传和执法时有法可依。

5.4.5 推荐限速措施

城镇化公路供各类交通工具自由行驶。镇内居民出行以步行、自行车、摩托车为主,镇外以客运公交、私家车为主;货物运输以农用车、拖拉机、卡车为主,还有手推车、三轮车等。不同速度、不同类型的车辆及行人之间的互相干扰,形成城镇化公路交通混杂、速度差大的特征。

城镇化公路交通管理体制不健全,规章制度不完善;缺乏交通标志、指挥信号灯、道路照明等设施,交通混乱,特别在交通高峰时拥堵现象严重;由于管理不善,公路沿线违章建筑物多、违章摆摊占道经营多,沿路形成马路工业、马路市场、马路商店,缩小了公路的有效通行宽度,大大降低了公路的通行能力。

调查显示:25%的驾驶员看到限速标志后会减速;35%的驾驶员会根据是否有摄像头,再决定是否减速。94%的小客车驾驶员经过振动标线时,会适当减速;但其中93.6%的驾驶员只要一通过振动标线,会立即提速。85%的驾驶员并不清楚视错觉标线的含义,仍有30%的驾驶员凭感觉也采取了减速操作;但其效果并不可靠,常经过此路段的驾驶员熟悉路况后对其视而不见。30%的驾驶员表示很反感减速带,因为其影响驾驶的舒适性;但其减速效果特别明显,车辆通过减速带时速度会降低40%左右。

每个措施有各自的优缺点,选用措施时,应组合使用,扬长避短,使其能充分发挥有效作用。限速设施组合使用的问卷调查中显示:"限速标志和测速摄像头"配合使用最有效,因为超速抓拍涉及驾驶员的经济利益;第二是"振动标线和视错觉标线"组合,因为视觉刺激和振动感觉刺激相结合对驾驶员产生较大的驾驶负荷影响;第三是"限速标志和振动标线"组合。

综上所述,根据城镇化公路的实际情况,建议针对不同道路环境的路段(尤其是穿越城镇路段)提出对应措施(表5.9),以保证行人和车辆安全,同时提高公路的通行能力。

表5.9 城镇化公路针对性措施

序号	路段特征	推荐措施
1	超速引起事故频发的路段、线形条件稍差的路段(如长直线接小半径、长大下坡和急转弯路段)	限速标志+雷达测速/摄像头; 限速标志+振动减速标线; 限速标志+仿真警察
2	城镇路段交通量较大且混合交通严重的平交口	佐尔纳错觉标线、彩色路面、仿真警察、道钉、立体人行标线、视错觉标线
3	穿越城镇、村庄路段的人口密集区	减速标志、路面粘贴视错觉立体图画、驼峰式减速带、仿真警察
4	穿越学校的路段	警告标志、路面粘贴视错觉立体图画、曲折行车道、减速台

除了上述工程措施,应对沿线居民进行宣传教育,提升全民的交通安全意识。作为道路交通中的弱势群体,行人应遵循交通法规,保证自身安全。

城镇化公路各有特点,其交通环境、线形条件、交通流组成以及车辆运行速度等因素都相差甚远,因此每条公路制定限速措施时,在上述建议的基础上,应结合当地实际情况提出针对性措施。

第6章

城镇化公路平面交叉口安全保障技术研究

6.1 城镇化公路平面交叉口交通安全分析

6.1.1 城镇化公路平面交叉口交通事故特征分析

6.1.1.1 交通事故分布特征

公路平面交叉口中最常见的是三路交叉和四路交叉,发生在三路交叉和四路交叉的交通事故也最多;环形交叉在很大程度上减少了交通冲突点,车辆能连续运行,其交通事故率较低。不同交叉口的交通事故率不同,据2010年公安部交通事故资料,公路中常见的几种平面交叉口的四项指数统计见表6.1。

表6.1 公路平面交叉口交通事故四项指数统计分析表

平面交叉口	次数		死亡人数		受伤人数		经济损失/元	
	数量	百分比	数量	百分比	数量	百分比	数量	百分比
合计	754919	100.00	105930	100.00	546485	100.00	3087872586	100.00
三路交叉口	53619	4.10	6364	6.01	41091	7.52	187856332	6.08
四路交叉口	61187	8.11	5086	4.80	39736	7.27	256417783	8.30
多路交叉口	2653	0.35	286	0.27	1877	0.34	9223443	0.30
环形交叉口	3751	0.50	272	0.26	2051	0.38	12823494	0.12

无交通控制或仅有标志标线控制的道路交通事故,占较大比例。全年在无交通控制道路上发生交通事故298646起,造成53219人死亡、261433人受伤,交通事故起数及造成人员死亡、受伤分别占全年总数的39.6%、50.2%、47.8%;在仅有标志标线控制的道路上发生交通事故325752起,造成43101人死亡、224874人死亡,交通事故起数及造成人员死亡、受伤分别占全年总数的43.2%、40.7%、41.2%。

混合交通条件下多发生道路交通事故。混合交通条件下共发生交通事故402796起,造成63597人死亡、313466人受伤,交通事故起数及造成人员死亡、受伤分别占全年总数的53.4%、60.0%、57.4%。

企业以及个体农村车辆驾驶人员安全意识较淡薄,车况较差,因而易发生事故。肇事车中,大货车、小客车及小货车所占比重大。大货车笨重,反应速度慢。而小客车和小货车由于轻小灵活,极易超车,因而较易肇事。

6.1.1.2　事故类型分析

公路平面交叉口事故类型主要有侧面相撞、正面相撞、尾随相撞、同向刮擦、对向刮擦、翻车和撞固定物。其中侧面相撞、正面相撞和尾随相撞，分别占事故总数的33.90%、20.80%和16.86%。但是由事故形态的死亡人数可以看出，侧面相撞和正面相撞的死亡人数百分比分别为29.40%和26.80%，而正面相撞死亡人数百分比较低，却容易带来更严重的损失。

正面相撞是最严重的冲突形式，主要是因为机动车试图在交叉口通行或转向时，与对向车冲撞导致。在公路上由于缺乏道路标志标线，导致路权不明确，车辆随意占有对向车道行驶且车速快，在通过交叉口时，没有较好的诱导，会车时往往因来不及采取避让措施而发生正面相撞事故。由于车辆发生正面相撞事故时车速较高，所以事故的严重性往往也较高。另外，各种类型交叉口的侧面相撞事故比例都比较高，这主要是因为交叉口车辆相互干扰，合流和分流时造成车辆侧面冲突，尤其是转弯车流量越大，侧面冲突越多。尾随相撞在交叉口十分普遍，它可能是由于道路设计不当或交通工程对策不足，也常常由于驾驶者的危险行为，如超速、车辆间距不够导致刹车太迟等。

6.1.2　城镇化公路平面交叉口交通安全特征分析

6.1.2.1　城镇化公路平面交叉口存在的主要安全问题

城镇化公路平面交叉口的交通组成复杂，混合交通相互干扰大，平面交叉口的道路几何设计要素标准偏低，道路交通安全设施落后，人、车、路、环境四大要素共同构成的交通系统失调，造成交叉口存在严重的安全问题。存在的主要交通安全问题有：

（1）规划层面考虑不足

造成现状中畸形交叉口大量存在，特别是在国道改线的情况下，造成大量交叉口处于平曲线上，交叉角变化范围大。

交叉口及周围环境不适应交通流的发展，在国家规定的公路预留用地和行人道上乱倒、乱建、乱摆摊、乱堆等损害公路路容，妨碍公路交通的违章行为严重。特别是在公路穿越城镇路段或城郊接合部，多存在与地方主、次干道相交的情况，交通流更为混杂，道路功能与周围土地利用不适应，道路的交通与周围商业、生活等设施混杂。

交叉口周围土地使用和综合设计不合理，车行道宽度不能满足日益增长的交通需求，造成不合适的断面形式延伸至交叉口；交叉口设计车速不合理等。

（2）交叉口区域几何设计不合理

交叉口面积过大，造成车辆在交叉口区域内行驶时间过长，冲突点分散，增加车辆相互碰撞的可能性，且车速会较高，增加了车辆与行人、非机动车碰撞的可能性；或交叉口面积过小导致车辆转向不方便。

大多公路平面交叉口布置不合理，同时缺乏恰当、符合驾驶特性的交通渠化设施，做渠化设计时，缺乏交通组织设施，导致车速过高或不能沿着一定的行驶轨迹运行，造成车流的无序行驶。

（3）进出口道设置存在问题

车道数目不匹配；驾驶员对转弯车道的有无把握不准；车道功能设置与实际流量不符；拓宽段过短，拓宽渐变段过短等。

(4) 道路安全设施落后

在大多数公路平面交叉口,标志标线不完善,且标志因为绿化不当或广告,存在视距问题,接近交叉口指示标志缺乏;视距不良时缺乏危险警告标志;标志被绿化或广告遮挡;标线未划或维护不够等。

隔离设施不完善,主要是缺乏机机动车、非机动车分隔栏和行人护栏等,防撞栅栏和护栏等防护设施不足。

(5) 管制方式的选择存在模糊性和迷惑性

对在何种情况下应该采用无控制、优先控制或信号控制(包括相位相序的选择)把握不准,使驾驶员在进入交叉口时采取何种驾驶行为产生疑惑,以至措施不当,导致事故发生。

(6) 坡道上的交叉口存在安全隐患

交叉口位于坡道端点,易导致视距不够;位于坡道中段,易导致车速过快同时影响视距等。

(7) 视距问题

视距不良是公路交叉口事故的重要原因之一。大多是因为在视距要求范围内存在阻挡视线的障碍物或不恰当的绿化遮挡视线。造成交叉口视距不良、标志标线被遮挡等不利于安全的情况。

(8) 夜间照明存在问题

在公路交叉口处路灯的设置不当,使得道路上的车辆、自行车、行人或其他道路使用者夜间存在视线不良,未能及时发现事故危险,导致夜间事故多为车辆与摩托车、自行车或行人间发生。

(9) 行人和非机动车存在安全隐患

我国的一般公路(即二、三、四级公路)都是混合交通,非机动车(主要有人、畜力车、自行车、拖拉机等)占较大比重,非机动车速度低,行驶规律性差,与快速行驶的机动车混行,导致不同车流存在速度差。大部分公路交叉口是无信号控制交叉口,渠化设计比较少,标志标线缺乏且混乱,带来极大的安全隐患。

6.1.2.2 典型平面交叉口安全问题分析

本研究以绍甘线、嵊义线为例分析城镇化公路平面交叉口存在的安全问题。

(1) 十字交叉口

①许多交叉口上没有设置对交通流"路权分配"的标志、标线措施。因此,这些交叉口的车流是在无控制、无先后次序的状况下行驶的,易成为交通事故多发"黑点"。

②部分交叉口无人行横道地面标线,行人过街存在交通隐患。

③将少数的交叉口错路T形交叉口的指路标志设置为十字形交叉口的指路标志。

(2) T形交叉口

T形交叉口是绍甘线数量最多的交叉口,也是交通隐患较为严重的路段口,在统计条件期间,交叉口的事故基本上发生在T形交叉口,主要表现如下:

①许多T形交叉口都采用了具有交通安全问题的三角导流岛的错误设计,这种导流岛形成三角岛两侧的道路都是与主线相交的进出路口,从而使得交叉口在主线上的交通

流冲突点增加了1倍,同时在支线上也形成左右转车流在三角点交错,增加了在支线上的冲突点。

②许多T形交叉口没有设置"路权分配"标志、标线等交通控制设施。

③部分新开的T形交叉口指路标志缺失。

④部分T形交叉口视距不良(图6.1)。根据相交汇的公路停车视距绘制的视距三角形内有障碍物(如土堆、建筑物、绿化树、广告牌、季节性生长的农作物、交叉口内的违章停车等)时,会造成一定的视线盲区,停车视距得不到保证,对行车安全不利。

图6.1 T形交叉口视距不良

(3)环形交叉口

嵊义线沿线四路相交处设置了2个环形交叉口,存在的主要问题如下:

①两处环形交叉口没有入环车辆"让"环内车辆的路权分配标志。因此造成了车流在整个环岛内行驶混乱,车辆相互穿插,大大降低了车流行驶速度,而且宜增加交通事故发生率。

②K3+330处交叉口嵊义线进出口处均未设置人行横道,行人、电动自行车等横穿现象严重,交通事故时有发生。K3+330环形交叉口如图6.2所示。

图6.2 K3+330环形交叉口

(4) Y形交叉口

绍甘线上有 K66+450(富润)和 K69+690(崇仁镇)两处 Y 形交叉口,存在的主要问题如下:

①标志和标线都不完善,主要是没有明确"路权分配"措施,在支路上没有设置"停""让"标志和标线。

②K69+690 处 Y 形交叉口交叉角过小,面积过大,交叉口处无转弯车辆导向线和车道线,造成冲突点分散(图 6.3),发生过一起死亡事故。

③K69+690 处 Y 形交叉口仅考虑机动车转向,没有设置自行车和行人过街横道,导致交通安全隐患。

图 6.3　K69+690 处 Y 形交叉口

6.2　基于交通冲突技术的城镇化公路平面交叉口安全评价

6.2.1　传统平面交叉口安全评价方法的缺陷

交通安全评价是衡量交叉口安全状况的重要方法。长期以来,人们都是采用事故统计方法进行交通安全度的评价。但是由于事故生成特点及事故统计管理所存在的若干缺陷,直接影响了交通安全评价的可信度水平。

(1)事故生成特点对安全评价效度的影响

事故生成特点对交通安全评价效度的影响主要表现在以下四个方面:

首先,事故的稀有性导致安全评价周期延长。由于事故生成的随机偶然性,使交通安全评价可信程度受到评价地点与评价周期的统计学限制,因而需要较长时间的事故样本积累才能保证其评价可信度,但是,由于评价周期的延长,随交通环境的变化,安全评价效度下降。

其次,事故的随机性导致评价信度下降。由于回归影响和稀有小样本统计的误差,在用事故统计数作安全评价时,将产生均值回归的影响。瑞典交通冲突技术(traffic conflict technique,TCT)研究表明:事故样本的随机性将导致统计抽样误差偏大并产生统计学回归影响,在大多数情况下,将出现事故发生数大于其事故数学期望的现象,从而使人们在安全改善前后期的对比研究中容易过高地估计安全改善效果。

再次,事故发生的不可观测性影响样本信息采集的真实性。交通事故处理实践表明,事故信息源于事故现场勘察,而事故现场勘察所面对的却是非原始的变动现场,由于原始现场具有不可恢复性,因此,现场勘察不可能完全真实地反映事故发生前的冲突过程及肇事成因关系。再加上交通警察进行事故分析的目的是事故责任的确定,而不是分析事故的真正机理。所以事故信息采集与事故成因分析就具有一定的不确定性,这样就直接导致评价结果的不客观、不合理。

最后,事故过程的不可重现性影响研究分析的准确性。交通事故是不可逆事件,传统的交通安全研究分析实质上只是一种建立在事故现场勘察基础上的逆向不完全推断,由于非原始现场的普遍存在,实现事故过程的完全真实再现几乎是不可能的,由此而产生的统计推断误差是影响交通安全研究可靠性的重要原因。

(2)事故统计管理对交通安全评价信度的影响

1)事故定义对事故样本生成的限制

我国交通事故的定义与世界上大多数国家交通事故的定义,在限制条件上存在着较大的差异,见表6.2。由于定义条件的限制,使符合我国定义的交通事故数远小于其他国家所定义的交通事故数。

表6.2 我国与其他国家交通事故定义的区别

国别	中国	其他国家
限制条件	1.当事者双方中必须有一方或者双方是机动车辆; 2.须具有损害结果; 3.须是在同样状态下的交通事件; 4.须是符合交通法规规定的道路; 5.须具有违反交通法规规定的违章行为	1.当事者双方须有一方或双方是交通工具(含非机动车辆); 2.须具有损害后果; 3.须是交通事件

另外,各国在交通事故的具体定义中,对因事故而死亡的时间界定也各有差别。大部分国家将事故发生后30天内死亡的人数计入交通事故死亡人数中。但也有国家采用其他的时间标准。表6.3为不同国家统计死亡人数的时间标准。

表6.3 不同国家和地区统计交通事故死亡存活时间

国家	中国(内地)	美国	日本	德国	英国	法国	意大利	加拿大
事故后存活时间/天	7	30	1	30	30	6	7	30
国家	印度	印尼	泰国	韩国	巴西	叙利亚	巴基斯坦	
事故后存活时间/天	30	1	1	30	30	30	30	

2)事故统计规定对事故发生数的限制

我国现行统计法规对交通事故统计范围作了极为严格的限制,明确规定属于交通损害事件但不作事故统计填报的共有3大类情况。由于所规定的限制条款所限,使我国的事故统计公报数远远小于实际事故立案数。

3) 事故立案管理存在盲区

事故立案管理的盲区主要表现为实际未立案事故的大量存在,因而无法进行定量统计、判断。使得立案事故数量小于实际事故数量,利用这样的事故统计数,无法进行正确的安全评价。

4) 事故统计管理存在误区

事故统计管理的误区主要表现为符合事故规定而由于人为失误未予上报立案的现象。

综上所述,事故统计评价方法存在着小样本、长周期、大区域、低信度等缺陷,明显地表现为对地点交通安全评价,尤其是快速安全评价的不适应性,因此,通过开发非事故统计方法来改善交通安全评价可信度具有一定的意义。

6.2.2 平面交叉口交通冲突技术定义与分类

交通冲突技术(TCT),是目前较为流行的一种非事故统计的安全评价方法,它依据一定的测量方法与判别标准,对交通冲突的发生过程及严重程度进行定量测量和判别,并应用于安全评价和预测。

6.2.2.1 平面交叉口交通冲突技术的定义

本研究将交通冲突技术应用于平面交叉口安全评价,故作如下定义:

在平面交叉口安全评价中,交通冲突是指在可观测条件下,两个或两个以上道路使用者在同一时间、空间上相互接近,如果其中一方采取非正常交通行为,如转换方向、改变车速、突然停车和交通违章等,除非另一方也相应地采取避险行为,否则,会处于碰撞的境地。这一现象被称为交叉口的交通冲突。

6.2.2.2 平面交叉口交通冲突的分类

交通冲突分类的基本思想如下:

以冲突角度相近或造成的危害结果相似为原则,对现有的依据行驶轨迹法得到的冲突分类结果进行初步整理,在此基础上,以冲突的某些特征指标(如冲突角度、冲突距离)为依据,采用合适的聚类工具(如 SPSS)对初步分类结果进行聚类分析,进一步收缩冲突的分类结果,并最终将平面交叉口的交通冲突聚为较少的类别,从而有效减少观测和分析处理的工作量。

冲突车种包括大货车、大客车、中货车、中巴、小货车、小客车、摩托车、拖拉机等。

冲突严重程度一般分为一般冲突、中等严重冲突和严重冲突。

下面对各种类型的无信号平面交叉口交通冲突分类进行分析。

(1) 十字形平面交叉口交通冲突分类

按行驶轨迹分类,可将十字形平面交叉口的交通冲突分类如下:直行与同向车流、左转与同向车流、右转与同向车流、同向变换车道、直行与左侧直行、直行与右侧直行、直行与右侧左转、直行与左侧左转、左转与右侧直行、左转与右侧右转、左转与左侧左转、右转与对向左转、直行与对向左转、左转与左侧直行、右转与左侧直行、左转与对向直行、左转与对向右转,共 18 种。

按照上述冲突角度相近或造成的危害结果相似的原则,将这 18 类冲突最终合并为 3~5 类,并对不同分类方法所适应的条件进行说明。

1)分为5类。从表6.4中可以看出冲突分类可概括为同进口道冲突、右转车与对向左转车的冲突、同出口道冲突、交叉口内的横穿冲突及交叉口内正向冲突。该种分类方法相比于初始冲突分类,极大地减少了冲突类型划分,方便了数据采集和分析处理。其最大的特点在于将右转车辆与对向左转车辆的冲突单独作为一类,说明当交叉口的右转与对向左转车冲突比例较高时,应优先选择该种分类方法;同时该分类方法还将交叉口内部的冲突分为2类,说明当交叉口内部的冲突较为复杂且需要获取不同冲突类型的相关数据时,也应优先考虑此种分类方法。值得说明的是,尽管分为5类冲突相比初始18类冲突类型,类别有了较大程度的减少,但数据观测、处理的工作量依然比较大,适用于交叉口冲突情况复杂、数据采集要求较高和观测人员配备充足的情况。

表6.4 初步整理后的冲突聚为5类的情况

分类	图示
第1类（同进口道冲突）	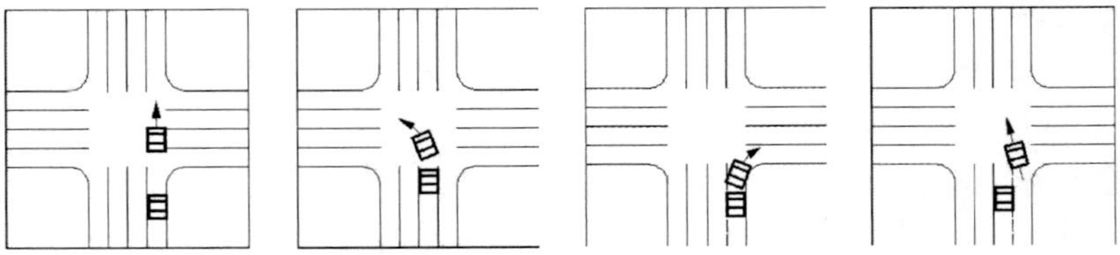
第2类（右转车与对向左转车的冲突）	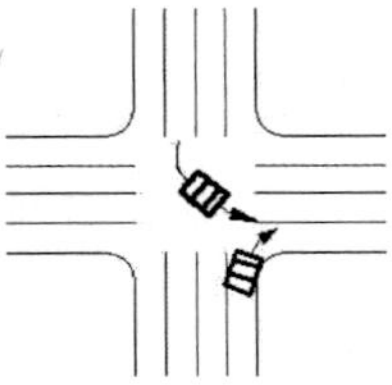
第3类（同出口道冲突）	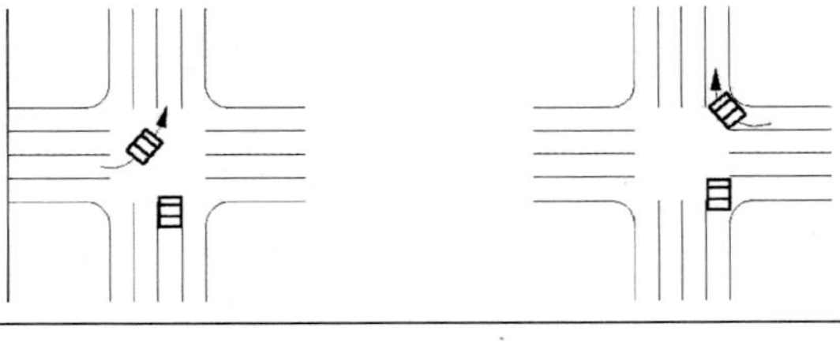
第4类（交叉口内的横穿冲突）	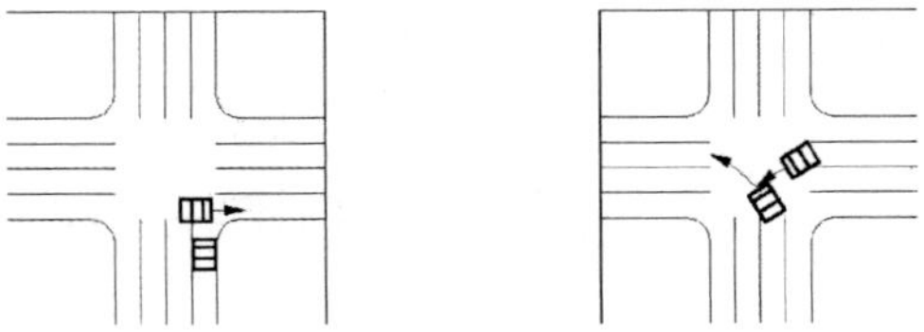
第5类（交叉口内正向冲突）	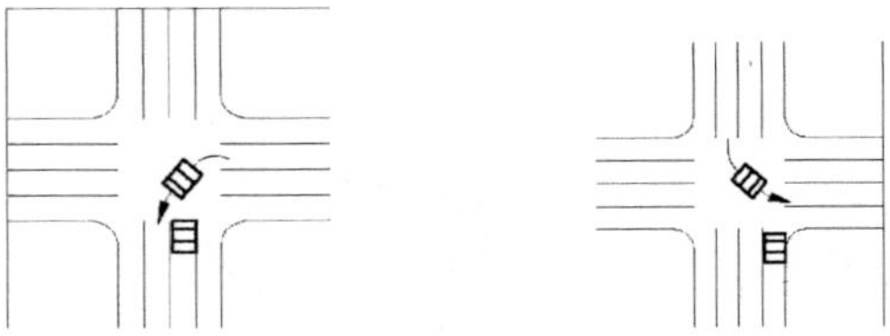

2)分为4类。从表6.5中可以看出,初始18类冲突被合并为4类,可概括为同进口道冲突、同出口道冲突、交叉口内正向冲突、交叉口内横穿冲突。该种分类方法和分为5类的不同在于,将右转与对向左转的冲突归入同出口道冲突中,但同时仍将交叉口内部的冲突分为2类,适用条件是,交叉口内部冲突情况复杂,但进出口道上没有哪类冲突的比重明显过高,观测时应保障采集的冲突样本量满足分析处理的要求,同时还应体现交叉口内不同冲突的情况。

表6.5 初步整理后的冲突聚为4类的情况

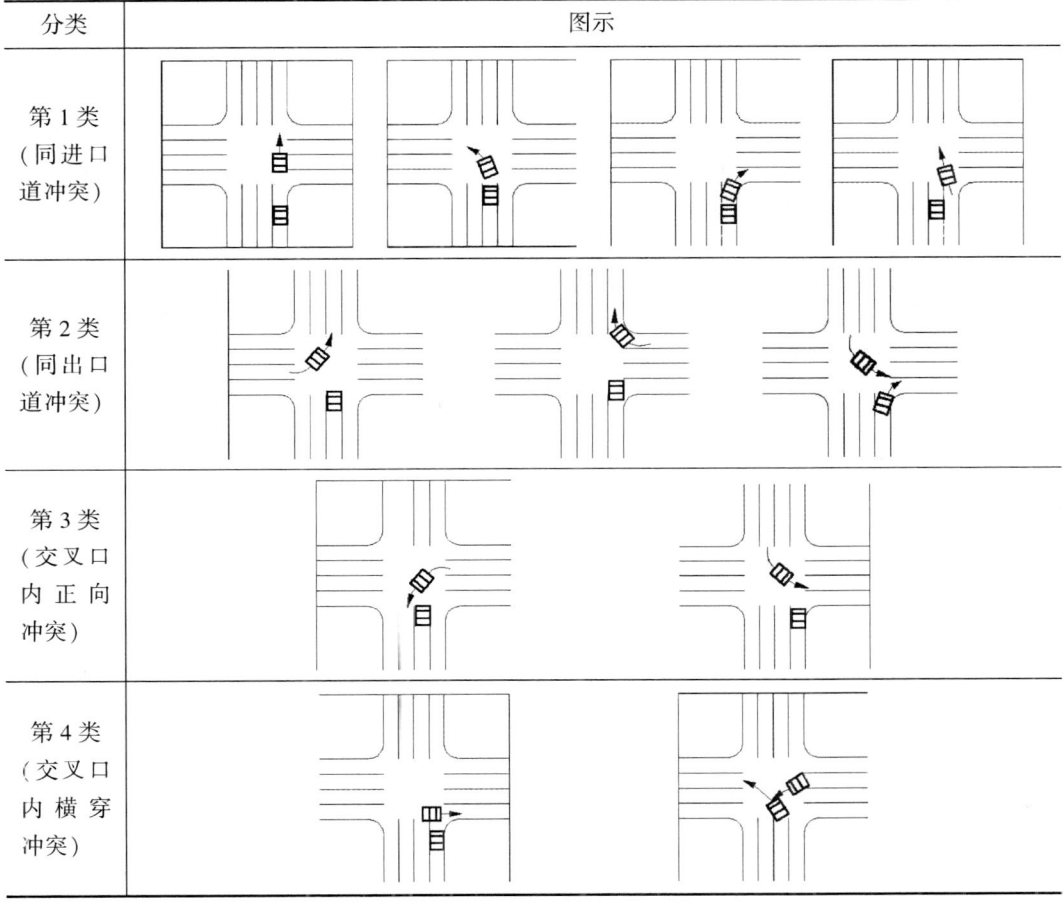

3)分为3类。从表6.6中可以看出,初始的18类冲突被合并为3类,概括为同进口道冲突、同出口道冲突、交叉口内部冲突,这也与交叉口的物理划分相对应。该种分类方法和上两种分类相比,没有对某一类型的冲突进行过多的描述,同时也简化了交叉口内部的冲突情况,适用于较为简单的观测,如需对交叉口的交通安全状况粗略了解时,可按照该种分类方法对进口道、出口道、交叉口内部冲突数据进行采集,并利用相关数学方法完成安全评价,其适用条件是:交叉口交通安全状况的粗略分析;不同类型的冲突分布较为均匀,没有比重明显过高的现象;观测人员数量较少。

表 6.6 初步整理后的冲突分类聚为 3 类的情况

分类	图示
第 1 类（同进口道冲突）	
第 2 类（同出口道冲突）	
第 3 类（交叉口内部冲突）	

(2) T 形平面交叉口交通冲突分类

典型 T 形平面交叉口的冲突情况如图 6.4 所示。

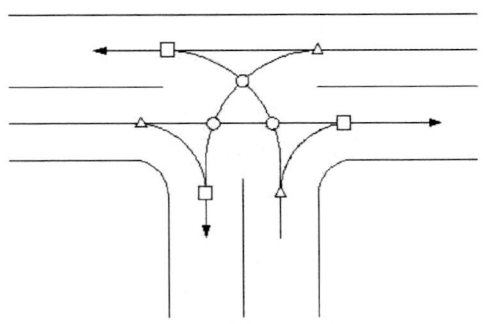

图 6.4 T 形平面交叉口交通冲突情况

按照行驶轨迹法的分类原则，将不同进口车辆按照行驶轨迹的不同排列组合，得到 T 形平面交叉口的冲突类型如下：直行与同向车流、左转与同向车流、右转与同向车流、直行与右侧右转、直行与右侧左转、左转与右侧左转、直行与左侧左转、直行与对向左转、右转与对向左转，此外还有变速车道冲突，共 10 种。

按照冲突角度相近或可能造成的危害结果相似的原则，对 T 形交叉口交通冲突进行聚合，建议聚为 3 类，见表 6.7。

1) 同进口道冲突（分流冲突）。直行与同进口道车流、右转与同进口道车流、左转与同进口道车流、变换车道冲突。

2)同出口道冲突(合流冲突)。直行与右侧右转车流、直行与左侧左转车流、右转与对向左转车流。

3)交叉口内部冲突(交叉冲突)。直行与右侧左转车流、左转与右侧左转车流、直行与对向左转车流。

表 6.7 T形交叉口交通冲突分类情况

分类	图示
第1类（同进口道冲突）	
第2类（同出口道冲突）	
第3类（交叉口内部冲突）	

(3) Y形平面交叉口交通冲突分类

和十字形平面交叉口及 T 形平面交叉口的分析方法相似,可以对 Y 形平面交叉口的交通冲突进行合理分类,以减少数据采集和分析处理的工作量。典型的 Y 形平面交叉口交通冲突情况见图 6.5。

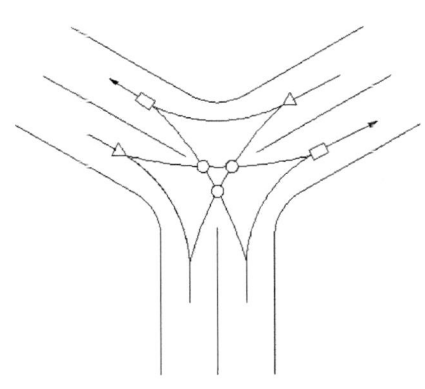

图 6.5 Y 形平面交叉口交通冲突状况

按行驶轨迹相互交叉的情况,可以将 Y 形平面交叉口的交通冲突划分为以下几类:

右转与同向车流、左转与同向车流、右转与左侧左转、左转与右侧左转、左转与左侧左转,此外还有变换车道冲突,共6类。由于Y形平面交叉口本身的冲突类型并不复杂,在观测人员数量较为充足时,可以直接按照行驶轨迹法初始分类;若在观测人员数量较少,或对数据采集的精度要求不高时,可对上述的冲突分类进行适当的合并,合并的原则是按照冲突角度相近及可能造成的危害结果相似,由于Y形平面交叉口的冲突类型未超出十字形交叉口的范畴,相似的聚类结果仍可直接用于Y形平面交叉口的冲突分类,建议合并2类,见表6.8。

表6.8 Y形交叉口交通冲突分类情况

分类	图示
第1类	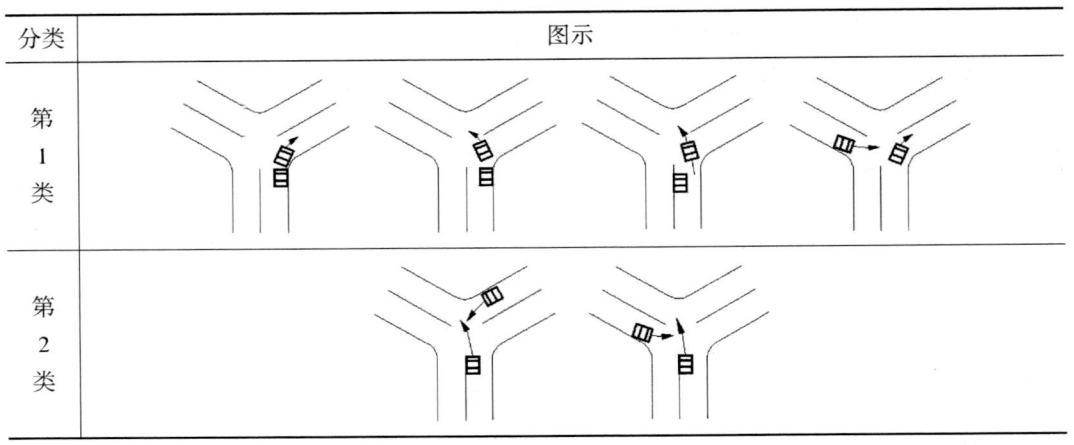
第2类	

在以上的冲突分类中,第1类冲突涵盖了4种类型,分别为右转与同向车流冲突、左转与同向车流冲突、同进口变换车道冲突及右转与左侧左转冲突,冲突角度为0~45°,可能造成的后果以追尾、侧撞为主;第2类冲突包括左转与右侧左转冲突、左转与左侧左转冲突,冲突的角度较大,可能造成的结果为车头与车身侧面的碰撞,且均发生在交叉口内部。

(4)X形平面交叉口交通冲突分类

由于X形平面交叉口与十字形平面交叉口只是相交道路的角度不同,按照车辆行驶轨迹进行冲突划分的结果一致,不再对X形平面交叉口的冲突情况进行详细叙述。

6.2.3 基于安全度的平面交叉口交通安全评价

6.2.3.1 交通冲突严重性判定

(1)严重性分类

国外大量的研究表明,冲突严重性与事故之间存在一定的换算关系。因此对交通冲突进行研究的一个基本任务就是选用合适的指标对不同严重程度的冲突进行有效界定。国内外在对交通冲突技术的研究过程中,都将冲突严重性的判定作为一项重要的内容。

1)非严重冲突

结合交通冲突的定义,可以对非严重冲突做出如下描述:交通行为者在通行于某一地点时存在着与其他交通行为者的逼近,需要采取避险行为才能避免事故发生的交通事件。其主要特征为交通行为者已感知到一定的心理压力,需要采取预防性避险行为,存在着较充分的预判时间。有时候根据研究的目的不同,又可将非严重冲突分为中等严重冲突和一般冲突两类。

2) 严重冲突

和非严重冲突对应,严重冲突的判别要素为:交通行为者已感受到相当大的心理压力;必须采取迅速有效的,甚至是以剧烈动作为特征的紧急避险行为;供感知—判断—行动的时间极短,客观表现为不允许任何犹豫或动作失误,否则就会导致交通事故发生。

(2) 界定指标的选择

界定严重冲突和非严重冲突的指标很多,总的来说,可归结为时间指标、距离指标、速度指标和能量指标。经过比较可知,时间指标综合考虑了距离和速度的因素,并用二者的比值,即 TTC(碰撞时间),作为衡量冲突的严重程度的指标,其中,距离是指冲突距离,速度为冲突开始时车辆的瞬时速度;距离指标体现了交通冲突的危害程度与距离成反比;速度指标体现了冲突的危害程度与冲突车辆的速度成正比;能量指标理论上讲,在表述冲突严重性方面无疑是最优的,然而,在计算冲突实体能量变化时,需要综合考虑冲突实体的质量、冲突角度、冲突速度、地面附着系数等因素的影响,数据采集的工作量过大,实际操作存在一定的困难。所以,本研究分别把距离指标和时间指标作为衡量指标对交通冲突严重性进行界定。

1) 基于距离的交通冲突严重性判别方法

由于交通冲突严重性判定的重要性,国内已有的研究如《中国交通冲突技术》《城市交通冲突技术理论与应用》均对该部分内容进行了相应的探索,在判定指标的选择上,以分析车辆的制动过程为依据,通过比较冲突车辆间的距离与制动距离的关系,进行冲突严重性的判定,其中车辆的制动过程如图 6.6 所示。

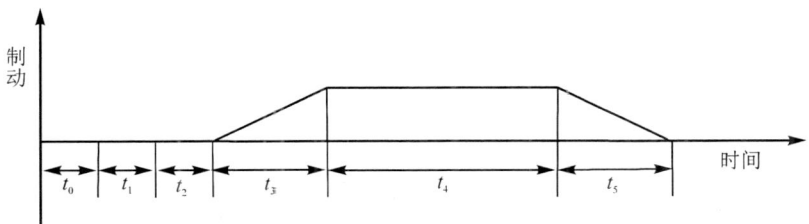

图 6.6 汽车制动过程

图 6.6 中,t_0 为驾驶员发现危险情况到开始出现反应动作所需要的反应时间;t_1 为驾驶员把右脚移动到制动踏板上所需要的时间;t_2 为开始踏下踏板到汽车上出现制动力所经过的时间;t_3 为制动力增长时间;t_4 为制动力达到最大值后的持续制动时间;t_5 为停车后到制动力解除所需要的时间。根据对驾驶适应性和车辆特性的研究有:

$$t_0 = 0.38 \sim 0.5 \text{ s}; t_1 = 0.17 \sim 0.28 \text{ s}; t_2 = 0.07 \sim 0.1 \text{ s};$$
$$t_0 + t_1 + t_2 = 0.68 \sim 0.93 \text{ s}$$

上式中,$t_0 + t_1 + t_2$ 称为制动操作反应时间,通常取 1 s。

汽车制动距离是指从驾驶员开始踏制动踏板起至制动的距离,即 t_2、t_3 与 t_4 内汽车驶过的距离。

t_2 时间内汽车行驶过的距离为:

$$s_2 = v_0 t_2 \tag{6.1}$$

t_3 时间内汽车行驶过的距离为：

$$s_3 = v_0 t_3 - \frac{1}{6} j_{max} t_3^2 \tag{6.2}$$

t_4 时间内汽车行驶过的距离为：

$$s_4 = \frac{v_0^2}{2 j_{max}} - \frac{1}{2} v_0 t_3 + \frac{1}{8} j_{max} t_3^2 \tag{6.3}$$

上式中，$j_{max} t_3^2$ 为汽车最大制动减速度，m/s²，见表6.9，v_0 为汽车制动初速度，m/s。

表6.9　各类型车辆最大减速度

汽车类型	$j_{max}/(m/s^2)$
小型车	7.4
中型车	6.2
大型车	5.5

则总的制动距离为：

$$s = s_2 + s_3 + s_4$$

$$s = v_0 \left(t_2 + \frac{1}{2} t_3 \right) + \frac{v_0^2}{2 j_{max}} - \frac{1}{24} j_{max} t_3^2 \tag{6.4}$$

由于 $t_3 < 1$，则 t_3 作为高阶项可忽略，s 近似为：

$$s = v_0 \left(t_2 + \frac{1}{2} t_3 \right) + \frac{v_0^2}{2 j_{max}} \tag{6.5}$$

根据《机动车运行安全技术条件》（GB 7258—2017），车辆制动系统协调时间如表6.10所示。经测定 t_2 的均值为0.09 s，t_3 值如表6.10所示。

表6.10　制动系统协调时间及制动力增长时间

汽车类型	制动力增长时间	制动系统协调时间
总质量<4.5 t	≤0.24	≤0.33
4.5 t≤总质量≤12 t	≤0.36	≤0.45
总质量>12 t	≤0.47	≤0.56

如果车辆间的距离大于制动距离，则冲突不严重。如果车辆间的距离小于制动距离，则有可能发生碰撞并被认为一定发生冲突，甚至冲突很严重。因此以车辆制动距离作为判别冲突严重程度的标准，则制动距离即为临界距离。如果车辆在采取避险行动时小于或等于该临界距离，则视为严重冲突。根据不同车型特点，在不同车速条件下，临界距离汇总如表6.11所示。

表 6.11 不同车型和速度下的临界距离

速度/(m/s)	临界距离/m			速度/(m/s)	临界距离/m		
	大车	中车	小车		大车	中车	小车
1.0	0.42	0.35	0.28	6.0	5.22	4.52	3.69
1.5	0.69	0.59	0.47	6.5	5.95	5.16	4.22
2.0	1.01	0.86	0.69	7.0	6.72	5.84	4.78
2.5	1.38	1.18	0.95	7.5	7.55	6.56	5.38
3.0	1.79	1.53	1.24	8.0	8.42	7.32	6.00
3.5	2.25	1.93	1.56	8.5	9.33	8.12	6.67
4.0	2.75	2.37	1.92	9.0	10.29	8.96	7.35
4.5	3.30	2.84	2.31	9.5	11.29	9.84	8.09
5.0	3.89	3.37	2.74	10.0	12.34	10.76	8.86
5.5	4.53	3.92	3.20				

此方法通过测量冲突产生时冲突实体间的距离,结合对车辆制动性能的分析,就可以对冲突严重与否做出判断,应该说这是以距离指标为依据对冲突严重性定量判定的有益探索。

可是该方法存在两个明显的缺陷:分析冲突的严重程度时,除考虑距离因素外,还应考虑车速的影响,一个基本的推论就是冲突实体间的距离相同时,车速高的冲突严重程度较高;交通冲突的产生与人、车、路、环境等诸多因素均有一定的联系,不同的驾驶员对交通危险事件的感知不同,避险操作也不一样,相应地对冲突严重性的判定不应仅从车辆的制动性能考虑。

2)基于 TTC 的交通冲突严重性判别方法

①数据采集。

在采用 TTC 作为冲突严重性判定指标前,需要获得的参数为冲突距离、冲突车辆的初始速度及观测人员对冲突严重程度的初步判断。数据采集的难点是冲突严重性程度的初步判断,借鉴国外已有的研究成果并结合大量的实际观测,普遍认为:

a.交通冲突产生时,当车辆出现紧急制动、减速或大幅度的转向时,冲突为严重冲突。

b.当车辆制动、减速或转向的幅度较为平缓时,冲突为中等严重冲突。

c.当车辆制动、减速或转向动作较小,车辆受到的横向干扰较为轻微时,冲突为一般冲突。

按以上对冲突严重冲突的描述,可初步将冲突样本归类。

②数学方法的选择。

完成数据采集后,采用合适的数学方法对不同严重程度的冲突进行合理界定是冲突严重性判定中的重要内容,可采用两种数学方法:

a.借鉴交通流理论中的可接受间隙理论,分析相邻两类冲突的 TTC 曲线,将其交点对应的 TTC 作为定界值。

根据此理论,当主路车流中出现一个间隙时,支路或者次路的驾驶员会判断该间隙是否可以安全通行,对判定为可安全通行的间隙,驾驶员会选择穿越通过;当驾驶员认为间隙较小,安全程度较差时,会选择停车等待,直至可接受间隙出现。在工程技术领域,为了判定出最小可接受间隙的数值,常采用现场观测的方法,根据主路车流中出现的间隙情况,分别记录待穿越车辆的通过或等待行为,据此可得到两条曲线,分别表征在不同的间隙(以时间间隔为衡量指标)下可接受间隙与不可接受间隙的时间分布情况,两者的交点即为可接受间隙的临界值,相似的方法可以应用到交通冲突严重性的判定中。根据观测人员对冲突严重性的初始判断,结合对冲突样本的 TTC 分析,可以得到严重冲突、中等严重冲突、一般冲突在 TTC 上的分布状况,利用曲线的交点可以得到不同严重程度冲突的分界值,原理如图 6.7 所示。图中,T_1 为严重冲突与中等严重冲突的 TTC 界定值;T_2 为中等严重冲突与一般冲突的 TTC 界定值。

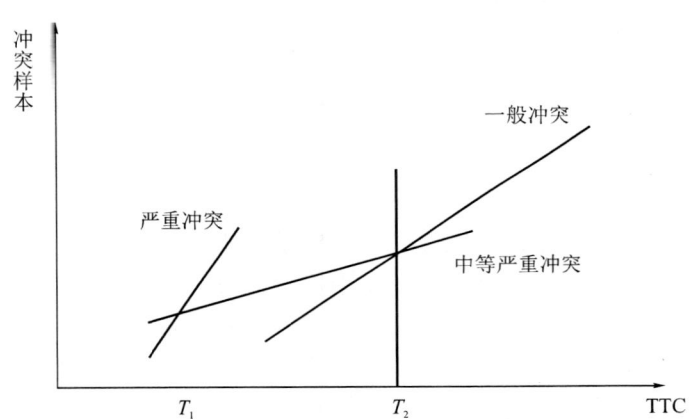

图 6.7 可接受间隙理论在冲突严重性判定中的应用原理

b.采用交通工程上常用的累积频率曲线法,选择 85% 百分位累积频率对应的 TTC 作为冲突的端点值。

此理论是交通工程学中常用的分析方法,如在路段限速值的确定中,常根据实测的车速分布情况,生成路段车速的累积频率曲线,并选用 85% 百分位累积频率对应的车速作为限速依据(即在正常行驶条件下,85% 的车辆都不会超过该速度)。相似的分析方法可以引入到交通冲突严重性判定中,以观测人员的初步判断结论为依据,分别得到严重冲突、中等严重冲突及一般冲突的累积频率曲线,继而得到不同严重程度冲突的界定值,原理如图 6.8 所示。

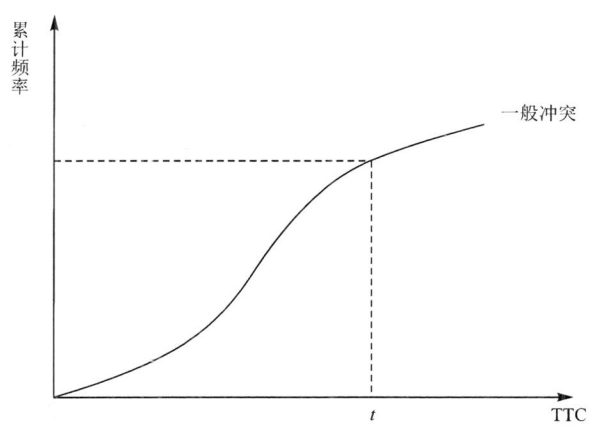

图 6.8　累计频率曲线分析法在冲突严重性判定中的应用原理

在全面比较了距离、速度、时间、能量指标的基础上,从数据的精度和可获得性方面综合考虑,选择了 TTC 作为衡量冲突严重程度的指标,并引入了交通流理论中的可接受间隙理论与交通工程学上常采用的 85% 百分位累积频率曲线分析法,对我国道路交通冲突的严重程度进行合理判定,最终得到当 1.0 s<TTC<2.0 s 时为非严重冲突,TTC≤1.0 s 时为严重冲突,TTC>2.0 s 时的交通危险事件不构成冲突。该成果对从众多交通冲突原始数据中筛选出严重冲突数据,并为后续的安全评价、事故预测等工作的开展奠定了基础。

6.2.3.2　基于安全度的交通安全评价

交通安全度(即交通安全程度)是用各种统计指标,通过一定的运算方法描述研究对象的交通安全状况。采用交通安全度的方法进行安全评价,前提是对交通冲突产生机理进行分析,从众多的影响交通冲突产生的因素中找出主要的影响因素,并对各种因素与冲突相关指标之间的关系进行定量分析,建立数学模型,最后用涵盖各主要影响因素的综合模型进行交通安全评价。评价方法流程如图 6.9 所示。

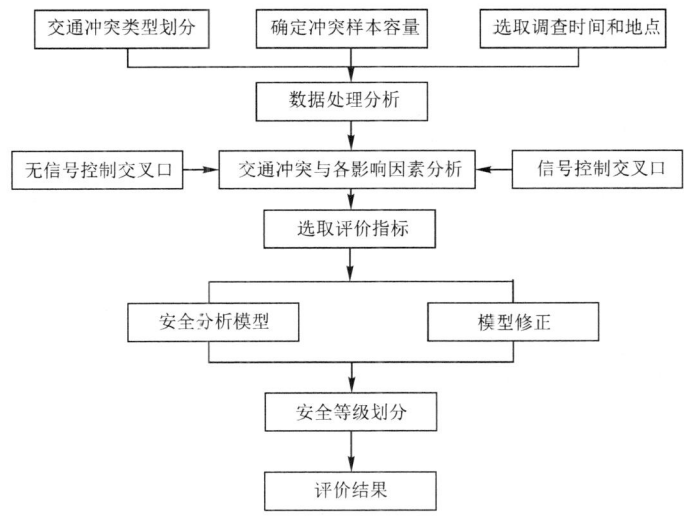

图 6.9　基于交通安全度的平面交叉口安全评价流程

(1)评价指标的选取

由于平面交叉口处的交通流运行状况和交通安全状况均具有动态变化的特征,因此,参照应用灰色理论方法进行安全评价的分析结果,仍选择冲突率作为评价指标,考虑到不同严重程度冲突对安全结果的影响不同,为便于分析,将冲突率定义为当量交通冲突数与混合当量交通量的比值(PTC/MPCU)。其中,混合当量交通量(MPCU)可根据《公路工程技术标准》(JTG B01—2014)中对不同车型与标准小汽车之间的换算关系求得;当量交通冲突数(PTC)获得的前提是对不同类型冲突相对严重程度的判定。

从数据处理的简便性出发,主要参照冲突分类的相关结论对不同类型冲突的相对严重程度进行判定,而不对严重冲突与非严重冲突的换算关系进行研究,这样在完成冲突数据采集后,可快速得到当量交通冲突数这一指标。由于通常情况下平面交叉口处的交通冲突可以分为同进口道冲突、同出口道冲突、交叉口内部冲突3类,因此主要对以上3种冲突的相对严重程度进行研究,判定方法是根据冲突可能造成的碰撞能量损失划分。计算前有如下假设:

1)发生碰撞的车辆均为小汽车,且质量相同。
2)汽车碰撞仅发生在同一平面上,因此重力势能等于零。
3)车辆发生碰撞后合为一体。
4)车辆在碰撞期间,不受外力影响。

(2)三种碰撞的动能损失

1)交叉碰撞的示意图,如图6.10所示。

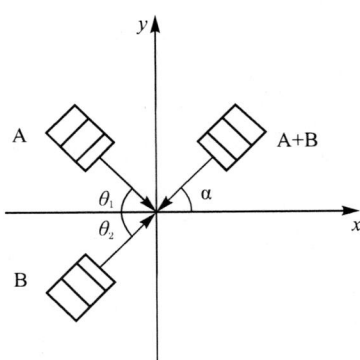

图6.10 交叉碰撞的示意图

图6.10中A车质量为m_A、速度为v_A,B车质量为m_B、速度为v_B,在交叉点发生碰撞时,A车与x轴的角度为θ_1,B车与x轴的角度为θ_2,且碰撞后A车和B车合为一体,质量为m_{A+B}、速度为v_2,且与x轴的夹角为α。

交叉冲突产生时,$0 \leq \theta_1 \leq \pi/2$,$0 \leq \theta_2 \leq \pi/2$,则动能损失量可以表示为:

$$\Delta W = \frac{\int_0^{\frac{\pi}{2}} \int_0^{\frac{\pi}{2}} \frac{mv^2}{2}(1-\cos\theta_1\cos\theta_2-\sin\theta_1\sin\theta_2)d\theta_1 d\theta_2}{\int_0^{\frac{\pi}{2}} 1 d\theta_1 \int_0^{\frac{\pi}{2}} 1 d\theta_2} \left(\frac{1}{2}-\frac{2}{\pi^2}\right)mv^2 \tag{6.6}$$

2) 合流碰撞的动能损失。按照相似的分析方法,可以对合流碰撞的动能损失进行计算,合流冲突产生时,$0 \leq \theta_1 \leq 45°, 0 \leq \theta_2 \leq 45°$,相应的动能损失量为:

$$\Delta W = \frac{\int_0^{\frac{\pi}{4}} \int_0^{\frac{\pi}{4}} \frac{mv^2}{2}(1-\cos\theta_1\cos\theta_2 - \sin\theta_1\sin\theta_2)\mathrm{d}\theta_1\mathrm{d}\theta_2}{\int_0^{\frac{\pi}{2}} 1\mathrm{d}\theta_1 \int_0^{\frac{\pi}{2}} 1\mathrm{d}\theta_2} \left(\frac{1}{2} - \frac{16}{\pi^2} + \frac{8\sqrt{2}}{\pi^2}\right)mv^2 \quad (6.7)$$

3) 分流碰撞的动能损失。分流碰撞的动能损失与合流情况相同,动能损失量公式也一样。

根据上述计算过程,可以估算交叉、合流及分流三种不同冲突形态可能造成的碰撞严重程度,计算结果为交叉、合流、分流三者比例为12.7:1:1,该结论为评价指标中当量冲突数的计算提供了依据。

(3) 主要影响因素分析

交通冲突是由多种原因造成的,包括驾驶员、车辆、交通流运行特征及平面交叉口几何设计等,然而基于交通冲突形成机理的分析,交通冲突是由驾驶员行为直接造成的,影响驾驶行为最主要、最直接的因素无疑是平面交叉口交道流的运行特征。因此,按照控制方式的不同,分别对无信号控制平面交叉口和信号控制平面交叉口进行研究,分析交通流运行特征与交通冲突之间的关系,并建立不同的安全评价模型。

1) 无信号控制交叉口

从大量观测数据的分析结果来看,平面交叉口总流量、相交道路流量比、车型组成、左转车比例4个指标能够地好的表征交通流运行特征,且和冲突率之间有着较强的相关性,以下将分别分析上述因素与冲突率之间的关系。

① 平面交叉口总流量与冲突率。

在反映交通流运行特征的众多指标中,平面交叉口总流量(换算成小时交通量)是需要首先分析的因素。统计分析发现,交通冲突率随平面交叉口总流量的增加而增加,当平面交叉口总流量大于1600辆/h时,冲突率的变化趋势趋于平稳,且有下降趋势。为了确定平面交叉口总流量与冲突率之间的定量关系,引入平面交叉口总流量Q对交通冲突率的影响系数K_1,定义如下:

$$K_1 = \frac{\text{平面交叉口总流量为}Q\text{的冲突率}}{\text{交叉口总流量}Q\text{为}1600\text{辆/h的冲突率}}$$

可根据采集的数据,画出K_1与Q的关系图,用二次抛物线拟合得到K_1和Q的方程:$K_1 = 1.037 \times 10^{-7} + 0.0005Q - 0.2832$,方程相关系数$R^2 = 0.821$,适用条件是平面交叉口每小时交通量$Q = 800 \sim 2400$辆/h。

② 相交道路流量比与冲突率。

对于无信号控制平面交叉口,当交通量在两条相交道路的分配比例不同时,冲突率也会随之变化。其中一种极端情况就是,当总流量全部分配给相交道路中的一条,此时无交叉车流,冲突率趋于0。实地观测发现,对两条相交道路中的任何一条而言,当流量小于总流量的40%时,冲突率增加幅度较大,接近线性增长;流量比在40%~60%,冲突率的变化相对较平缓,且在流量比为55%时,曲线开始出现较为明显的变化。为确定相交道路流量比对冲突率的影响,引入影响系数 K_2,定义如下:

$$K_2 = \frac{道路流量比为 P_2 时的冲突率}{道路流量比 P_2 为 0.55 时的冲突率}$$

可根据采集的数据,画出 K_2 与 P_2 的关系图,用二次抛物线拟合得到 K_2 和 P_2 的方程:$K_2 = -6.7834P_2^2 + 3.7076P_2 - 1.6599$,方程相关系数 $R^2 = 0.835$,适用条件为道路流量比 $P_2 = 0.3 \sim 0.7$。

③车型组成与冲突率。

道路交通组成中的车辆类型较为单一时,车辆的几何尺寸及动力性能、制动性能差别较小,车辆之间的干扰相对较小,车辆通过平面交叉口的运动过程较为平稳,产生冲突的概率小;当平面交叉口的车辆组成较为复杂时,不同类型的车辆由于性能的区别和几何尺寸上的差异,使得车辆中车头间距的离散程度较高,降低了通行能力,同时由于不同车辆驾驶员的驾驶行为差异较大,使得车辆之间的干扰增强,增大了冲突产生的可能性。基于以上分析可以看出,车型组成与平面交叉口的交通安全有着直接的联系,为便于分析交通冲突率与车型之间的关系,调查中将车型分为小型车和大型车两类,其中小型车是指《公路工程技术标准》(JTG B01—2014)中的小客车;大型车的概念与小型车相对,主要包括中型车、大型车、拖挂车。研究发现,当小型车比例小于0.7时,交叉口冲突率随小型车比例的增加而增加,基本呈线性变化;当小型车比例大于0.7时,交叉口冲突率快速下降。为确定交叉口车型组成对冲突率影响的定量关系,引入小型车比例对交通冲突率的影响系数 K_3,定义如下:

$$K_3 = \frac{小型车比例为 P_3 的冲突率}{小型车比例 P_3 为 0.70 时的冲突率}$$

可根据采集的数据,画出 K_3 与 P_3 的关系图,用二次抛物线拟合得到 K_3 和 P_3 的方程:$K_3 = -16.35P_3^2 + 22.913P_3 - 6.9874$,方程相关系数 $R^2 = 0.806$。适用条件是车型组成中小型车的比例 $P_3 = 0.5 \sim 0.9$。

④左转车比例与冲突率。

交通安全的相关研究表明,交通组成中的左转车流会对交通安全产生重要影响,因此分析左转车比例与冲突率之间的关系,是研究交通流运行特征与冲突之间关系的重要方面。观测发现,在无信号控制的平面交叉口,当左转车比例在10%以上时,对平面交叉口冲突率的影响开始凸现,当左转车比例在15%~25%时,对平面交叉口冲突率的影响达到最大。为确定平面交叉口左转车对冲突率影响的定量关系,引入左转车比例对交通冲突率的影响系数 K_4,定义如下:

$$K_4 = \frac{左转车比例为 P_4 的冲突率}{左转车比例 P_4 为 0.20 时的冲突率}$$

可根据采集的数据,画出 K_4 与 P_4 的关系图,用二次抛物线拟合得到 K_4 和 P_4 的方程:$K_4 = 29.215P_4^2 - 3.109P_4 + 0.4714$,方程相关系数 $R^2 = 0.882$,适用条件是平面交叉口交通组成中的左转车比例 $P_4 = 0.05 \sim 0.25$。

2）信号控制交叉口

和无信号控制平面交叉口相似,在建立信号控制平面交叉口基于交通安全度的分析模型前,同样需要分析信号控制平面交叉口的交通流运行特征,并从中找出与交通冲突的产生关联程度较高的指标,通过分析这些指标与冲突率之间的定量关系,建立合理的拟合方程。在对信号控制平面交叉口的影响因素分析中,结合实际观测,重点对交通饱和度、车型组成及左转车比例与冲突率之间的关系进行研究。

①交通饱和度与冲突率。

对信号控制平面交叉口而言,交通饱和度 X 指饱和程度最高的相位所达到的饱和度值,信号相位饱和度为实际到达流量 q 与单位时间内该信号相位能够通过平面交叉口的车辆总数 Q 的比值,令 F 为饱和流量值,$u(u=g/T)$ 为有效绿灯时间占整个信号周期的比率,$y=q/F$ 为流量比率,即有

$$x_i = \frac{q}{Q} = \frac{qT}{Fg} = \frac{y}{u} \quad (6.8)$$

$$X = \max(x_1, x_2, \cdots, x_n)$$

研究发现,交通冲突率在开始阶段随着交通饱和度的增大而增大;当交通饱和度到达70%后,车辆自由行驶的空间受限,冲突率降低。为确定交通饱和度对冲突率影响的定量关系,引入交通饱和度 X 对交通冲突率的影响系数 L_1,定义如下:

$$L_1 = \frac{\text{一定通行能力下交通饱和度为 } X \text{ 的冲突率}}{\text{一定通行能力下交通饱和度 } X \text{ 为 0.7 的冲突率}}$$

结合数据采集,通过二次抛物线拟合可以得到 L_1 与信号控制交叉口饱和度 X 的关系:$L_1 = -2.297X^2 + 4.1829X - 0.5084$,方程相关系数 $R^2 = 0.773$,适用条件是信号控制平面交叉口的交通饱和度 $X = 0.3 \sim 0.8$。

②车型组成与冲突率。

在信号控制交叉口,车型组成也是影响交通冲突的一个重要因素,和无信号控制平面交叉口的分析方法相似,从数据处理的简便性出发,仍将车型分为小型车和大型车两类,观测发现,当小型车比例小于0.7时,冲突率随小型车比例的增长而增大,基本上呈线性变化;当小型车比例大于0.7时,冲突率快速下降。为确定平面交叉口车型组成对冲突率影响的定量关系,引入小型车比例 T_2 对交通冲突率的影响系数 L_2,定义如下:

$$L_2 = \frac{\text{小型车比例为 } T_2 \text{ 的冲突率}}{\text{小型车比例 } T_2 \text{ 为 0.70 时的冲突率}}$$

结合数据采集,通过二次抛物线拟合可以得到 L_2 与小型车比例 T_2 的关系:$L_2 = 2.4115T_2^2 - 0.4227T_2 + 0.3351$,方程相关系数 $R^2 = 0.768$,适用条件是小型车的比例 $T_2 = 0.3 \sim 0.7$。

③左转车比例与冲突率。

在信号控制平面交叉口,冲突率随左转车比例的增加而增大,当左转车比例达到交

通量的10%以上时,对平面交叉口冲突率的影响作用凸显,为确定左转车比例对冲突率影响的定量关系,引入左转车比例 T_3 对交通冲突率的影响系数,定义如下:

$$L_3 = \frac{左转车比例为T_3时的冲突率}{左转车比例T_3为0.10时的冲突率}$$

结合数据采集,通过二次抛物线拟合可以得到 L_3 与左转车比例 T_3 的关系:$L_3 = 13.118T_3^2 - 0.4453T_3 + 0.525$,方程相关系数 $R^2 = 0.779$,适用条件是左转车的比例 $T_3 = 0.05 \sim 0.3$。

(4)综合分析模型的建立

通过对无信号控制平面交叉口和信号控制平面交叉口的分析,发现交通冲突率都与交通流运行特征中的某些指标有着较强的相关性。但是,这些选择的指标所描述的均是交通运输流运行特征的某一方面,彼此之间并无明显的相关性,因此可以将各影响因素对冲突率的影响系数相乘,得到一个综合影响系数,并用于评价研究对象的安全程度。

$$K_{1n} = \prod_{i=1}^{n} K_i \tag{6.9}$$

$$L_{1n} = \prod_{i=1}^{n} L_i \tag{6.10}$$

式中 K_{1n}——无信号控制平面交叉口交通安全度的综合影响系数;

K_i——无信号控制平面交叉口影响交通冲突率的各因素;

L_{1n}——信号控制平面交叉口交通安全度的综合影响系数;

L_i——信号控制平面交叉口影响交通冲突率的各因素;

n——无信号控制平面交叉口为4,信号控制平面交叉口为3。

对与信号控制平面交叉口而言,K_i 分别表示平面交叉口总流量、总流量在相交道路的分配比例、车型组成及左转车比例对交通冲突率的影响系数;信号控制平面交叉口 L_i 分别表示交通饱和度、车型组成及左转车比例对交通冲突率的影响系数。

有关研究已证实了综合影响系数评价平面交叉口交通安全度的可靠性,因此可用综合影响系数来评价平面交叉口的交通安全是可行的。

同时,上述利用综合影响系数评价平面交叉口交通安全的模型是建立在对十字形平面交叉口数据采集和曲线拟合的基础上的,该分析方法同样适用于X形、T形、Y形等其他形式的平面交叉口。应用前,应考虑其他类型平面交叉口交通流运行特性与十字形平面交叉口的区别,对已建模型加以修正。

1)无信号控制平面交叉口

对于无信号控制的X形、T形、Y形平面交叉口而言,冲突率 R 与各影响因素之间的关系与十字形平面交叉口的情形相似,可以按照相同的建模方法建立交通流运行特征相关因素与冲突率之间的数学模型,进而构建综合影响系数 K_{14} 与冲突率 R 的换算模型。研究发现,对于X形、T形、Y形平面交叉口,K_{14} 与冲突率 R 仍然存在良好的线性关系,只是斜率与截距不同,因此只要将综合影响系数 K_{14} 乘以相应的修正系数 K_5(平面交叉口几何形状对冲突率的影响系数),就可以建立修正后的综合影响系数与冲突率之间的关系模型。

$$K_5 = \frac{\text{冲突率为} R \text{ 时某类型交叉口的综合影响系数}}{\text{冲突率为} R \text{ 时十字形交叉口的综合影响系数} K_{14}}$$

从大量的调查数据统计分析中可以得到对应的不同的平面交叉口类型，K_5 和 K_{14} 的关系如图 6.11 所示。

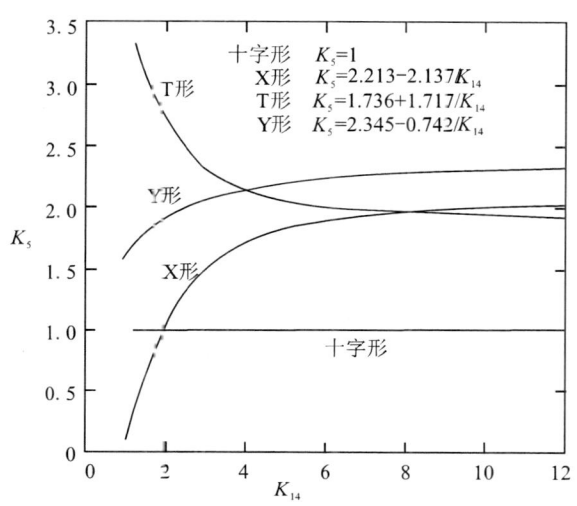

图 6.11　各种类型无信号控制平面交叉口 K_5 和 K_{14} 的关系

依据图 6.11 中 4 种类型的平面交叉口 K_5 和 K_{14} 的关系，可以近似获得 K_5 的值如下。

$$K_5 = \begin{cases} 1.0 (\text{十字形交叉口}) \\ 1.64 (\text{X 形交叉口}) \\ 1.93 (\text{Y 形交叉口}) \\ 1.85 (\text{T 形交叉口}) \end{cases}$$

2）信号控制平面交叉口

类似于无信号控制平面交叉口，信号控制 X 形、T 形、Y 形平面交叉口的冲突率 R 与交通流运行特征各指标之间的关系与十字形平面交叉口相似，依照相同的方法，可以获得综合影响系数 L_{13} 与 R 的关系，结果发现，二者之间有良好的线性关系，也是斜率和截距不同而已。因此同样可以将上述的 L_{13} 乘以相应的修正系数 L_4（平面交叉口几何形状对冲突率的影响系数），就可以得到修正后的综合影响系数，L_4 定义如下：

$$L_4 = \frac{\text{冲突率为} R \text{ 时某类型平面交叉口的综合影响系数}}{\text{冲突率为} R \text{ 时十字形平面交叉口的综合影响系数} L_{13}}$$

从大量的调查数据统计分析可得到对应不同的平面交叉口类型，L_4 与 L_{13} 的关系如图 6.12 所示。

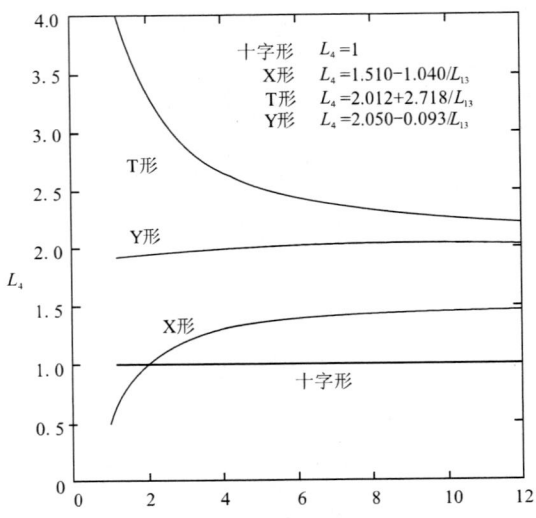

图 6.12　各种类型无信号控制交叉口 L_4 和 L_{13} 的关系

依据图 6.12 中 4 种类型的平面交叉口 L_4 与 L_{13} 的关系,可以近似获得 L_4 的值:

$$L_4 = \begin{cases} 1.0（十字形交叉口） \\ 1.45（X 形交叉口） \\ 2.20（Y 形交叉口） \\ 2.009（T 形交叉口） \end{cases}$$

(5) 安全等级的划分

从上述对无信号控制平面交叉口及信号控制平面交叉口的分析可以看出,综合影响系数(K_{14}, L_{13})与交通冲突率有定量的换算关系,因此可以用于直接评价平面交叉口的交通安全状况。由于交通安全的评价通常是主、客观相结合的过程,一定的指标值通常对应交通安全的不同状况,因此在计算出交通安全度分析模型的综合影响系数后,为便于安全评价,按照一定的标准划分与综合影响系数相对应的安全等级具体标准如表 6.12 所示。

表 6.12　平面交叉口交通安全状况的划分标准

安全等级	安全	较安全	不安全	危险
综合影响系数	A	B	C	D

6.2.4　基于交通安全服务水平的评价方法

借鉴《交叉口的道路通行能力手册》中对"服务水平"的相关描述,交通安全服务水平定义如下:交叉口使用者从交叉口几何线形、道路状况、交通环境和交通控制等方面可能得到的交通安全服务质量,也就是交叉口本身所提供的交通安全服务程度。交叉口安全服务水平等级是为描述交叉口以其本身所具有的基本条件所能向驾驶员、乘客、行人提供交通安全服务程度的一种质量标准。因此根据一定的标准对平面交叉口安全服务水平进行合理分级,不仅可以评价平面交叉口的交通安全现状,还能为新建、改造平面交叉口的安全状况提供统一的衡量标准。

(1) 平面交叉口交通安全服务水平影响因素

1) 无信号控制平面交叉口影响因素分析

在大量实地调查中,以平面交叉口相对固定设施特征和具有时空变换特征的交通流量为主要考虑因素,利用层次分析法和专家咨询法,把影响无信号控制平面交叉口交通安全服务水平的因素分为主要影响因素、次要影响因素和交通流量3类,如表6.13所示。

表6.13 影响无信号平面交叉口安全服务水平的因素表

影响因素		子影响因素
主要影响因素	机动车与机动车冲突点	交叉冲突点
		合流冲突点
		分流冲突点
	机动车与非机动车冲突点	直行机动车与非机动车冲突点
		左转机动车与非机动车冲突点
		右转机动车与非机动车冲突点
	机动车与行人冲突点	直行机动车与行人冲突点
		左转机动车与行人冲突点
		右转机动车与行人冲突点
次要影响因素	几何特征	纵坡度
		交叉角度
		视距
		车道设置
		物理渠化
	标志	标志可视性
		标志设置
		标志信息量
	标线	标线可视性
		标线设置
	路面	路面平整性
		路面抗滑性
	照明	路灯设置
		路灯完整性
交通流量		机动车与机动车交通量
		机动车与非机动车流运行状况
		机动车与行人流运行状况

2)信号控制平面交叉口影响因素分析

按照相似分析方法,可从众多影响因素中筛选出对信号控制平面交叉口交通安全服务水平有较大影响的因素,如表 6.14 所示。

表 6.14 影响信号控制平面交叉口安全服务水平的因素表

影响因素		子影响因素
主要影响因素	机动车与机动车冲突点	交叉冲突点
		合流冲突点
		分流冲突点
	机动车与非机动车冲突点	直行机动车与非机动车冲突点
		左转机动车与非机动车冲突点
		右转机动车与非机动车冲突点
	机动车与行人冲突点	直行机动车与行人冲突点
		左转机动车与行人冲突点
		右转机动车与行人冲突点
次要影响因素	信号灯	信号相位
		黄灯时间
		信号灯可视性
	几何特征	纵坡度
		交叉角度
		视距
		车道设置
		物理渠化
	标线	标线可视化
		标线设置
	标志	标志可视性
		标志设置
		标志信息量
	路面	路面平整性
		路面抗滑性
	照明	路灯设置
		路灯完整性
	交通流量	机动车与机动车交通量
		机动车与非机动车流运行状况
		机动车与行人流运行状况

(2)评价模型建立

1)无信号控制平面交叉口交通安全服务水平评价模型建立

在评价模型建立之前,应对评价方案进行介绍,根据对无信号控制平面交叉口安全服务水平影响因素的分析和分类,在确定评价方案时,着重考虑主要影响因素和交通流量,即平面交叉口存在的各种内在交通冲突点和进入平面交叉口的交通流量。假设次要影响因素为理想状况时,从内在冲突点的个数、冲突点的类型、冲突点恶性程度等方面建立平面交叉口安全服务水平的主模型,并通过主要影响因素和交通流量的具体数据得到理想状况下的平面交叉口安全服务水平,再考虑次要影响因素对平面交叉口安全程度可能造成的影响,建立平面交叉口安全服务水平评价方案,如图6.13所示。

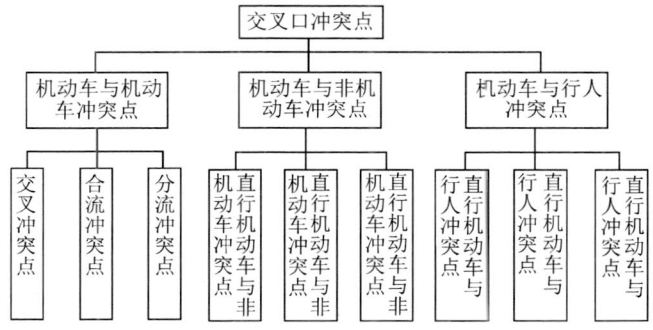

图6.13 无信号控制平面交叉口安全服务水平评价方案

①主模型的建立。

a.机动车与机动车冲突点潜在危险度模型。

$$\mathrm{RI}_{\mathrm{t,m}} = K_{\mathrm{m-m}} \sum_i \mathrm{MCP}_i \cdot \mathrm{SMCP}_i \tag{6.11}$$

式中 $\mathrm{RI}_{\mathrm{um}}$——机动车与机动车冲突点造成的信号控制平面交叉口的潜在危险度;

i——机动车与机动车冲突点总冲突点的类型,即分类冲突点、合流冲突点、交叉冲突点;

MCP_i——i 类冲突点的个数;

SMCP_i——i 类冲突点的恶性程度;

$K_{\mathrm{m-m}}$——机动车交通量影响系数,由如下式确定:

$$K_{\mathrm{m-m}} = 1 + \frac{v}{C} \tag{6.12}$$

其中 v——交叉口入口机动车交通量,PCU/h;

C——交叉口机动车理论通行能力,PCU/h;

b.机动车与非机动车冲突点潜在危险度模型。

$$\mathrm{RI}_{\mathrm{t,u}} = K_{\mathrm{m-n}} \sum_j \mathrm{NCP}_j \cdot \mathrm{SMCP}_j \tag{6.13}$$

式中 $\mathrm{RI}_{\mathrm{uu}}$——机动车与非机动车冲突点造成的无信号控制平面交叉口潜在危险程度;

j——机动车与非机动车冲突点中冲突点的种类,即直行机动车与非机动车冲突点、左转机动车与非机动车冲突点、右转机动车与非机动车冲突点;

NCP_j——j 类冲突点的个数;

$SMCP_j$——j 类冲突点恶性程度;

K_{m-n}——机动车与非机动车交通流量影响系数。

K_{m-n} 值由交通工程师对平面交叉口机动车与非机动车流运行状况打分计算得到,由下式确定:

$$K_{m-n} = 1 + \frac{100 - SCOR_{m-n}}{100} \tag{6.14}$$

式中 $SCOR_{m-n}$——机动车与非机动车流运行状况打分值。

c. 机动车与行人冲突点潜在危险度模型。

$$RI_{up} = K_{m-p} \sum_l PCP_l \cdot SPCP_l \tag{6.15}$$

式中 RI_{up}——机动车与行人冲突点造成的无信号控制平面交叉口潜在危险度;

l——机动车与行人冲突点中冲突点的类型,即直行机动车与行人冲突点、左转机动车与行人冲突点、右转机动车与行人冲突点;

PCP_l——l 类冲突点的个数;

$SPCP_l$——l 类冲突点的恶性程度;

K_{m-p}——机动车与行人交通流量影响系数。

K_{m-p} 值由交通工程师对平面交叉口机动车与行人流运行状况打分计算得到,由下式确定:

$$K_{m-p} = 1 + \frac{100 - SCOR_{m-p}}{100} \tag{6.16}$$

式中 $SCOR_{m-p}$——机动车与行人流运行状况打分值。

d. 无信号控制平面交叉口安全服务水平主模型。

$$RI_u = \sum W_i RI_i \tag{6.17}$$

式中 RI_u——无信号控制平面交叉口潜在危险度;

RI_i——RI_{um}、RI_{un}、RI_{up},含义同前;

W_i——RI_i 的权重,以反映机动车、非机动车、行人之间的冲突点对平面交叉口安全服务水平的不同影响程度。

②次要影响因素修正模型的建立。

$$AF = \sum_i \alpha_i AF_i \tag{6.18}$$

式中 AF——无信号控制交叉口次要影响因素修正系数;

i——次要影响因素,分别为交叉口几何特征、标志、标线、路面、照明;

α_i——各次要影响因素的权重,以反映不同次要影响因素对交叉口安全服务水平的不同影响程度;

AF_i——次要影响因素中几何特征、标志、标线、路面、照明的修正系数。

AF_i 由如下式子确定：

$$AF_i = 1 - \frac{100 - \sum_k \omega_{ik} R_{ik}}{100} \quad (6.19)$$

其中 　ω_{ik}——i 次要影响因素中 k 子影响因素的权重；

R_{ik}——i 次要因素中 k 子影响因素的打分值。

③无信号控制平面交叉口安全服务水平总模型

$$EI_u = RI_u \cdot AF \quad (6.20)$$

式中　EI_u——无信号控制平面交叉口危险度，为无信号控制平面交叉口安全服务水平评价指标；

RI_u——无信号控制平面交叉口潜在危险度；

AF——无信号控制平面交叉口次要影响因素修正系数。

2）信号控制平面交叉口交通安全服务水平评价模型的建立

按照相似的分析方法，在分析信号控制平面交叉口安全服务水平评价方法的基础上，通过建立主模型、次要因素修正模型，进而可以建立信号控制平面交叉口安全服务水平的总模型，由于模型建立的思路和无信号控制平面交叉口的分析方法相同，本研究不再详述。

（3）模型的标定

模型建立后，需要对各个参数进行标定，以确保模型能够应用于实际工程。

1）不同冲突点造成的平面交叉口潜在危险度权重的确定

不同平面交叉口使用者或其使用的交通工具之间产生的冲突点对平面交叉口安全服务水平的影响程度是不同的。因此，在建立安全服务水平模型时，考虑了机动车与机动车之间的冲突点、机动车与非机动车之间的冲突点、机动车与行人之间的冲突点对平面交叉口安全服务水平的不同影响。需要指出的是，对于不同类型的平面交叉口，不同交通行为实体之间冲突点对安全服务水平的影响原理是一致的，因此，在确定这些权重时，不再区分无信号控制平面交叉口和信号控制平面交叉口。运用专家调查法对采集的大量数据分析处理，得到不同交通行为实体之间冲突点对平面交叉口安全服务水平的影响权重，如表6.15所示。

表6.15　机动车、非机动车、行人冲突点权重

冲突点类型	权重 W_i
机动车与机动车冲突点	0.25
机动车与非机动车冲突点	0.33
机动车与行人冲突点	0.42

2) 不同种类冲突点恶性程度的确定

由于无信号控制平面交叉口和信号控制平面交叉口的冲突点导致交通事故的机理相似,这两种平面交叉口不同种类冲突点的恶性程度也相似,因此,在确定冲突点的恶性程度时,不再区分无信号控制平面交叉口与信号控制平面交叉口。平面交叉口不同冲突点的层次关系如图 6.14 所示。

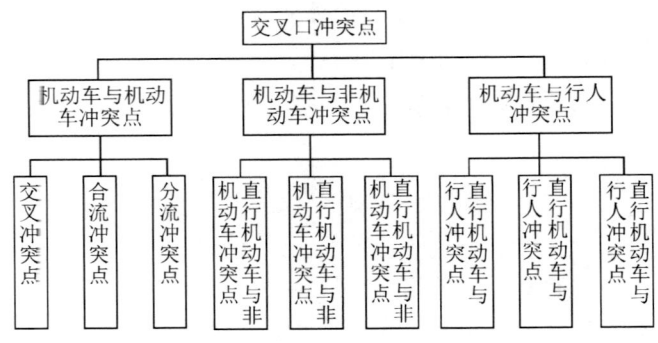

图 6.14 平面交叉口不同冲突点的层次关系

①机动车与机动车冲突中不同类型冲突点的恶性程度。

在确定不同种类冲突点恶性程度时,有两种方法:一种方法是通过不同种类冲突点所对应的事故百分率来确定,称为事故率法。这种方法所得到的恶性程度大小依赖不同类型事故所占全部事故的比例。另一种方法就是通过不同种类冲突对应交通事故带来的经济损失来确定,称为经济损失法。这种方法所得到的恶性程度大小依赖于不同类型事故所造成的经济损失。在本研究计算过程中分别采用上述两种方法来获得不同类型冲突点的恶性程度,并进行综合比较,最终确定其相对恶性程度(冲突点个数)大小,如表 6.16 所示。

表 6.16 机动车与机动车不同类型冲突点的相对恶性程度

冲突点类型	交叉点类型	合流点类型	分流点类型
恶性程度	3	1.5	1

②机动车与非机动车冲突中不同类型冲突点的恶性程度。

根据对平面交叉口机动车与非机动车冲突点的分类,所需要确定的恶性程度有 3个:直行机动车与非机动车冲突点的恶性程度、左转机动车与非机动车冲突点的恶性程度、右转机动车与非机动车冲突点的恶性程度。按相似的方法,得到机动车与非机动车(主要是自行车)不同冲突点的相对恶性程度,如表 6.17 所示。

表 6.17 机动车与非机动车不同类型冲突点的相对恶性程度

冲突点类型	恶性程度
直行机动车与自行车冲突点	3
左转机动车与自行车冲突点	1.5
右转机动车与自行车冲突点	1

③机动车与行人冲突不同类型冲突点的恶性程度。

按同样的分析方法可以获得机动车与行人冲突中不同类型冲突点的相对恶性程度，如表 6.18 所示。

表 6.18　机动车与行人不同类型冲突点的相对恶性冲突

冲突点类型	恶性程度
直行机动车与行人冲突点	3
左转机动车与行人冲突点	1.25
右转机动车与行人冲突点	1.25

3) 次要影响因素修正模型中权重的确定

在安全服务水平的修正模型中，仍有多个需要确定的权重，由于无信号控制平面交叉口与信号控制平面交叉口的次要影响因素不同，因此，相关权重的确定按照平面交叉口控制方式的不同分别进行。

①无信号控制平面交叉口。

在大量实地调查的基础上，运用专家经验法对调查数据进行分析、计算，得到无信号控制平面交叉口的各次要影响因素及其子影响因素的权重，如表 6.19 所示。

表 6.19　无信号控制平面交叉口次要影响因素及其子影响因素权重

次要影响因素	次要影响因素权重	子影响因素	子影响因素权重
几何特征	0.25	纵坡度	0.12
		交叉角度	0.20
		视距	0.30
		车道设置	0.20
		物理渠化	0.18
标志	0.22	标志可视性	0.45
		标志设置	0.33
		标志信息量	0.22
标线	0.24	标线可视性	0.58
		标线设置	0.42
路面	0.15	路面平整性	0.43
		路面抗滑性	0.57
照明	0.14	路灯设置	0.60
		路灯完整性	0.40

②信号控制平面交叉口。

同样通过专家经验法对调查得到的数据进行分析处理，得到信号控制平面交叉口的各次要影响因素及其子影响因素的权重，如表 6.20 所示。

表 6.20 信号控制平面交叉口次要影响因素及其子影响因素权重

次要影响因素	次要影响因素权重	子影响因素	子影响因素权重
信号灯	0.29	信号相位	0.38
		黄灯时间	0.27
		信号灯可视性	0.35
几何特征	0.17	纵坡度	0.12
		交叉角度	0.20
		视距	0.30
		车道设置	0.20
		物理渠化	0.18
标志	0.15	标志可视性	0.45
		标志设置	0.33
		标志信息量	0.22
标线	0.16	标线可视性	0.58
		标线设置	0.42
路面	0.12	路面平整性	0.43
		路面抗滑性	0.57
照明	0.11	路灯设置	0.60
		路灯完整性	0.40

(4) 安全服务水平的等级划分

在建立平面交叉口安全服务水平模型后,利用模型计算得到的平面交叉口危险度的数值,就可以进行安全服务水平等级划分。根据平面交叉口危险度的含义,危险度越小的平面交叉口,其安全服务水平越高;危险度越大的平面交叉口,其安全服务水平越低。为了使平面交叉口安全服务水平具有区分性,本书将平面交叉口安全服务水平分为 6 级(A~F 级),分别对应的交通安全状况为:很安全、安全、较安全、不安全、较危险、危险。

1) 无信号控制平面交叉口交通安全服务水平的等级划分

对于无信号控制平面交叉口,根据危险度的理论计算值和实测数据计算值的区间分布情况,最终得到无信号控制平面交叉口安全服务水平的等级及其对应的指标范围,如表 6.21 所示。

表 6.21　无信号控制平面交叉口安全服务水平等级

安全服务水平	交叉口危险度
A	≤60
B	≤120
C	≤180
D	≤240
E	≤300
F	≤300

就无信号控制平面交叉口而言,对应不同的安全服务水平等级,平面交叉口所能提供的安全服务质量可以描述如下:

①A级:机动车与机动车、机动车与非机动车、机动车与行人的冲突点很少,各平面交叉口使用者各行其道,交通运行秩序很好;平面交叉口具有有助于交通安全的几何特征,如良好视距、匹配良好的平纵线形、合流完善的物理渠化等;平面交叉口设置了合理完善的交通标志,所设置的交通标志白天和夜间可视性好,且提供的信息量恰到好处;平面交叉口设置了合理、完善的交通标线,所设置的交通标线白天和夜间可视性好;平面交叉口路面平整度好,路面摩擦系数大,抗滑性好;平面交叉口设置了照明设施,且照明设施状况良好,或没有设置照明设施,但是现状不需要照明;平面交叉口入口交通量不大,驾驶员驾驶很轻松,非机动车与行人很容易地通过平面交叉口,不同平面交叉口使用者都没有心理压力,感觉非常安全。

②B级:机动车与机动车、机动车与非机动车、机动车与行人的冲突点少,各平面交叉口使用者基本各行其道,交通运行秩序较好;平面交叉口具有有助于交通安全的几何特征,如较好的视距、较好的平纵线形、合理的物理渠化等;平面交叉口设置了合理的交通标志,所设置的交通标志白天和夜间可视性较好,且交通标志提供的信息量较适合;平面交叉口设置了合理的交通标线,所设置的交通标线白天和夜间可视性较好;平面交叉口路面平整度较好,路面摩擦系数较大,抗滑性较好;平面交叉口设置了照明设施,且照明设施状况较好,或没有设置照明设施,但是现状基本不需要照明;平面交叉口入口交通量不大,驾驶员驾驶比较轻松,非机动车与行人能够较容易地通过平面交叉口,不同平面交叉口使用者交通安全心理压力较小,感觉安全。

③C级:机动车与机动车、机动车与非机动车、机动车与行人的冲突点较少,各平面交叉口使用者大部分遵守交通规则,交通运行秩序尚可;平面交叉口本身的几何特征尚可,如较合理的视距、平纵线形、物理渠化等;平面交叉口设置了交通标志,所设置的交通标志白天和夜间可视性尚好,交通标志提供的信息量也基本符合需要;平面交叉口设置了交通标线,所设置的交通标线白天和夜间可视性尚好;平面交叉口路面平整度、抗滑性尚可;平面交叉口设置了照明设施,照明设施状况还可以,或没有设置照明设施,但是由此对夜间行车安全性影响较小;平面交叉口入口交通量可能较大,不过驾驶员仍较轻松,非机动车与行人也能够较容易的通过平面交叉口,不同平面交叉口使用者交通安全心理压力不大,感觉比较安全。

④D级：机动车与机动车、机动车与非机动车、机动车与行人的冲突点开始增多，各平面交叉口使用者遵守交通规则的情况开始变差，交通运行秩序可能不好；平面交叉口本身的几何特征存在一定问题，如视距不够好、物理渠化不甚合理等；平面交叉口设置了交通标志，所设置的交通标志白天和夜间可视性可能不好，交通标志提供的信息量不符合需要；平面交叉口设置了交通标线，所设置的交通标线白天和夜间可视性可能不好；平面交叉口路面平整度不好，抗滑性一般；平面交叉口设置了照明设施，照明设施状况不好，或没有设置照明设施，但是由此对夜间行车安全性影响不大；平面交叉口入口交通量开始增大，驾驶员驾驶需要留意，非机动车与行人通过平面交叉口也需要留意，不同平面交叉口使用者交通安全心理压力变大。

⑤E级：机动车与机动车、机动车与非机动车、机动车与行人的冲突点较多，各平面交叉口使用者不是很遵守交通规则，交通运行秩序较差；平面交叉口本身的几何特征不够理想，如视距不良、没有物理渠化或物理渠化不合理等；平面交叉口没有设置交通标志，或设置了交通标志，但是交通标志白天和夜间可视性差，交通标志提供的信息量不尽合理；平面交叉口没有设置交通标线，或设置了交通标线，但是交通标线白天和夜间可视性差；平面交叉口路面平整度不好，抗滑性较差；平面交叉口设置了照明设施，照明设施状况较差，或没有设置照明设施，但是由此对夜间行车安全性影响较大；平面交叉口入口交通量较大，驾驶员驾驶需要多加留意，非机动车与行人通过平面交叉口也需多加留意，不同平面交叉口使用者交通安全心理压力较大，感觉较危险。

⑥F级：机动车与机动车、机动车与非机动车、机动车与行人的冲突点很多，各平面交叉口很多使用者不遵守交通规则，交通运行秩序混乱；平面交叉口本身的几何特征不够理想，如视距很差、没有物理渠化或物理渠化不合理等；平面交叉口没有设置交通标志，或设置了交通标志，但是交通标志白天和夜间可视性差，交通标志提供的信息量要么太少，要么太多；平面交叉口没有设置交通标线，或设置了交通标线，但是交通标线白天和夜间可视性差；平面交叉口路面平整度差，抗滑性差；平面交叉口设置了照明设施，照明设施状况差，或没有设置照明设施，但是由此对夜间行车安全性影响大；平面交叉口入口交通量很大，驾驶员驾驶需要多加留意和谨慎，非机动车与行人通过平面交叉口也需谨慎，不同平面交叉口使用者交通安全心理压力大，感觉危险。

2）信号控制交叉口交通安全服务水平的等级划分

按照相同方法，可以得到信号控制平面交叉口安全服务水平的等级划分结果，如表6.22所示。

表6.22 信号控制平面交叉口安全水平等级

安全服务水平	交叉口危险度
A	≤15
B	≤30
C	≤45
D	≤60
E	≤75
F	>75

对应不同的安全服务水平等级,信号控制平面交叉口所能提供的安全服务质量可以描述如下:

①A级:机动车与机动车、机动车与非机动车、机动车与行人的冲突点很少,各平面交叉口使用者各行其道,交通运行秩序很好;平面交叉口信号相位设计合理,且与交通流量匹配,具有合理的黄灯时间,信号灯设置合理,且可视性很好;平面交叉口具有有助于交通安全的几何特征,如良好的视距、平纵线性、合理完善的物理渠化等;平面交叉口设置了合理、完善的交通标志,所设置的交通标志白天和夜间可视性好,且交通标志提供的信息量恰到好处;平面交叉口设置了合理、完善的交通标线,所设置的交通标线白天和夜间可视性好;平面交叉口路面平整度好,路面摩擦系数大,抗滑性好;平面交叉口设置了照明设施,且照明设施状况好,或没有设置照明设施,但是现状不需要照明;平面交叉口入口交通量不大,驾驶员驾驶很轻松,非机动车与行人很容易地通过平面交叉口,不同平面交叉口使用者都没有交通安全心理压力,感觉非常安全。

②B级:机动车与机动车、机动车与非机动车、机动车与行人的冲突点少,各平面交叉口使用者基本各行其道,交通运行秩序较好;平面交叉口信号相位设计比价合理,且与交通流量较为匹配,具有较合理的黄灯时间,信号灯设置较合理,且可视性较好;平面交叉口具有有助于交通安全的几何特征,如较好的视距、平纵线性、合理的物理渠化等;平面交叉口设置了合理的交通标志,所设置的交通标志白天和夜间可视性较好,且交通标志提供的信息较合适;平面交叉口设置了合理的交通标线,所设置的交通标线白天和夜间可视性较好;平面交叉口平整度较好,路面摩擦系数较大,抗滑性较好;平面交叉口设置了照明设施,且照明设施状况较好,或没有设置照明设施,但是现状基本不需要照明;平面交叉口入口交通量不大,驾驶员驾驶比较轻松,非机动车与行人能较容易地过平面交叉口,不同平面交叉口使用者他安全心理压力较小,感觉安全。

③C级:机动车与机动车、机动车与非机动车、机动车与行人的冲突点较少,各平面交叉口使用者大部分遵守交通规则,交通运行秩序尚可;平面交叉口信号相位设计基本合理,且与交通流量较匹配,黄灯时间尚可,信号灯设置基本合理,且可视性尚可;平面交叉口本身的几何特性尚可,如较为合理的视距、平纵线形、物理渠化等;平面交叉口设置了交通标志,所设置的交通标志白天和夜间可视性尚可,交通标志通过的信息量也基本符合需要;平面交叉口设置了交通标线,所设置的交通标线白天和夜间可视性尚可;平面交叉口路面平整度尚可,抗滑性尚可;平面交叉口设置了照明设施,照明设施状况基本满足要求,或没有设置照明设施,但是由此对夜间行车安全性影响较小;平面交叉口入口交通量可能较大,不过驾驶员驾驶还算轻松,非机动车与行人也能够较容易地通过平面交叉口,不同平面交叉口使用者交通安全心理压力不大,感觉比较安全。

④D级:机动车与机动车、机动车与非机动车、机动车与行人的冲突点开始增多,各平面交叉口使用者遵守交通规则的情况变差,交通运行秩序可能不好;平面交叉口相位设计不是很合理,与交通流量匹配欠佳,黄灯时间稍短或略长,信号灯设置不是很合理,且可视性一般;平面交叉口本身的几何特性不够理想,如视距不够好、物理渠化不甚合理等;平面交叉口设置了交通标志,所设置的交通标志白天和夜间可视性不良,交通标志提供的信息量与实际需要存在差异;平面交叉口设置了交通标线,所设置的交通标线白天

和夜间可视性不良;平面交叉口路面平整度不好,抗滑性一般;平面交叉口设置了照明设施,照明设施状况不好,或没有设置照明设施,但是由此夜间行车安全性影响不大;平面交叉口入口交通量可能较大,驾驶员驾驶需要留意,非机动车与行人通过平面交叉口也需留意,不同平面交叉口使用者交通安全心理压力变大。

⑤E级:机动车与机动车、机动车与非机动车、机动车与行人的冲突点较多,各平面交叉口使用者不是很遵守交通规则,交通运行秩序较差;平面交叉口相位设计不合理,与交通流量匹配较差,黄灯时间可能短或长,信号灯设置不尽合理,且可视性不好;平面交叉口本身几何特征不够理想,如视距不良、没有物理渠化或物理渠化不合理等;平面交叉口没有设置交通标志,或设置了交通标志,但是交通标志白天和夜间可视性差,交通标志提供的信息量不够完善;平面交叉口没有设置交通标线,或设置了交通标线,但是交通标线白天和夜间可视性差;平面交叉口路面平整度不好,抗滑性较差;平面交叉口设置了照明设施,照明设施状况较差,或没有设置照明设施,但是由此对夜间行车安全性影响较大;平面交叉口入口交通量较大,驾驶员需要多加留意,非机动车与行人通过平面交叉口也需多加留意,不同平面交叉口使用者交通安全心理压力较大,感觉较危险。

⑥F级:机动车与机动车、机动车与非机动车、机动车与行人的冲突点很多,各平面交叉口使用者很多不遵守交通规则,交通运行秩序混乱;平面交叉口相位设计很不合理,与交通量匹配差,黄灯时间可能过短或过长,信号灯设置不是很合理,可视性很差;平面交叉口本身的几何特征不够理想,如视距很差、没有物理渠化或物理渠化不合理等;平面交叉口没有设置交通标志,或设置了交通标志,但是交通标志白天和夜间可视性差,交通标志提供的信息量要么太少,要么太多;平面交叉口没有设置交通标线,或设置了交通标线,但是交通标线白天和夜间可视性差;平面交叉口路面平整度差,抗滑性差;平面交叉口设置了照明设施,照明设施状况差,或没有设置照明设施,但是由此对夜间行车安全性影响大;平面交叉口入口交通量很大,驾驶员需要多加留意和谨慎,非机动车与行人通过平面交叉口也需谨慎,不同平面交叉口使用者交通心理压力大,感觉危险。

在对平面交叉口安全服务水平评价模型建立的基础上,结合安全等级的划分结果,可以构建一套完整的评价方法用于交通安全评价。工程应用中,按照模型的相关要求,通过数据采集,可以获得平面交叉口的交通危险度数值,进而可判定平面交叉口所属的安全服务水平等级,从而为交通安全改善或是改善前后的效果评价提供依据。

6.3 城镇化公路平面交叉口安全改善对策及安全措施适应性评价

6.3.1 城镇化公路平面交叉口安全改善对策

通过在浙江省实地调查,发现我国城镇化公路平面交叉口基础设施方面存在的问题主要集中在几何设计、交通控制和交通环境三个方面。同时,平面交叉口安全改善对策制定也是从这三方面入手的。

6.3.1.1 几何设计

在几何设计部分,从可能减少冲突产生的措施着手,主要对平面交叉口改建、车道设置、渠化与视距等内容进行介绍。

(1) 平面交叉口改建

平面交叉口改建的主要原则是减少冲突点的数量和冲突区域面积的大小,保证视距等,直接目的就是减少交通冲突的产生。平面交叉口改建涉及的因素比较多,如平面交叉口的形状、交通量、交通组成、四周的土地利用道路用地情况等,应具体情况具体对待,将平面交叉口改建为有利于减少或消除冲突点的形式。具体存在的问题及改善措施如下:

1)改十字形平面交叉口为两个错位的T形平面交叉口,如图6.15所示,这种改善方法可以减少平面交叉口的冲突点,是冲突点的数量由32个减少到18个。在一个直行车辆很少,且经常有很严重冲突产生的十字形路口可以采用这样的改善措施。Hanna等通过研究表明,两个T形平面交叉口的事故率约为一个十字形平面交叉口的43%。在使用这种改善对策时,要注意两个T形平面交叉口的间距要足够长,以防止左转车辆没有足够长的等候区,影响对向道路的车辆行驶。

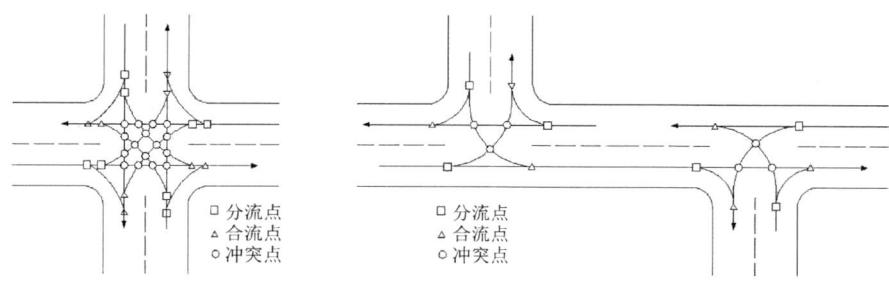

图6.15 十字形平面交叉口改为双T形平面交叉口冲突点的变化

2)改小角度斜交平面交叉口为大角度或正交。《公路工程技术标准》(JTG B01—2014)中指出:平面交叉口路线应为直线并尽量正交,当必须斜交时,交叉角度应大于45°。平面交叉点前后各交叉公路的停车视距长度所构成的三角形范围内,应保证通视。安全起见,在实际的平面交叉口建设中,应使平面交叉口角度尽量保持在75°~90°,条件受限时,可以接受60°的交叉角度;但是一旦平面交叉口交叉角度小于60°,平面交叉口的通行距离和冲突区域变得很大,将会导致更多的交叉冲突产生和增加冲突的严重性,如图6.16所示。

图6.16 平面交叉口交角较小

3)把两个近距离T形平面交叉口合建为一个十字形平面交叉口。对于两个T形平面交叉口,当错位道路上有大量直行车辆或因为转弯车辆运动产生大量交通冲突时,改善平面交叉口交通安全最好的方法是把这两个近距离的T形平面交叉口合并,建成一个十字形平面交叉口。

4)若遇到畸形平面交叉口,或多路交叉平面交叉口,或车种单一的郊区干道平面交叉口的,可将平面交叉口改建为环形平面交叉口。但是对于非机动车或行人较多,或坡度较大的平面交叉口不适合设置环形交叉口。

(2)车道设置

部分平面交叉口车道分布不合理,没有为较大左转或右转交通量设置专用车道,或者设置了专用车道,但是长度太短或太长,太短容易导致交通冲突,太长容易使直行车误入左转或右转专用车道;部分直行道平面交叉口数量太多等问题。为了改善这些问题,美国《道路通行能力手册》(2000版)指出:当左转车流量大于或等于100辆/h时,应该设置左转专用车道;若其超过了300辆/h,应设置两条左转专用车道;另外,如有左转相位时,也应该设置左转专用车道。对于已经设置了左转专用车道的平面交叉口,由于近期左转车流量发生了变化,等待区长度已经不能满足要求,应将现有左转车道进行加长处理。此外,当左转车辆对直行车辆产生了较大影响时,为了改善平面交叉口的交通安全性,应增加右转专用车道,当一条右转车道不能满足右转交通量的要求时,也可以增加其数量。为了减少转弯车辆汇入平面交叉口出口道时与其他车辆之间的速度差,可以设置转弯加速车道。对于直行车辆增加较多的平面交叉口,可以增加直行的辅助车道。直行辅助车道适用于道路路段有足够通行能力,但是平面交叉口通行能力不足的情况。

(3)渠化和视距

1)渠化

渠化交通的主要作用就是保证行车安全,可以利用分车线或分隔带、交通岛等,把不同行驶方向和速度的车辆划分车道行驶,使行人和驾驶员很容易看清互相行驶的方向,避免车辆相互侵占车道和干扰行车路线,因而可以减少交通冲突产生的机会,进而减少交通事故发生的可能性。典型交通渠化如图6.17所示。

图6.17 渠化交通示意图

渠化设计应尽可能简单明了,过于复杂的设计反而会降低平面交叉口的安全性和处理交通流的能力;导流路的宽度要适当;导流岛的面积要大些,数量要少些,避免设置数量很多的小岛;设计时应尽量避免使交通流的分流、合流集中于一点,避免使驾驶员进行复杂的判断后才能通过;应使驾驶员清晰地看到交通岛的存在,在岛的端部及曲线部分不设其他设施,也可以考虑同时使用交通标志、道路标志和照明设施。总之,平面交叉口渠化应尽可能适合人们的习惯,减少使用者的操作负担。

2) 视距

平面交叉口一定要有足够的视距,使驾驶员能够在距离冲突点一定距离处做出决策,帮助驾驶员提高反应能力。对于无信号控制平面交叉口,视距在很大程度上决定驾驶员的最后决策。视距对于无信号控制平面交叉口来说,是交通安全的重要保证。在我国的道路设计中,常用视距三角形来表示平面交叉口的视距,如图 6.18 所示。《道路设计资料集:交叉设计》中推荐的公路平面交叉口视距如表 6.23 所示。

表 5.23 公路平面交叉口视距值

计算行车速度/(km/h)		100	80	60	40	30	20
停车视距/m	一般值	160	110	75	40	30	20
	极限值	120	75	55	30	25	15

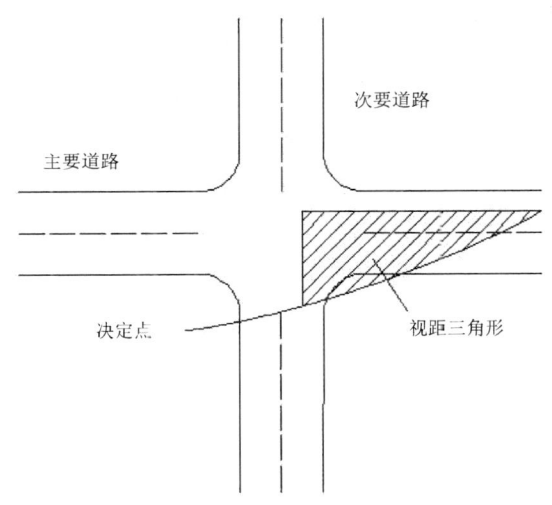

图 6.18 平面交叉口的视距三角形

在我国,平面交叉口不能满足视距条件的主要原因是视距三角形内有各种障碍设施的遮挡。遮挡视距主要有三种:第一是建筑,第二种是植物,第三种是广告牌等商业设施。为了保证平面交叉口处有足够的视距,应对遮挡平面交叉口视距的不利因素进行清除。在美国,要求在视距三角形内的植物高度不高于 0.6 m。

(4) 竖向设计

在平面交叉口竖向设计过程中,在满足规范要求的情况下升高平面交叉口中心高程,降低四个出口方向的高程。这样做既可强制降低驾驶员驶入平面交叉口时的速度,又可保证平面交叉口范围内排水通畅,同时避免平面交叉口内纵坡扭曲(图6.19)造成的行车不适感,提高平面交叉口通行能力,降低事故发生率,可谓一举数得。

图6.19　环形平面交叉口纵坡扭曲

6.3.1.2　交通控制

交通控制可分为交通信号、标志和标线三种交通设施,对这三种交通控制设施不合理的地方进行改善,能够减少交通冲突的产生,提高平面交叉口交通安全性。

(1)交通信号

交通信号控制可以为平面交叉口所有的使用者提供安全通畅的交通流。如果交通信号通过工程研究证明设置时合理的,并且能够得到及时维护,就能减少事故率,特别是追尾和行人事故。对于平面交叉口,交通信号控制的主要改善对策包括以下内容:

1)在无信号控制平面交叉口设置信号控制

安装交通信号灯能够减少平面交叉口交通事故的严重性和频繁性,但不能解决所有形式的事故问题。在美国密歇根州针对67个新信号灯进行的研究发现,总的事故率降低了15%,受伤率减少了7%,直角事故减少了52%,其他事故降低了32%;而左转事故增强了75%(主要原因是这些信号灯没有提供专用左转相位),追尾事故增加了64%。

2)将信号控制平面交叉口改为无信号控制平面交叉口

还存在这样一种情况,即一些平面交叉口在前段时期需要利用交通信号控制来改善平面交叉口的交通安全性,到现阶段可能不再需要交通信号的控制,这时就可以考虑移除次平面交叉口的信号灯装置。

3)调整信号周期时长和绿信比

一般来说,信号周期的长度应该在60~120 s,对于车速较低的地区,可以使用短一点的信号周期;而对于车行道较宽,且交通量较大的平面交叉口,可以使用长信号周期。除了要考虑道路车辆和行人等交通量的不断变化外,交通延误也是信号周期和绿信比(绿信比指交通灯一个周期内可用于车辆通行的比例时间,即某相位有效绿灯时间和周期时长的比值)计算要考虑的因素。这些因素会随着时间的变化而发生改变,因此,周期和绿信比的计算要根据现阶段的交通现状进行定期调整。

4)调整平面交叉口清场时间

信号变化时,要使到目前为止具有通行权利的车辆既安全又平滑地停止,为此所需要的时间为清场时间,一般由黄灯时间或黄灯和全红时间构成。清场时间的值应按驶入平面交叉口时的速度和平面交叉口的跨度来计算。黄灯时间的设置应该确保车辆在接近或进入平面交叉口后能够安全平稳地通过平面交叉口并且进入出口的车道。全红时间可以减少 15%~30% 的交通事故;增加黄灯时间的长度可以减少 15%~30% 的交通事故;而全红时间和增加黄灯时间的长度可以减少 15% 的交通事故,并且可以减少 30% 的直角碰撞事故。黄灯时间值一般为 3~7 s,我国道路平面交叉口的黄灯时间大都设置在 3 s,而且在这种情况下并没有设置全红时间,使很多车辆在平面交叉口内遇到红灯,与对向驶出的车辆造成严重冲突,极易引发交通事故,因此,应该根据需要计算调整我国公路平面交叉口的黄灯时间和设置全红时间。

5)取消平面交叉口夜间的信号显示,采用闪烁灯的模式

在平面交叉口交通量非常少的时间段内可以取消平面交叉口的信号显示,采用闪烁灯的模式。闪烁灯的模式一般有两种:一种是红-黄模式;另一种红-红模式。红-红模式应用在平面交叉口入口的交通量相当的情况,相当于全路停车的控制方式;而红-黄模式应用在平面交叉口主要道路交通量较大,而次要道路交通量很小的情况下,相当于两路停车控制方式。

有关研究表明,采用这种改善对策后,与改善之前的时间段相比,直角碰撞事故减少了 78%,在此时间段的所有事故减少了 32%。

6)设置左转相位

在平面交叉口车辆运行过程当中,左转车辆对交通的影响最大。可依据实地情况设置信号控制措施;对已有信号控制的平面交叉口,可在信号周期中开辟独立的左转信号相位,这样虽然降低了左转车辆的冲突率,但也同时降低了平面交叉口的通行能力。为了最大限度地减少左转车辆通过平面交叉口的时间,提高平面交叉口通行能力,在交叉面积较大的平面交叉口渠化设计过程中,可以设置左转弯待转区(图 6.20、图 6.21)。设置左转弯等待区主要是利用直行车通行期间,在不影响直行车通行的情况下让左转车提前进入左转弯待转区,相当于左转车辆已经完成了部分左转,减少其在一个信号周期中需通过的距离,提高了左转车辆的通行率。

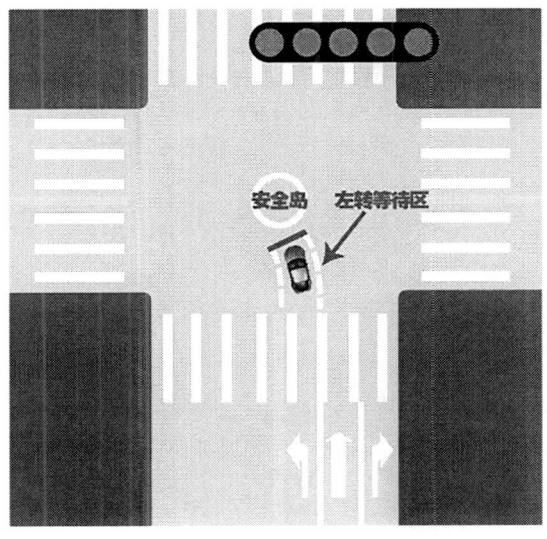

图 6.20　左转等待区仿真示意图

图 6.21　左转等待区在平面交叉口中的实际应用

大量实践证明,间接左转设计法能使平面交叉口正面事故减少 80%,右侧直角相撞事故减少 60%,大大提高了平面交叉口的安全性。间接左转设计图示意如图 6.22 所示。

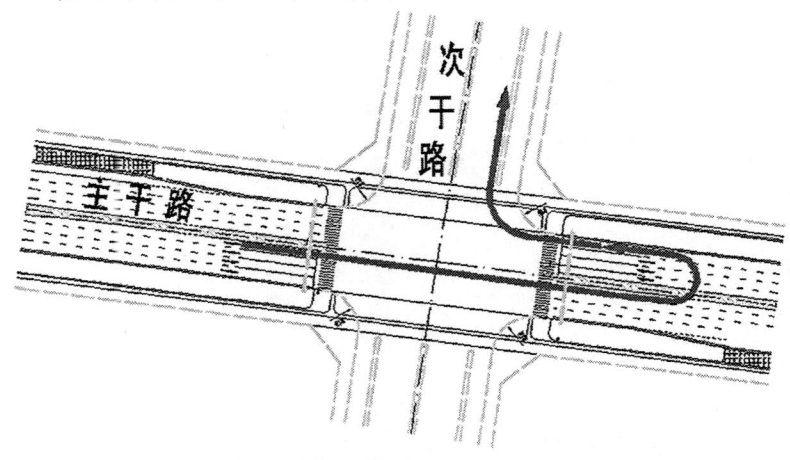

图 6.22　间接左转设计图示意

7)提高交通信号的可视性和显著性

主要的措施包括以下几种:

①在每个车道均设置交通信号灯头,提高信号的可视性;

②将立柱式信号灯改为悬臂式或悬挂式;

③在距离停车线较近的地方安装附加的交通信号灯;

④增加信号镜头的尺寸。

在每个信号装置中使用两个红灯信号开头;对现有信号装置安装遮光罩和后挡板。

(2)标志

在我国,交通标志分为禁令标志、警告标志、指路标志和道路施工标志四大类。道路交通标志是为了保障交通安全和通畅,用文字和图案向驾驶员和行人传递交通信息的交通安全设施,根据道路交通安全实践,有效、可靠地向驾驶员传递道路交通信息,不仅交通标志的设计应科学,而且交通标志的设置也是非常重要的环节,为提高平面交叉口的交通安全,通常使用的交通标志的改善对策如下:

1)设置悬臂式或悬挂式交通标志

在平面交叉口附近安装高架的道路名称标志,可以显著地提高所有入口车道驾驶员的可视性。在每个车道上方提供相应的指路信息可以使驾驶员在平面交叉口前方驶入正确的车道,减少在平面交叉口突然变换车道的频率,同时,减少变换车道时带来的碰撞。

2)增大标志的尺寸

大尺寸的交通标志可以有效提高标志的可视性和显著性,对于改善平面交叉口交通安全有很大的益处,特别是在有很多外地驾驶员行驶的道路上。

3)在平面交叉口前方设置指路标志和平面交叉口警告标志

前置的指路标志可以帮助驾驶员在到达平面交叉口前选择行驶方向,提高驶入正确的车道,减少平面交叉口频繁变换车道,避免引起车辆间的冲突。另外,在平面交叉口前方设置警告标志可以提醒驾驶员注意前方平面交叉口的存在,在视距不良的平面交叉口,这项改善措施可以有效地改善平面交叉口的交通安全性,如图6.23所示。

图6.23 平面交叉口标线损坏严重且无标志标牌

4)在同一入口的两侧,重复安装相同的标志

在平面交叉口多车道的入口上,在内侧车道上驾驶员的视线可能被相邻车道上的车流阻挡。因此,在道路入口两旁都安装标志可以对交通安全带来很大的益处。研究显示,在一些地方重复安装两个标志可以减少30%~40%的交通事故。

5)采用反光材料,提高交通标志的夜间可见性

平面交叉口处经常有很多遮挡视线的障碍物,因此重要的交通控制装置一定要能吸引驾驶员的注意。通过增加标志的反光性,重要交通标志可以在夜间具有更好的可视性。如在阳光充足的地区,可在平面交叉口附近采用太阳能交通标志,这样既节省能源又能够提高夜间交通标志的可视性,如图6.24所示。

图 6.24 太阳能人行横道提示标志

6)设置平面交叉口限速标志和道路减速装置

随着车速的提高,驾驶员可以支配的时间明显减少。当观测和判断的时间少了,驾驶员做出错误决定的可能性就会相应增加,从而导致交通事故发生的可能性变大。而且也会减少驾驶员采取避让措施(刹车或转弯)的时间和距离。因此,进行速度控制对于无信号控制平面交叉口十分重要,除了通常使用的限速标志外,还可以将道路表明划成沟槽盒使用高出地面的使车辆产生颠簸的减速装置,如图 6.25 所示。

图 6.25 减速振动带

7)自行车安全设施

目前,过境城镇段的公路并未在与城镇道路的平面交叉口处设置自行车等待区或自行车专用车道,更无其他一些明显的区别标志,这就增加了城镇内自行车使用者在通过平面交叉口时的随机性和危险性。所以,对自行车比较多的平面交叉口应开辟自行车专用车道,设置自行车等待区,并用较为醒目的颜色(如蓝色)标志自行车行驶区域和路线,以提高机动车驾驶员的警惕性,减少发生交通事故的可能性,如图 6.26 所示。

图 6.26　平面交叉口范围内的自行车标志

随着越来越多的居民使用电动车,为自行车、电动车开辟专用车道越发必要。设置自行车专用车道的难点在于自行车车道与直右行车道的冲突。要解决这个难题,除采用交通标线、标志外,还需要加强大众的交通安全教育,提倡机动车避让行人、非机动车辆。

(3) 标线

改善交通标线方面常用的措施包括:

1) 设置道路中线、车道导向和车道分界线。道路中线可以分隔对向车流,防止车辆之间发生正碰,车道导向标线和车道分界标线可以使车辆各行其道,防止车辆的自由运动。

2) 使用大尺寸的路面标线。大尺寸的路面标线可以提高道路标线的显著性和标线的引导性。

3) 人行横道的设置。由于我国施工方法和材料等因素限制,造成人行横道线不明显,驾驶员进入平面交叉口时容易忽略标线从而容易导致与行人的冲突,造成交通事故。故建议作如下改进:

① 平面交叉口范围内设置较为明显的人行道指示标志。公路经过城镇段时与城镇道路相形成平面交叉口,驾驶员往往容易忽略城镇行人,没有及时减速慢行,从而造成交通事故的发生,经调查,我国城镇段公路平面交叉口交通标志很不完善,大多缺少必要的指示性标志。建议在这些平面交叉口范围内设置颜色鲜明的标志牌,如图 6.27 所示。

图 6.27　人行道指示标志

②为增加驾驶员对人行横道线的敏感性,可采用比较鲜艳(如红色、黄色等)的材料来铺设人行横道,如图 6.28 所示。

图 6.28　黄白相间的彩色人行横道标线

③平面交叉口区域可以用彩色(如红色)、强度高的砖铺砌(图 6.29);把人行横道线及停车线前的区域做成有凸纹的地表,使进入平面交叉口的车辆强制减速,减少车流制动的距离。

图 6.29　彩色平面交叉口区域

④使用突起反光的路面标线。反光的凸起路标可以大大增加夜间和光线不足情况下地面标线的可见性。一般的反光性标线由于道路积水,反光性会下降,安装突起的反光路标是非常有用的。

6.3.1.3　交通环境

在个别交通量大、交通秩序混乱、交通环境复杂的公路平面交叉口,行人和机动车、自行车和机动车、机动车和机动车冲突频繁,车速较高,平面交叉口停车现象普遍,公路街道化现象严重,照明条件不够,路面平整度和抗滑性不好,排水不通畅等也是交通事故产生的重要原因,如图 6.30 所示。

图 6.30 复杂的交通环境

为了保证交通安全,改善交通秩序,提高通行能力,可以对此平面交叉口进行交通管制,为行车提供一个良好的交通环境。如为了减少车辆与行人和非机动车辆之间的冲突,可以禁止车辆在红灯时右转;对于道路狭窄且路网密度比较大的地方,可以在一些道路上使用单向交通,减少与对向行车的可能冲突,在平面交叉口上减少大量冲突点。另外良好的地面抗滑性、平整性、具有足够的排水设施和良好的照明设施,也可将降低平面交叉口事故率。

6.3.2 城镇化公路平面交叉口安全措施适应性评估模型

6.3.2.1 评估方法和模型

传统对城镇化公路平面交叉口安全评价采用的是事故率法模型,事故率法模型是简单地进行事故分析的良好方法,但是与现今复杂的交通状况已不适应,因此,本研究采用交通冲突技术进行道路平面交叉口安全评价,这种评价方法指标采用冲突率,即当量交通冲突数与混合当量交通量之比(PTC/MPCU)来评价一个平面交叉口的相对安全水平可以有效地提高效度及信度水平。

6.3.2.2 评估实例

(1)平面交叉口概况

平面交叉口位于陕西西安市郭杜镇韦郭路与文苑路交叉处,距西北政法大学南郊分校和长安博物馆较近,平面交叉口附近新建小区众多,交通量较大,公交车较多。在未来这里将是交通流密集处,现在的平面交叉口设施将难以满足未来需求。该平面交叉口为信号灯控制的十字平面交叉口,无左转控制,见图6.31,信号配时情况见图6.32。

(2)调查数据

2010年11月,对韦郭路与文苑路平面交叉口进行了实地调查,调查时间覆盖了早高峰期和晚高峰期时段。调查方法采用现场摄像、室内观看的方式进行。调查数据包括平

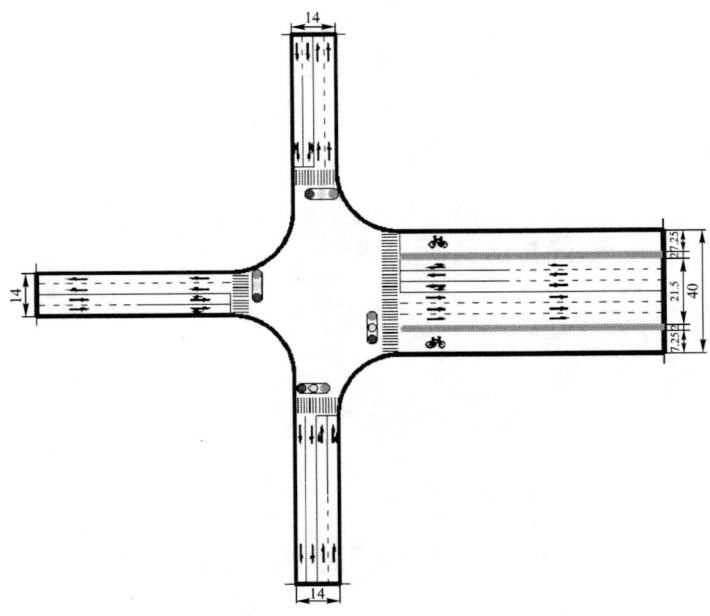

图 6.31 韦郭路与文苑路平面交叉口的几何尺寸示意图

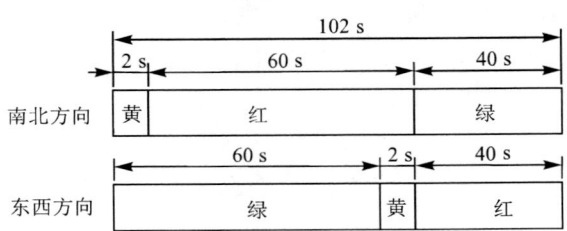

图 6.32 韦郭路与文苑路平面交叉口信号配时情况

面交叉口的道路几何条件、机动车交通量、交通冲突和驾驶员行为等,其中道路几何条件、机动车交通量和交通冲突调查数据分别见表 6.24、表 6.25、图 6.33,韦郭路与文苑路平面交叉口调查数据的处理结果见表 6.26。

表 6.24 韦郭路与文苑路平面交叉口的几何条件

进口道名称	东	南	西	北
道路功能等级	主要集散公路	次要集散公路	主要集散公路	次要集散公路
地形	平原	平原	平原	平原
坡度/%	0	1	1	0
进口道车道划分	2	2	2	2
出口车道数量	2	2	2	2
车道宽度/m	3.75	3.75	3.75	3.75
路面类型	沥青	沥青	沥青	沥青

表 6.25 韦郭路与文苑路平面交叉口的交通冲突数据汇总表

时段	东	南	西	北	总计
9:00~10:00	6	15	18	11	50
10:00~11:00	7	17	11	8	43
14:00~15:00	8	11	10	7	38
15:00~16:00	10	13	11	9	41
16:00~17:00	9	12	14	11	46

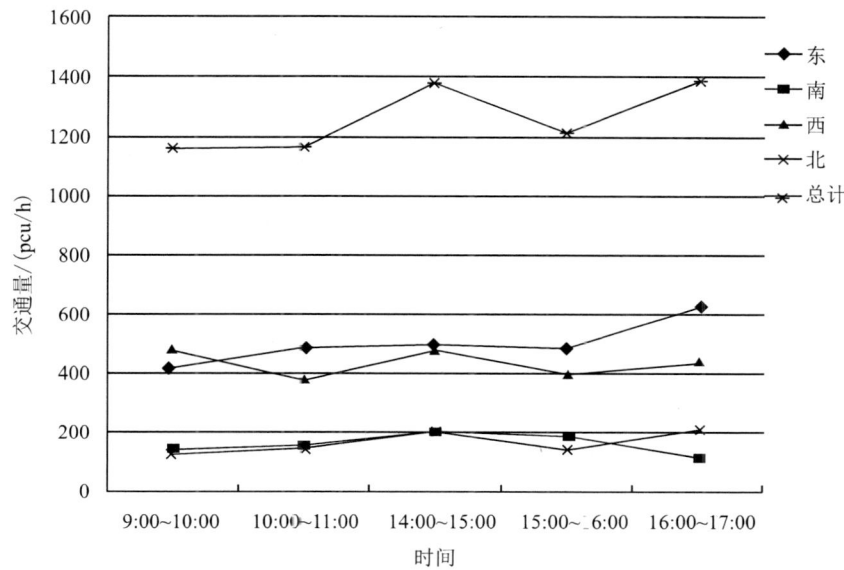

图 6.33 韦郭路与文苑路平面交叉口交通量分布情况

表 6.26 韦郭路与文苑路平面交叉口调查数据的处理结果

进口道名称	X	T_2	T_3
东	0.72	0.70	0.14
西	0.66	0.79	0.04
南	0.22	0.61	0.29
北	0.24	0.71	0.06
合计	0.46	0.70	0.14

(3) 安全评价

根据信号控制平面交叉口交通流运行特征各指标与交通冲突率之间的关系,得出综合影响系数 $L_{13}=0.82$,参照安全等级的划分标准,该平面交叉口的安全等级为 C 级,安全程度为不安全。

结合对平面交叉口的实地调查分析,建议采用以下交通安全改善措施:

1) 完善道路交通标志标线。
2) 设置车道导向线。

3）设置专用的左转车道。

4）设置专用的左转相位，并在平面交叉口范围内设置了左转等待区。

6.3.2.3 方法比较

基于交通安全度的评价方法主要内容包括平交口冲突类型的分析、观测样本量的确定、观测时间和地点的选取、数据分析和处理、分析模型的建立及安全等级的划分等。所以此种方法需要实地的调查数据，由于浙江城镇化公路平面交叉口事故统计资料和交通冲突数据完善，所以采用了基于交通冲突的安全度的交通安全评价方法。该评价方法的广泛推广对改善我国城镇化公路平交口交通安全状况具有重要的积极作用。

6.4 城镇化公路平面交叉口交通安全措施的计算机仿真研究

6.4.1 VISSIM 仿真软件简介

VISSIM 是德国 PTV 公司研究开发的产品，它是一个离散随机、以十分之一秒为时间步长的微观仿真软件。在仿真过程中，车辆的纵向运动采用了心理-生理跟驰模型，横向运动（车道变换）采用了基于规则的算法。将不同驾驶员行为的模拟划分为保守型与冒险型。

VISSIM 交通仿真软件通常用于交通系统的各种运行分析。该软件系统能分析在车道类型、交通组成、交通信号控制、停让控制等众多条件下的交通运行情况，具有分析、评价、优化交通网络、设计方案比较等功能，是分析许多交通问题的有效工具。

（1）VISSIM 仿真软件的基本思路

VISSIM 采用的核心模型是 Wiedemann 于 1974 年建立的生理-心理驾驶行为模型。该模型的基本思路是：一旦后车驾驶员认为他与前车之间的距离小于其心理（安全）距离时，后车驾驶员开始采取减速措施。由于后车驾驶员无法准确判断前车车速，后车的车速会在一个时间段内低于前车车速，直到前后车间的距离达到另一个心理（安全）距离时，后车驾驶员开始缓慢地加速，由此周而复始，形成一个加速、减速的迭代过程，见图 6.34。

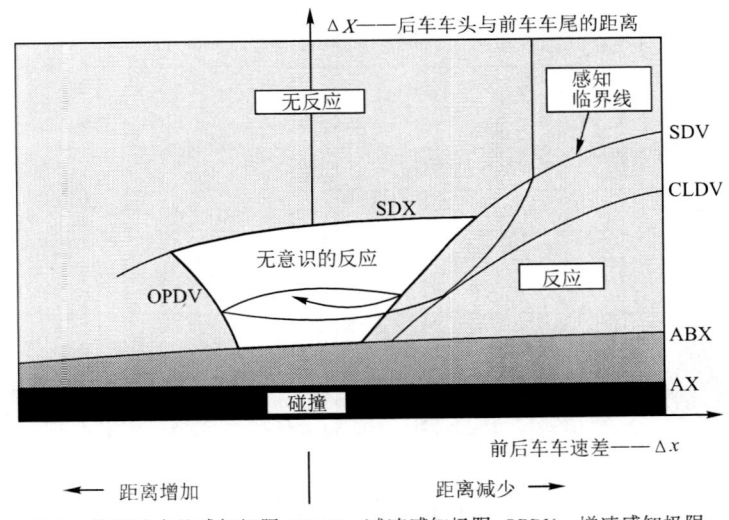

SDV—接近速度差感知极限；CLDV—减速感知极限；OPDV—增速感知极限；
SDX—最大跟驰距离；ABX—最小跟驰距离；AX—期望提车距离

图 6.34 VISSIM 中的跟车模型（Wiedemann，1974）

(2) VISSIM 仿真软件的配备模块

VISSIM 软件包含所有信号灯配时的模拟,公交专用道的模拟,以及行人、自行车的模拟。此外 VISSIM 可以模拟具有各种交通控制形式的平面交叉口,其中包含具有让行标志、停行标志、信号灯控制以及上述三种形式结合使用的平面交叉口。

VISSIM 软件能够在模拟后输出一系列的计算指标参数结果,便于工程师对设计的方案进行比较和评价。

VISSIM 可以提供四维的动画。"四维"指的是把三维的路网和车辆与时间再结合起来。这个功能使得用户可以以 AVI 的格式生成符合实际情况的录像片段,因而为项目的交流演示提供了一个非常出色的工具。VISSIM 还可以把航拍图片和 CAD 文件作为仿真的背景文件。

VISSIM 软件从 4.0 版本开始已经完成汉化工作,在该软件中,用户可以自由选择软件工作语言,用户可以随意切换中文和英文环境。

除此之外,还有三个附加模块:

1) 动态分配模块。该模块可以通过 OD 分配,在 VISSIM 中给出动态分配的路径选择,而不是静态的通过定义给出静态交通流路径。

2) 感应模块。该模块可以通过检测器的设置,根据流量的不同,来设置感应式信号灯或交通控制。还可以模拟停车场的停车状况。

3) V3DM 模块。用户可以通过该模块,建立自己的 3D 车辆模型或是建筑模型导入微观仿真软件,从而使得 3D 模拟的效果更加逼真。此外,运用该模块,用户还可以把在 3DMAX 中建立的 3D 模型转换成 VISSIM 可以读取的文件。

值得说明的是,VISSIM 本身也带有一套 3D 模型的数据库,含有各种车辆模型和树木房屋等模型文件。

(3) VISSIM 仿真软件的新功能概述

随着计算机领域对道路交通的不断深化,VISSIM 软件也在不断改良改进,VISSIM 软件为 5.0 版本具有以下几点全新功能,现列举如下,为今后道路交通领域的研究提供良好的改进措施。

1) 冲突区域(conflict areas)

冲突区域是取代优先规则(priority rules)的一个新的方式,它可以定义有优先通行权的平面交叉口。事实上我们希望该功能在大部分情况下可以取代优先规则,因为它更容易定义,车辆的行驶行为也因此更加与现实相符。

在 VISSIM 中如果两个路段有重叠,就自动生成了一个冲突区域。对于每一个冲突区域,用户可以选择有优先权的冲突路段或者是否该区域是非激活的,也就是说根本不影响车辆。在许多情况下,不需要进一步的编辑。

定义驾驶行为,即驾驶员计划如何通过该冲突区域。没有优先通行权的驾驶员观察主流向的车辆,然后决定哪一个时间间隔他会进入冲突区域。接下来他会计划在下几秒的一个加速的曲线,保证他能通过该区域,同时他还会考虑在冲突区域后面的交通情况:如果他知道由于其他车辆,他必须停车或是减速,他就会计算更多的时间来通过该区域或者决定根本就不进入。他甚至要预测在冲突区域后面的车辆行为,评估该车辆会加速还是减速。

在主流向的车辆同样对冲突区域有所反应:如果有冲突的车辆由于驾驶员的乐观估计没能及时通过冲突区域,那么主流向的驾驶员将刹车甚至停车。如果由于上游的信号灯,在冲突区域里有车队,则在主流向的车辆就不会停在冲突区域内,以防止发生平面交叉口堵死。通过让主流向的司机做一个与非主流向的司机类似的过路口计划,可以在VISSIM 里实现这些实际行为。

因此,通过控制驾驶员行为,冲突区域可以取代以前的一些优先规则组合。但是最根本的进步在于可以模拟驾驶行为中的行车计划,这样,VISSIM 模拟的驾驶员行为更加与实际相符。

2) VISSIM 分析器 The VISSIM Analyzer

从 VISSIM 4.3 开始,第一个带有 VISSIM 分析器功能的版本面世了。该工具可以帮助用户更有效地处理和得到直接可用在报告中的仿真评估结果。分析器可以从一个数据库中收集一次或几次仿真得到的数据。仿真结束后,用户可以选择他所需要的评估类型以及需要评估的路网。结果就会被相应地过滤出来,根据报告的要求自动在 Excel 里生成表格,用户可以直接剪切插入自己的汇报文件中。同时分析器还提供 PDF 的输出文件或 XML 文件。

分析器一个非常方便的功能是可以收集多个采用不同随机种子的仿真结果,来计算他们的平均值和方差。

3) 内部的 COM 编程 Internal COM Scripting

在这次新的版本中,VISSIM 的 COM 编程界面里又添加了一些额外的功能命令,比如改变 3D 物体的状态,通过程序获得信号灯组的状态,或者获得周围的车辆。VISSIM 4.3 提供了一个新的运行 COM 编程文件的方法。在主菜单下,提供了一个 Script 的菜单,允许用户在 VISSIM 环境中打开 Visual Basic 或者 Python 的编程文件。该功能大大加快了运行速度,无需要求用户创建 VISSIM 对象或者打开路网文件。该编程文件可以在 VISSIM 窗口中的当前模型里运行。

4) 输入到高性能图像软件 Export to High-End Graphics Package

VISSIM 一个很棒的新功能就是它的 3D 仿真,因为它是一个交通工程师与决策者和市民交流的媒介。为了得到更逼真的录像效果,一些用户已经开始把 VISSIM 的仿真结果输入到专业的图像软件,在这些专业的软件中合成最后的结果。

VISSIM 4.3 提供了一个新的功能,使用户更容易完成该任务:您可以把路网数据文件和车辆轨迹文件存储到一个 text 文件,然后把该 text 文件导入 3DS MAX 文件。我们提供一个 Autodesk 的编程文件,可以把以上文件导入到 3DS MAX 中。

5) 其他 Miscellaneous

节点评价的原始数据可以根据用户的选择保存在一个 *.knrw 文件或一个数据表里。文件中的每一行记录了每一辆到达节点出口处的车辆信息。

6.4.2 仿真结果分析

本书以绍甘线与西上线的无信号控制 T 形平面交叉口为例,运用 VISSIM 仿真软件对前文提出的改善措施进行模拟,以验证其有效性。

6.4.2.1 速度统计分析

这里的速度是指仿真过程中某时间段时刻某车辆在环道内的行驶速度。经分析统计绘制的曲线如图 6.35 所示。

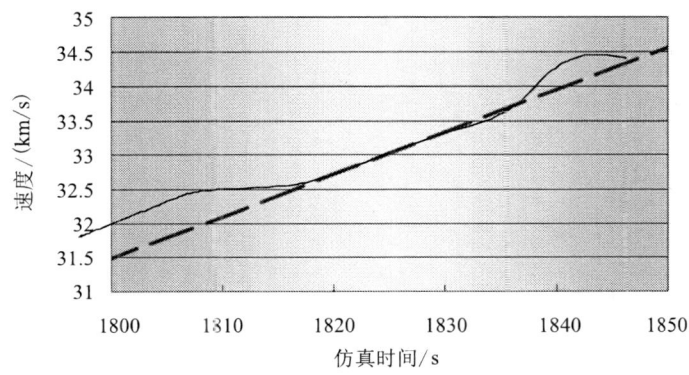

图 6.35　仿真时间 1800~1850 s 速度分析

图 6.35 中横坐标为仿真时间,实线为仿真时间 1800~1850 s 车辆的速度,虚线为速度的变化趋势。可以看出,车辆在增加了改善措施的平面交叉口范围内行驶过程中速度没有中断,也没有很大程度的突变,始终维持在 33.5 km/h,低于该路段实测的小客车 $v_{85}=44$ km/h(通过对该平面交叉口高峰期 90 min 录像,室内观测整理分析得到的 v_{85}),由于在信号周期中开辟了独立的左转相位,并在平面交叉口范围内设置了左转等待区,当左转车辆在左转等待区内排队时,当东西方向直行红灯时,东西方向左转车辆与南北方向直行、右转车辆同时通过平面交叉口;当南北方向直行红灯时,南北方向左转车辆与东西方向直行、右转车辆同时通过平面交叉口。这样的交通配时使得车辆在通过平面交叉口过程中消除了左转车辆与对向直行车辆的转弯冲;左转等待区的设置提高了左转车辆通过平面交叉口的效率,解决了交叉中最凸显的左转问题。因此从交通冲突角度上来看,本研究针对该平面交叉口提出的安全措施是行之有效的。

6.4.2.2　交通仿真分析结论

我们使用 VISSIM 软件进行交通安全相关措施仿真,通过建立模型,利用软件进行分析,得出以下结论:

本研究提出的安全措施可以保证车辆在一个时间序列内的交叉冲突减少,通过减少交通冲突,提高左转车辆通过平面交叉口的效率,来提高道路安全性,因此,本研究提出的安全措施从交通仿真来看是行之有效的,显著提高了平面交叉口的安全水平。

综上所述,根据 VISSIM 软件的方针结果,可以看出,本研究提出的交通安全措施是行之有效的,并且能够为现今道路交通领域提供一定的建设性意见与改进。

第7章 城镇化公路路侧安全保障技术研究

7.1 城镇化公路路侧安全概述

路侧是指位于道路的路肩外边缘与道路红线之间的区域。最近几年,路侧安全逐渐成为低等级公路安全的首要问题。

2004年交通部西部交通建设科技项目之一"公路路侧安全等级评估及防护方法研究"采集了大量详细事故数据,对低等级双车道公路(二级、三级和四级)的路侧事故规律进行了深入剖析。基于北京和贵州地区31条双车道公路(总里程约740 km)的事故资料统计显示:路侧事故数约占全部事故的25%,却造成了40%的死亡率和超过50%的重伤。我国70%的事故发生在二级以下的公路。其中由于路侧设计不良而造成的交通事故占到了交通事故总数的30%。这类交通事故数量多、危害大、严重威胁了人们生命财产安全。只有改善路侧安全设计,完善路侧安全设施,才能从根本上遏制群死群伤的路侧交通事故,减轻事故的严重程度。

城镇化道路一般多为双车道公路,其路侧事故一般具有以下特点:

(1)总体情况

据国内部分双车道公路的统计,路侧事故数约占全部交通事故的1/4,路侧事故与其他类事故相比,更具严重性。如图7.1所示,路侧事故数虽然仅占总数的1/4,但其中的死亡事故却占到了总死亡事故数的40%,重伤事故数占比超过50%。

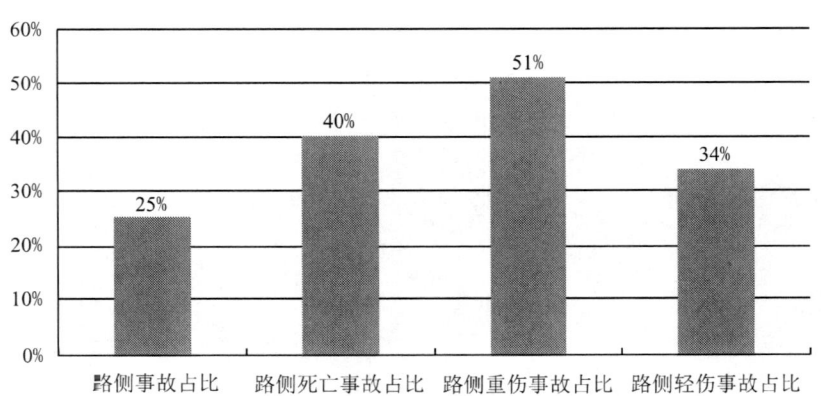

图7.1 路侧事故总体情况统计图

(2) 车型

从路侧事故的肇事车型分析,体现出了小客车和大货车占比高的特点,通常小客车占60%～70%。分析原因:小客车速度快,驾驶员在超车、会车或避险过程中,容易发生措施不当的事故,如打转向盘过度。另外,小车以较高速度通过湿滑路面时,也容易引起侧滑事故,另一方面,制动距离增大或制动失灵也是重载或超载货车发生此类事故的主要原因。需要指出的是,由于每条道路都可能在主要功能、线形条件、交通量、交通构成、路侧特征等方面存在差异,因此肇事车型构成也不尽相同。

(3) 事故等级

图 7.2 为路侧事故等级分类统计结果,就总体情况而言,路侧事故中轻微事故所占比重超过80%,可见路侧事故主体仍是轻微事故。

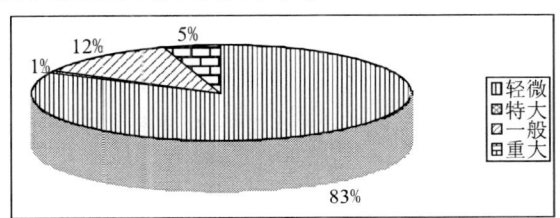

图 7.2 各等级路侧事故所占比重对比图

(4) 事故形态

从不同事故形态的路侧事故数来看,排在前三位的依次是撞行人、撞静止车辆和驶入边沟,比重超过10%,累计约占路侧事故总数的一半,此外,撞行道树、侧翻、撞挡墙(也包括路墩、路桩、隔离栅)的路侧事故比重也较高,均超过5%(图 7.3)。

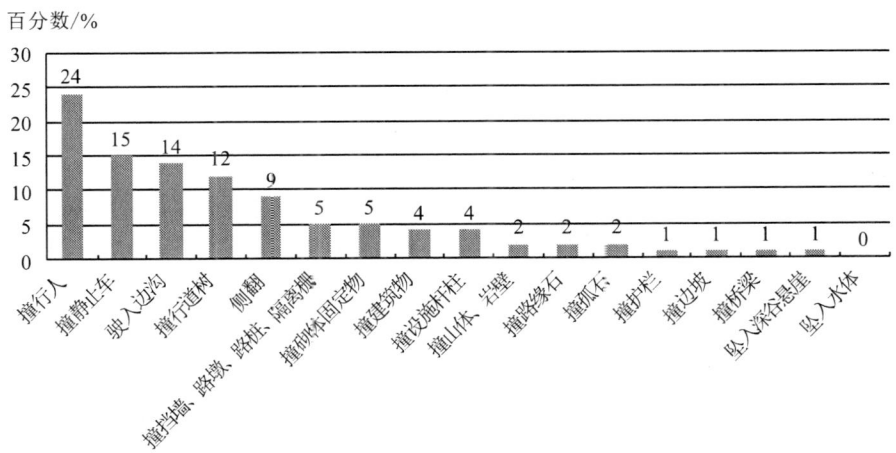

图 7.3 各种路侧事故形态之事故比重柱状对比图

从不同事故形态路侧事故的严重程度来看,最为危险的事故形态是撞人、驶入边沟和撞静止车辆,仅此三种形态的路侧事故造成的重、死亡人数就占70%左右,同时,它们所占的路侧事故数比重也是最高的。此外,撞行道树、侧翻、坠入深谷悬崖造成的伤亡也较多。坠入深谷悬崖的路侧事故虽然比重不足1%(图7.3),但由于这类事故多为群死群伤的重大、特大恶性事故,造成了4%的人员重伤和死亡,需要引起足够重视。

(5)驶出方向

从驶出方向角度分析,右侧事故约占2/3(图7.4),可见路侧安全改善的重点仍是右侧路肩以外的区域。

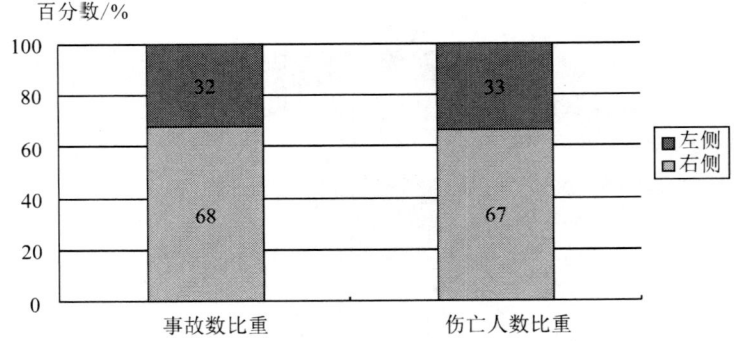

图7.4 左右侧事故次数及伤亡人数比重柱状图

(6)道路线形

从驶出路外处的线形条件来看,弯道占10%左右,占绝对比重的是非弯道(图7.5)。山区道路多弯,但统计结果并没有显示弯道处的驶出路外事故也相应较多,这在一定程度上说明:弯道处的路侧事故相对集中在少数,甚至是个别的弯道,这些弯道通常具有长直线接小半径、下坡连续弯,或是超高及缓和曲线设置不当的特点。

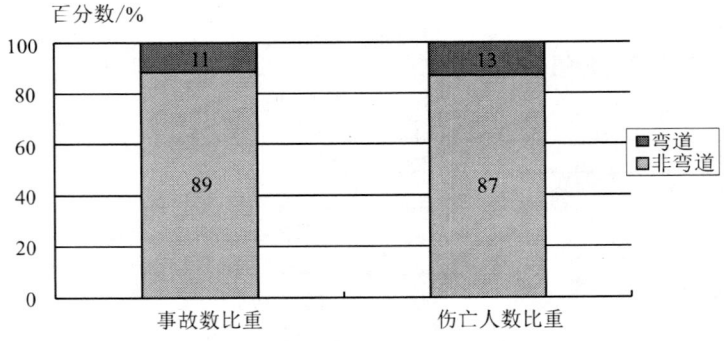

图7.5 弯道/非弯道路侧事故次数及伤亡人数比重柱状对比图

7.2 城镇化公路路侧安全影响因素

7.2.1 道路线形

路侧安全对车辆的影响首先表现在道路几何特征上,平曲线与纵坡对侵入路侧的事故车辆有明显的影响。P. H. Wright通过对美国佐治亚州超过300个与固定物相撞的死亡事故进行曲率、超高、坡度、障碍物与道路距离等的分析,得出车辆侵入路侧事故率与平曲线、纵坡之间的关系。发现有26%的事故路段是处于曲率大于6°,且具有大于2%的下坡坡度的路段,50%以上的死亡事故发生在或靠近曲率大于6°(不考虑坡度)。98%的事故是由于障碍物位于距道路边缘50英尺(15 m)的距离内,事故率最大的是伴随着路侧障碍物并且曲率大于6°的路段,尤其是那些同时具有陡于2%的下坡坡度的路段。平曲线曲率与车辆侵入路侧事故的关系见图7-6。

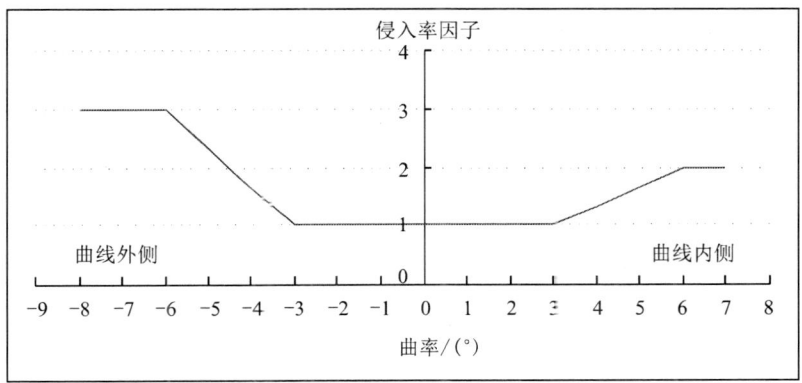

图7.6 平曲线曲率与车辆侵入路侧事故的关系

此处曲率(Cur)是一个变量,代表圆曲线的弯曲程度,是曲线上100 m的长度所对应的圆的中心角的度数。曲率越大,代表曲线越弯曲。

$$\mathrm{Cur} = \frac{100}{2\pi R} \times 360°$$

将上述公式转换为半径 R 与侵入率因子的关系式,如图7.7所示,可知在平曲线半径为1900 m以上曲线对路侧事故侵入率没有影响,而当半径减小时,侵入率因子也相应增大,固定物在曲线外侧时,半径小于900 m时,侵入率因子为4,固定物在曲线内侧时,半径小于900 m时,侵入率因子为2,因此在路侧环境较差的情况下应尽量保证平曲线半径在900 m以上。关于纵坡坡度对路侧安全的影响,当下坡路段坡度大于2%时,路侧侵入率因子就相应增大(图7.8)。

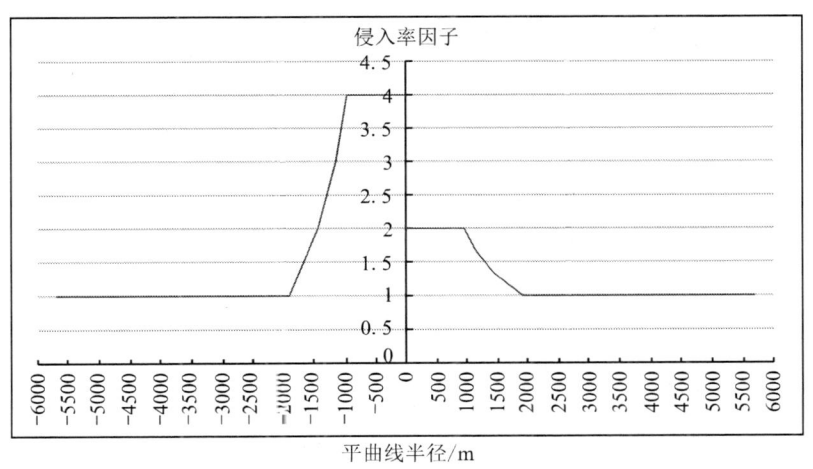

图7.7 平曲线半径与侵入率因子的关系

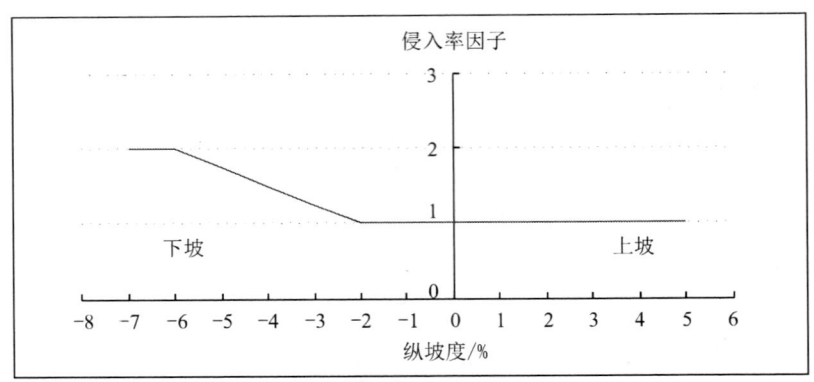

图 7.8　纵坡坡度与车辆侵入路侧事故的关系

图 7.9 为线形不佳的路段，此处半径为 251 m 的小半径曲线，前后为大半径曲线（约 430 m）和长直线（840 m）路段，弯道内侧有建筑物，视距不良，在此路段多次发生死伤事故，事故发生时间集中在早 5:00~7:00 和晚 16:00~20:00 视线不良时段。而图 7.10 中路段处在一个小半径暗弯曲线，弯道内侧视距不足，目前在弯道外侧设置有线形诱导标、凸面镜、波形梁及警示墩，但是在路段的甘霖至绍兴方向为连续下坡，车辆速度较快，尤其在阴雨天气路面绞滑时，很容易造成车辆失控情况。

图 7.9　线形不佳

图 7.10　视距不良

7.2.2　路侧净区宽度

路侧净区宽度，又称路侧可返回距离（roadside recovery distance），是一种理想的路侧安全环境，指车辆驶出路外后，能够驶回道路的最大距离，通常由路肩和缓和的边坡构成（一般情况，边坡要缓于 1:4）。由于地形条件以及车辆性能的差异，世界各个国家对于路侧净区的宽度都有不同的规定（表 7.1），我国高等级公路对于路侧安全距离有相应的要求，但是低等级公路则缺乏路侧净区宽度的相关规范要求。

表7.1 各国路侧安全距离

国家		路侧安全距离/m
法国(高速公路)		10
瑞士		10
荷兰		10
美国		9
英国		4.5
波兰		3.5
中国	高速公路	4.5
	一级公路	4.5
	二级公路	2.0

与国外相比,我国人口众多,土地资源相对不足,路侧净区得不到保证,尤其是城镇化公路,道路两旁多为建筑群,路侧净区宽度不能达到理想要求。因此对于城镇化公路,路侧净区值要求应有所放宽。

表7.2给出的只是在选定的交通流、设计速度和边坡坡度条件下的路侧净区宽度建议值,在设计中需结合实际情况适当调整。如在显示连续碰撞概率较高的特殊位置,或发生同样事故较多的路段,可适当采用更大的净区宽度。平曲线外侧净区宽度的修正通常只有在历史事故表明需要修正,或现场调查表明增加路侧净区的宽度可以大幅减少潜在事故时采用,且增加路侧净区宽度的措施还要有经济性的考量。

表7.2 不同边坡坡度下的路侧净区宽度

设计速度/(km/h)	日均交通量/(辆/d)	前坡坡度			后坡坡度		
		≤1:6	1:5~1:4	1:3	1:3	1:5~1:4	≤1:6
≤60	≤750	2.0~3.0	2.0~3.0	2.0~3.0	2.0~3.0	2.0~3.0	2.0~3.0
	750~1500	3.0~3.5	3.5~4.5	3.0~3.5	3.0~3.5	3.0~3.5	3.0~3.5
70~80	≤750	3.0~3.5	3.5~4.5	2.0~3.0	2.5~3.0	3.0~3.5	3.0~3.5
	750~1500	4.5~5.0	5.0~6.0	3.0~3.5	3.5~4.5	4.5~5.0	4.5~5.0

城镇化公路路侧安全首要问题在于路侧净区不足,少有较缓的边坡。且城镇化公路沿线居民多,建筑物密集,在村镇、学校、企业等附近的一些路段上规划不合理,建筑物争夺道路空间(图7.11),导致路侧净区宽度变小,大大增加了不安全因素。一旦车辆驶出路外后,极易导致伤亡事故。

图 7.11 建筑过于靠近道路

7.2.3 路侧环境

(1) 穿越城镇

公路穿越城镇路段、建筑物密集区,行人和非机动车事故率通常很高,这主要是与行人不遵守交通规则、横穿道路有关。公路穿过城镇地段,交通往往比较复杂、流量较大,且街道化发展很快。因规划缺乏前瞻性,造成车多路窄,镇区机动车、非机动车混行,街道周围又无临时停车点,机动车随意占道停放(图7.12),一些沿街店面违章摆摊设点,商业活动密集(图7.13),严重影响了机动车的正常行驶。

图 7.12　过城镇路段图　　　　　图 7.13　商业活动密集

(2) 穿越村庄路段

道路穿越村庄的路段,一般情况下村民的房屋距离路边比较近,有些甚至就在路边(图7.14、图7.15)。虽然在乡村,行人的集中程度比城镇路段要低得多,但是由于村庄中人少,汽车、摩托车会保持较高的运行速度,如果自行车(电动自行车)、行人特别是村里的老人和小孩突然从路边开口出现在道路上,车辆往往无法及时制动,容易导致比较严重的侧撞事故。

图 7.14　穿越村庄路段(绍甘线)　　　　图 7.15　上路西村路段(嵊义线)

(3) 过学校路段

道路经过学校的区段(图 7.16),在每天上学和放学的时间段内,会有大量儿童穿行道路或在道路上行走。由于儿童缺乏道路安全的意识,特别是 10 岁以下的儿童,他们的注意力很容易分散,也不能适应复杂的交通环境,经常把道路作为嬉戏的地方,他们可能在安静的状态中突然冲向某个方向,给正常驾车的驾驶员造成意外。

图 7.16　过学校路段(绍甘线)

7.2.4　边坡

路侧净区通常是由路肩和缓和边坡构成,而且大部分是由缓和边坡提供的,因此边坡无疑成为路侧设计的重要组成部分。边坡分填方与挖方边坡,即路堤边坡与路堑边坡。

(1) 填方边坡

路侧填方边坡又称路堤边坡,分为可返回边坡、不可返回边坡和危险边坡三类。可返回边坡是指坡度缓于 1∶4 的边坡;不可返回边坡是指坡度介于 1∶3~1∶4 的边坡;危险边坡是指坡度大于 1∶3 的边坡。

调查发现,浙江城镇化公路中,少数路段前坡坡度缓于 1∶4,如图 7.17(a)所示,边坡较缓,本可以作为较好的路侧净区,但是路侧净区内的电线杆以及树木则成为发生二次交通事故的潜在危险因素,因此建议将树木移除或移植他处。一些路段,路侧边坡较陡,车辆冲出路外后无法停止或者返回,因此应在道路右侧设置护栏或视线诱导标志,提高道路的路侧安全性能,如图7.17(b)所示。

(a)可返回边坡　　　　　　　　　(b)不可返回边坡

图7.17　填方边坡

(2)挖方边坡

挖方边坡即路堑边坡。目前我国城镇化公路对挖方边坡一般不进行防护,除非在行车道与后坡之间存在危险的边沟,方考虑对边沟进行防护。

在城镇低等级公路上,路线傍山一侧凸出的粗糙岩壁往往靠近车道,如图7.18所示,路侧山坡植物生长茂盛,容易造成车辆与植物发生刮擦甚至阻挡驾驶员视线,产生较为严重的交通事故。因此,应结合道路、交通和事故状况,对个别位置植物进行修剪处理。

图7.18　视线不良的挖方边坡路段

调查发现,浙江城镇化公路除穿越城镇的部分以外,大部分都位于山区地段,路基多属于半填半挖型,即一侧为前坡,另一侧为后坡,因此将两种不同边坡的设计结合起来,设置合理安全的边坡,对于城镇化公路路侧事故的减少及路侧安全的增加有重要意义。

7.2.5　路侧固定物

我国城镇化道路一般很少设置非机动车道,路缘线以外路肩宽在0.5~1.5 m,各类固定物多在离路缘线1.8 m内,可见固定物是造成大部分的城镇化道路路侧碰撞事故的原

因。常见的路侧净区内固定物如下:

(1)行道树

直径超过 10 cm 的树木会对车辆构成威胁。行道树的种植更多的是考虑绿化的要求,而较少关注路侧安全问题,最突出的问题是行道树距离行车道太近。

如图 7.19 所示,树木与道路距离太近,并且树木生长方向朝向车道,很容易被车辆碰撞,若将行道树与边沟都往外移 0.5 m,可留有较宽的路肩,增加净区宽度。小半径曲线内侧灌木丛较高(图 7.20),在春、夏、秋季,茂密的枝叶挡住视线造成转弯视距不良,因此应当将半径内侧的树木去掉,增大路侧净区。

图 7.19 行道树成为危险物

图 7.20 灌木茂密造成视距不良

(2)设施及标志杆柱

公共设施杆柱通常是指电线杆、通信线缆杆、照明杆柱等,材料种类涉及木质、混凝土、钢材等,这些坚硬的杆柱距离行车道很近时,尤其是当他们位于车辆冲出路外概率高的路段的路侧时,会给行车带来很大隐患。

(3)临水路段

临水路段是指道路一侧或两侧均存在一定长度的较深水体的路段,包括路基路段和桥梁路段(图 7.21、图 7.22)。车辆如果驶出道路,坠入水中,可能导致人员伤亡的严重后果。

图 7.21 临水路基路段

图 7.22 临水桥梁路段

(4) 路侧建筑物

城镇化公路靠近居民区,常见的路侧固定物还包括建筑物,路侧建筑物对路侧安全的影响主要表现在以下几个方面:

1) 弯道内的建筑物会造成视距不良,易引发交通事故图[7.23(a)];
2) 平面交叉口处,视距三角形内的建筑物也会影响视距图[7.23(b)];
3) 直线路段处的建筑物会造成路侧净区宽度不足。

(a) 弯道内的建筑物　　　　　　　　(b) 平面交叉口处的建筑物

图 7.23　路侧建筑物

(5) 其他

城镇化公路路侧危险物除了建筑物、行道树、设施杆柱及水体以外,还有其他类型,如未加处理的护栏端头、堆放物以及体积较巨大的石头、残断构筑物等。

7.2.6　路侧开口

由于城镇化公路沿线人口和村庄比较密集,接入的农村公路、单位出入道路及机耕路比较多,开口比较频繁,开口的随意性大。相当数量的接入道路路面采用水泥混凝土路面,车辆驶入主线的速度比较快,给正常行驶的车辆造成很大的干扰,存在较大的安全隐患(图 7.24)。

图 7.24　过城镇路段密集的开口

同时,这些开口普遍存在以下特点:

1)开口处接入道路的路面情况良好,许多接入道路上的车辆不减速冲入主路,以致在开口处侧向碰撞事故频发。

2)开口宽度是接入道路宽度的几倍,开口宽度过大,无法规范驶入车辆的轨迹;

3)开口处受庄稼、灌木、树木、建筑物的遮挡,视距不良情况下较为普遍,开口不易识别;

4)没有路权管理,接入道路上没有设置相应的路权管理标志。

由于以上特点,导致开口处容易发生直行车辆侧面碰撞开口处驶入的机动车或非机动车;或者因直行车辆转弯驶入开口道路时,因减速过快,后面的车辆与其发生追尾事故;或者直行车辆转弯驶入开口道路时,因没有及时发现路口,转弯速度过快而导致侧翻事故等。

7.2.7 排水设施

城镇道路的路侧排水设施主要包括边沟、排水沟、涵洞等结构物。有效的排水设施设计是路侧安全设计的关键,但倘若设计不合理就会成为影响路侧安全的障碍。

良好的边沟设计,在满足排水要求的同时,尽量做到不导致驶出路外车辆侧翻或与边沟发生后果严重的碰撞。常见的边沟主要有V形、浅碟形、矩形和梯形等断面。

1)V形边沟。V形边沟造价低廉,但排水性能一般,适合于相对比较平坦的地形条件。城镇化公路一般很少能够保证路侧有浅路侧边坡,因其占地较大,因此,V形边坡在城镇公路中占少数。

2)浅碟形边沟。这是国内比较提倡的一种边沟形式,与传统的矩形、梯形边沟相比,其在安全、经济、环保方面具有一定优势。在满足排水的条件下,将边沟设计成浅碟形(图7.25),城镇化道路上比较少用到此类型边沟。

3)矩形边沟。由于排水量大而不能设置浅碟形边沟的路段,可采用加盖板的矩形边沟或暗埋式矩形边沟等形式。如图7.26所示,在边沟采用较宽大的加盖板,不仅可以解决被阻塞、对车辆有潜在危险等问题,也可以改善镇容镇貌。

图 7.25 浅碟形边沟

图 7.26 加盖板边沟

7.3 城镇化公路路侧安全评估体系研究

7.3.1 路侧安全评价指标体系

建立城镇化道路交通安全评价体系目的是能够衡量城镇化道路交通的安全水平,分析存在的安全问题和隐患并为提出解决方案提供依据。因此,所建立的指标体系应具有描述功能、评价功能、监测功能及预测功能。同时,建立路侧安全评价指标体系时应遵守以下原则:系统性原则、科学性和可靠性原则、定性和定量分析相结合原则、目标指导原则、指标之间的独立性原则及可操作性原则。

城镇化公路路侧评价指标体系如图 7.27 所示。

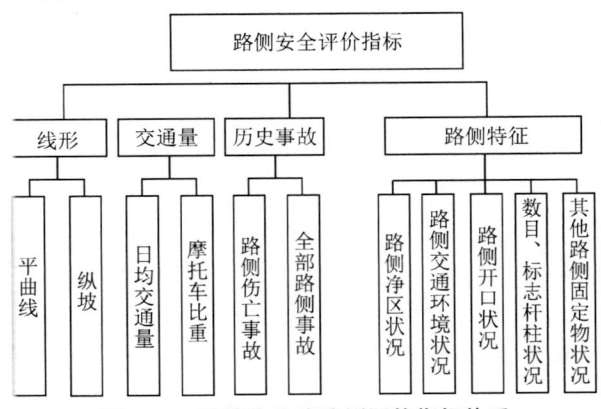

图 7.27 城镇化公路路侧评估指标体系

7.3.2 城镇化公路路侧安全等级划分

7.3.2.1 路侧安全等级划分依据

本研究中划分城镇化公路的危险度依据主要有三点:路肩宽度、路侧可返回净区距离、净区内的危险物。建议将城镇化公路的路侧危险度划分为四级,见表 7.3。

危险度为 I 代表危险系数最小,数字越大代表危险度大。浙江城镇化公路路侧的危险度情况约有 70% 为 II 级和 III 级,其他两个级别分别占 15%。危险度为 I 级和 II 级的路侧状况一般不需要追加安全设施;而对于危险度为 III 级的路侧情况,若路侧有密集建筑群,且距离行车道边缘较近,则需要在路肩外设置警示桩和提醒驾驶员小心行人的标志;而危险度为 IV 级的路侧条件下,除了设置提醒标志,还应对局部路段限速管理,或者设置非机动车道来分隔路侧行人和非机动车。

表 7.3 不同路侧危险度等级划分依据

危险度等级	I	II	III	IV
路肩宽度/m	1.5~2.25	0.75~1.5	0.5~0.75	<0.5
路侧返回净距离/m	>3	1.5~3	1.0~1.5	<1.0
净区内的危险物	基本无危险物;存在少量、零散树木、标志牌等	路侧有少量建筑物、加油站等	路侧经过村庄、工厂等	路侧途经集市、商业区、密集建筑群等

7.3.2.2 路侧安全等级特征

(1) 路侧安全等级Ⅰ级

路侧有较充足的净区宽度，净区宽度一般能达到 3 m 以上，没有危险物，行道树位置在路肩外，不会对车辆构成威胁，如图 7.28 所示，车辆驶出路外，在紧急采取刹车措施后能够及时停止并能驶回公路，发生碰撞事故和翻车事故的可能性很小。

(2) 路侧安全等级Ⅱ级

路侧净区宽度较小，净区宽度通常为 1.5~3 m（图 7.29），路侧存在少量、零散障碍物如：树木、示警桩、标志标杆，距离行车道外边缘较近范围内也可能存在边沟、挡墙、岩壁等连续的危险物，车辆驶出后虽不能驶回公路，但冲出路外车辆一般能够得到有效控制，与障碍物碰撞的可能性很小，发生翻车事故的概率也不大。

图 7.28　Ⅰ级路侧净区　　　　　　　图 7.29　Ⅱ级路侧净区

(3) 路侧安全等级Ⅲ级

路侧净区宽度较小，净区宽度介于通常 1.0~1.5 m，路侧途经村庄，开口较多，经常有非机动车或行人穿过（图 7.30）等，车辆为躲避干扰车辆或行人可能会发生伤亡事故。

(4) 路侧安全等级Ⅳ级

路侧净区宽度通常小于 1.0 m，路侧有密集人流、建筑群和商业区（图 7.31）等，交通混杂，车辆很容易发生碰撞或追尾事故。

图 7.30　Ⅲ级路侧净区　　　　　　　图 7.31　Ⅳ级路侧净区

7.3.3 城镇化公路路侧安全评价方法

7.3.3.1 各种设计指标变量

(1) 平曲线变量 X_1

X_1 为集计变量,表示评价路段平均百米长度的偏角值,按式(7.1) 计算。

$$X_1 = \sum_i (\mathrm{WH}_i \times \mathrm{DEG}_i) \tag{7.1}$$

式中 WH_i——第 i 个圆曲线位于评价路段内的比重,$\mathrm{WH}_i = \dfrac{l_i}{L}$,$\sum_i \mathrm{WH}_i = 1$(将评价路段中直线部分的 DEG 值视为 0),$l_i$ 为评价路段中第 i 个圆曲线的长度,L 为评价路段的长度;

DEG_i——第 i 个圆曲线每百米长度的曲线偏角,$\mathrm{DEG}_i = \dfrac{18000}{\pi \times R_i}$。

(2) 纵坡变量 X_2

X_2 为集计变量,表示评价路段加权平均纵坡值,按式(7.2) 计算。

$$X_2 = \frac{\sum_i (G_i \times l_i)}{L} \tag{7.2}$$

式中 G_i——评价路段中第 i 个坡段纵坡值;
l_i——第 i 个坡段长度;
L——评价路段的长度;$\sum_i l_i = L$。

(3) 日均交通量 X_3

由于当前交通部门交通量统计报表中的当量数是以中型车为标准换算车型的,因此,评价方法中的日均交通量为按各类车型的换算系数换算成标准当量中型车的交通量。

(4) 摩托车比重 X_4

摩托车比重按式(7.3) 计算。

$$X_4 = \frac{\mathrm{Motor}}{\mathrm{ADT}} \times 100\% \tag{7.3}$$

式中 Motor——摩托车的中型车当量数;
ADT——日均交通量的中型车当量数。

根据现有交通量观测站的记录信息,货车包括小型载货汽车、中型载货汽车、大型载货汽车、拖挂车、小型拖拉机和大中型拖拉机 6 种车型。

(5) 路侧事故数 X_5

X_5 通常是指评价路段单元近 3 年发生的路侧事故数。

在对一条路进行路侧安全等级评估时,需将其划分成长度 500 ~ 1000 m 的若干评价路段单元。

(6) 路侧伤亡事故数 X_6

X_6 通常是指评价路段单元近 3 年发生的路侧伤亡事故数。

(7) 路侧净区满足率 X_7

路侧净区宽度满足率按式(7.4)计算。

$$X_7 = \frac{CZ}{W} \tag{7.4}$$

式中 CZ——评价路段的实际路侧净区宽度；

W——路侧设计净区宽度，$W = \alpha W_\alpha$，α 为折减系数，取值在 0.6～0.8，W_α 为依据评价路段的边坡比率、交通量和设计速度，参考美国《路侧设计指南》(2002版)关于路侧净区设置之规定，得到建议净区宽度的下限值。

如果有断面运行速度调查值 v_{85}，则以其代替设计速度路侧净区宽度，如果评价路段内存在多个平曲线，可采用加权的方法确定调整后的净区宽度 W'_α。

$$W'_\alpha = W_\alpha \sum_i \left(k_i \times \frac{l_i}{L} \right) \tag{7.5}$$

式中 W_α——直线段净区宽度；

k_i——第 i 个评价路段圆曲线(或直线部分)的净区宽度修整系数(见表7.4)，直线部分为1；

l_i——第 i 个评价圆曲线(或直线部分)的长度；

L——评价路段的长度；

路侧净区满足率变量在带入模型中时，需要作如下转化：$X_7^* = 1 - X_7$。

城镇化公路技术标准相对低，设计速度相对较小，因此在这里对平曲线外侧净区宽度修正系数进行补充。

表7.4 城镇化公路平曲线处净区宽度修正系数 k

平曲线半径/m	设计速度/(km/h)				
	40	50	60	70	80
500	1.1	1.1	1.1	1.2	1.2
450	1.1	1.1	1.2	1.2	1.3
400	1.2	1.2	1.2	1.2	1.3
350	1.2	1.2	1.2	1.3	1.3
300	1.2	1.2	1.2	1.3	1.4
250	1.2	1.2	1.3	1.3	1.4
200	1.2	1.3	1.3	1.4	1.5
150	1.2	1.3	1.4	1.5	
100	1.3	1.4	1.5		
50	1.4	1.5			

(8) 离散固定物密度 X_8

路侧离散固定物是指位于净区内的少量零散固定物，该类固定物种类很多，如直径大于 10 cm 的行道树、交通标志立柱、照明灯柱、电缆或通信线缆杆柱、桥墩等纵向长度小于 3 cm 的设施或构造物。当两相邻路侧零散固定物纵向间距小于 5 cm 时,将它们一并统一考虑,视为路侧连续固定物。

离散固定物密度表示单侧平均每公里路段内的离散固定物数量,按式(7.6)计算。

$$X_8 = \frac{n}{L} \tag{7.6}$$

式中　n——评价路段内的离散固定物数量;
　　　L——评价路段长度。

（9）离散固定物横向距离 X_9

$$X_9 = \frac{\sum_i x_i}{n} \tag{7.7}$$

式中　x_i——路侧离散固定物的横向距离,横向距离是指外侧车道边缘线至固定物的径向距离;
　　　n——评价路段内的离散固定物数量。

离散固定物平均横向距离变量在带入模型中时,需要作如下转化:令 $X_9^* = 1 - \frac{X_9}{W}$,$X_9 = X_9^*$。

（10）连续固定物密度 X_{10}

路侧连续固定物是指位于净区内的纵向长度大于 3 m 的固定物,当两相邻路侧离散固定物纵向间距小于 5 m,需对其进行合并。成排的间距小于 5 m 且直径大于 10 cm 的行道树、宽大的能够导致车辆发生卡阻或翻车的边沟、净区内的护栏、横向排水设施的立墙、房屋建筑物等均为常见的路侧连续物。

路侧连续固定物密度表示单侧平均每公里路段内的连续固定物长度,按式(7.8)计算。

$$X_{10} = \frac{\sum_i l_i}{L} \times 1000 \tag{7.8}$$

式中　l_i——评价路段内连续固定物 i 的长度;
　　　L——评价路段长度。

（11）连续固定物平均横向距离 X_{11}

连续固定物平均横向距离按式(7.9)计算。

$$X_{11} = \frac{\sum_i (x_i \times l)}{\sum_i l_i} \tag{7.9}$$

式中　x_i——路侧连续固定物 i 的横向距离,横向距离是指外侧车道边缘线至固定物的径向距离;

l_i—— 评价路段内连续固定物 i 的长度。

连续固定物平均横向距离变量在带入模型中时,需要作如下转化:令 $X_{11}^* = 1 - \dfrac{X_{11}}{W}$,$X_{11} = X_{11}^*$。

(12) 路侧开口宽度标准差 X_{12}

城镇化公路沿线人口和村镇比较密集,接入的农村公路、工厂、学校等出入道路比较多,开口比较频繁,开口的宽度随意性大。宽度过大,无法规范驶入车辆的轨迹,宽度过窄,易造成很不能及早发现开口而急刹车,造成追尾事故。评价路段单个路侧开口宽度标准差按式(7.10)计算。

$$X_{12} = \sqrt{\dfrac{\sum_{i=1}^{n}(p_i - 5)^2}{n}} \tag{7.10}$$

式中　n—— 评价路段内的路侧开口数量;
　　　p_i—— 评价路段内第 i 个路侧开口的长度。

(13) 路侧开口密度 X_{13}

路侧开口密度 X_{13} 表示单侧平均每公里路段内的路侧开口数量,按式(7.11)计算。

$$X_{13} = \dfrac{n}{L} \times 1000 \tag{7.11}$$

式中　n—— 评价路段内的路侧开口数量;
　　　L—— 评价路段长度。

(14) 路侧环境内非机动车及行人密度 X_{14}

路侧环境内非机动车及行人密度 X_{14} 指的是车辆右侧路肩以及半幅道路以内单位面积上所有行人以及非机动车(人在骑车时将人与车视为一体)的数量,按式(7.12)计算。

$$X_{14} = \dfrac{n}{L \times (1.5 + 1.75)} \times 1000 \times 3.25 \tag{7.12}$$

式中　n—— 评价路段内的路侧开口数量;
　　　L—— 评价路段长度。

7.3.3.2　变量权重的确定

评价方法中的各变量的权重由层次分析法确定。在权重确定的过程中,首先设计调查问卷,构造各层次指标的比较矩阵,以一种更易理解、更易操作的方式来获取专家经验,再计算判断矩阵的特征根,最大特征根对应的正规化特征向量的分量即为变量的权值。具体计算过程从略,表 7.5 是根据专家经验结合层次分析法得到的各变量权重。

表 7.5 路侧安全等级评估指标变量权重值

η_j	层次单排序				层次总排序
	线形	交通量	历史事故	路侧状况	
	0.1982	0.1039	0.2837	0.4142	
平曲线变量 η_1	0.5				0.0991
纵坡变量 η_2	0.5				0.0991
日均交通量 η_3		0.2867			0.0298
摩托车比重 η_4		0.7133			0.0741
路侧事故数 η_5			0.1667		0.0473
路侧伤亡事故数 η_6			0.8333		0.2364
路侧净区状况 η_7				0.293	0.1214
离散固定物密度 η_8				0.077	0.0319
离散固定物横向距离 η_9				0.134	0.0555
连续固定物密度 η_{10}				0.021	0.0087
连续固定物横向距离 η_{11}				0.101	0.0418
路侧开口宽度标准差 η_{12}				0.16	0.0663
路侧开口密度 η_{13}				0.012	0.005
路侧非机动车及行人密度 η_{14}				0.202	0.0837
$\sum$	1	1	1	1	1

7.3.3.3 评估方法应用

(1) 评价路段单元的划分

在对一条路进行路侧安全等级评价之前,通常需要将其分割成若干小的路段,这些小的路段就称为评价路段单元。路段单元划分应遵循如下原则:长度以 500 m 左右为宜,除特殊条件外,最长不应超过 1 km。路段的起讫点宜落在直线段。同一个平曲线不宜被划分到两个路段。同一个路段的单侧净区宽度应大致相同。同一个路段的单侧路堤、路堑形式相同。同一个路段的单侧防护状况基本相同,对于未设置具备防撞能力护栏的路段,路侧深度也应大致相同。

(2) 评估方法的应用流程

路侧安全等级评估可按如下步骤进行:

① 收集线形、交通量、事故和路侧特征数据;

② 将被评价路段划分成 n 个评价路段单元;

③ 计算第 i 个评价路段单元的变量值 $X_{ij}, j = 1, 2, \cdots, 12$;

④ 计算第 i 个评价路段单元的 4 个级别白化权函数值 $f_j^k(X_{ij}), k = 1, 2, 3, 4$;

⑤ 计算第 i 个评价路段单元的灰色聚类系数 $\sigma_i^k, \sigma_i^k = \sum_{j=1}^m f_j^k(X_{ij}) \cdot \eta_j$;

⑥确定第 i 个评价路段单元的路侧安全等级,若 $\sigma_i^{k^*} = \max\{\sigma_i^k\}$,则路段 i 的路侧安全等级为 k^*;

⑦重复步骤③~⑥,直至确定所有待评价路段单元的路侧安全等级。

7.4 城镇化公路路侧安全保障研究

城镇化公路沿线多处经过城镇和村庄,路侧开口多,混合交通严重,交通秩序混乱,加之有些地形复杂,道路指标较低,特征路段较多,因此对于城镇化公路路侧安全应注重安全防护设施的设置。以浙江省 S36(江拔线)、S32(绍甘线)、S38(象西线)等公路作为研究对象,进行科学的路侧安全设计,采取行之有效的措施,减少车辆冲出路外而引起的路侧交通事故,对于改善道路的安全性,提高我国城镇化公路交通安全总体水平具有重要意义。

7.4.1 路侧安全设计理念

路侧事故每年造成的死亡人数比重高,路侧范围广,路侧安全设计涉及的要素复杂,解决路侧安全问题的技术对策多,鉴于路侧安全问题的复杂性,因此在阐述路侧安全分析方法和路侧安全设计技术体系对策时,应本着"理念先行,技术跟进"的原则。

(1)宽容设计

宽容设计是路侧安全设计理念的核心,它认为驾驶员的过错不应以牺牲性命为代价,要求工程师的设计具有"容错"的特性。路侧净区设计是体现路侧宽容设计理念的核心,此外,"主动引导"与"全时保障"也是宽容路侧设计理念的重要体现。

(2)灵活设计

1)综合处置

事故的发生是由人、车、路与环境这一相互作用的系统失衡所致,没有哪一起事故是由单纯某个原因造成的,路侧事故也不例外。工程实践表明,综合采取一些措施,对交通事故的预防起到很大的作用。

2)因地制宜

在进行路侧安全设计时,需要结合当地的资金、已有设施、施工材料、人工成本等多种因素进行综合分析,有条件时,宜对多种可选方案进行技术经济比较。施工材料和施工设备的选用应遵循因地制宜就近原则,对原有设施应充分论证旧物重用、升级改造的可能性,能够改造重用的坚决不重建。

(3)协调设计

城镇公路建设的一大特点就是建筑痕迹重,人工因素多,横跨区域较大,交通环境复杂,驾驶员在地形和交通环境如此复杂多变的区域内行车,如果能够做到人工构造物与周围景观相协调,对于交通安全的保障能起到一定的促进作用。

7.4.2 路侧改善措施

我们国家长期以来一直没有把城镇化公路的路侧安全当作研究重点内容,许多方面还是空白。本研究以浙江省 S36(江拔线)、S32(绍甘线)、S38(象西线)等典型的城镇化公路作为研究对象,提出城镇化公路的路侧安全保障措施。通过采取系统化的工程技术对策或先进的路侧安全设施来实现提升路侧安全水平的目的。

7.4.2.1 主动预防措施

主动引导是第一道防线,目的就是通过各种引导手段使车辆正常行驶,不致冲出路外。具体采取的措施如下:

(1)视线诱导

视线诱导设施是指沿车行道两侧设置,用于明示道路线形、方向、车行道边界及危险路段位置,诱导驾驶员视线的设施。城镇化公路的视线诱导标志主要包括以指示道路线形轮廓为主要目标的轮廓标,以指示或警告驾驶员改变行驶方向为主要目标的线形诱导标等。

1)设置轮廓标

在视线不良、急弯、车道数或车道宽度有变化以及连续急弯陡坡等路段应设置轮廓标,如图 7.32 所示。可以提醒驾驶员正行驶于弯道上,适度减慢车速,有效地避免事故发生。

(a)原路况　　　　　　　　　(b)轮廓标示意图

图 7.32　弯道处的轮廓标

2)设置线形诱导标

在受山体、树木或房屋等阻挡,以及其他使驾驶员难以明了前方线形走向时,易发生交通事故的小半径弯道外侧,可视具体情况设置一定数量的线形诱导标(如图 7.33)。设置应根据曲线半径、曲线长度、偏角大小确定。

江拔线 K50+300~K50+500 路段:此路段为小半径曲线[图 7.33(a)],且处于过村镇路段,人群往往活动较多,穿越道路行为频繁,对于没有提前预知此路段信息,对此路段不熟悉的驾驶员,很容易发生事故。因此应该在曲线外侧设置线形诱导标,如图 7.33(b)所示,给驾驶员以提醒,同时提醒来往的居民注意交通安全。

(a)曲线转弯处无提示　　　　　　　　(b)转弯处有视线诱导标志

图 7.33　弯道处的线形诱导标

3）示警桩

城镇化公路上交通量较小,设计车速绝大多数都在 50 km/h 以下,90%以上的车型为中、小型车,由于示警桩能够较好地诱导视线,并且能够阻绊车型较小、车速较慢的车辆越出路外。所以在一般的急弯、陡坡、高填方路段及桥头引道、道路开口处选择示警桩作为路侧防撞设施,就可以达到行车安全性要求。

4）示警墩。

示警墩可实现示警桩的绝大多数功能,并能更好地防止车辆越出路外,但是与示警桩相比,示警墩造价较高,且占地大,不适用于城镇化公路的所有路段。但是对于一些设计车速较高、地形特别险峻的路段,如悬崖路段、高度大于 10 m 的高填方或挡土墙路段、堤坝路段、桥梁两侧等,需要确保车辆撞击路侧防撞设施后不致越出路外造成车毁人亡时,应考虑设置示警墩。

5）凸面反光镜

城镇化公路等级低,交通环境和地形复杂,转弯较多,但由于资金限制,不能在每个转弯处设置护栏或者视线诱导标志,因此可以在急转弯、视距不良的阳坡路段,设置凸面反光镜,这样有利于驾乘人员看见对面的交通流,遇紧急情况时及时采取措施,减少交通事故的发生。实践证明,合理设置凸面反光镜,对于保障转弯处的视线有很好的导向作用,对路侧安全有着显著效果,安设的方向应兼顾前后路段路侧环境。

绍甘线 K46+100~K46+300 路段此路段：位于嵊州市谷来镇马溪村,为急弯和弯道内侧视距不良路段,近年来发生多起死伤事故,目前该路在甘霖至绍兴方向设有反向弯路标志,在弯道右侧设有线形诱导标(图 7.34)。在该路段的甘霖至绍兴方向为长下坡,车辆速度较快。所以,在 K46+196 m 右侧设置凸面反光镜,能让驾驶员提前了解前方道路上对向行驶的车辆情况。

(2)限速措施

1)限速标志

城镇化公路横跨区域较大,交通环境复杂,地形和交通环境的复杂性和多变性使城镇化公路不可能采用全线统一限速,因此建议城镇化公路采用全线限速和特殊点局部限速相结合的方法,特殊点局部限速主要针对途经城镇、村庄、学校等路侧有建筑物、受横向干扰较严重的路段。

路线将要进入城镇路段,人流密集,交通复杂,横向干扰大,因此可设置限速标志,如图7.35所示。

图7.34 转弯处设置凸面反光镜

图7.35 设置限速标志

2) 减速丘

减速丘是指在路幅宽度范围内较正常路面高度隆起的强制性减速措施。

减速丘在我国应用较多,但还没有相应研究说明减速丘在我国应用的效果。无论效果怎样,基于我国的应用经验,应该注意两点:

①减速丘应全断面布置,如果只是下坡方向布置(半幅路),车辆为了避免行驶其上的不舒适感,会绕行而占用对向车道,更容易造成车辆对撞。

②布置减速丘的路段,应提前告知驾驶员,否则,驾驶员如果没有看见减速丘(尤其是夜晚)车速较高也容易发生事故。可以用标志或标线表示。

3) 减速标线

目前应用比较多的是热塑振动减速标线,它是通过专用喷涂设备将涂料喷涂在路面上,经过快速固化形成杂纹或圆点状的凸起减速带,凸起高度一般为3~7 mm,且有反光功能。使用热塑振动减速标线作为道路强制控速设施时存在的问题是:①易于剥落;②易被磨平;③强制减速的力度不够。

4) 减速带

国内道路限速方面采用的装置主要是驼峰式减速带,适用于平面交叉口和居民区附近。它可由水泥浇注成型,也可以使用橡胶材料固定于路面。

例如,嵊义线上某路段平面交叉口处,由于交叉道路路面状况较好,车辆在进入主路时,很容易以较快速度行驶,因此通过在开口处设置橡胶强制减速带,控制进入主线车辆的速度,提醒驶入的驾驶员注意主线直行车辆的运行状况,避免盲目驶入主线而与主线车辆发生碰撞。

5) 速度反馈标志

速度反馈标志的工作原理是:当车辆与安装在标志版上的雷达测速器接近距离达到有效范围时,雷达测速器即可获得驶来车辆的当前速度,并将测速值传递给标志板的显示控制器,并按照事先规定的逻辑将速度值信息或其他辅助信息显示在屏幕上,见图7.36。相关研究显示设置速度反馈标志可使车速降低 8%~25%,同时遵守限速的司机比率也上升 50%。

(3)危险提示

危险提示标志是向驾驶员提供重要信息的设施,起预先告知、引导驾驶员即将采取安全操作行为的作用。除紧急避险等原因造成的车辆冲出路外的路侧事故外,多数情况下的单车驶出路外是由于车辆失控或者是疏忽大意。疏忽大意具有偶然性,既可能发生在平直路段,也可能发生在线形条件差的急弯陡坡路段。而车辆失控导致的冲出路外多发生在长大下坡、长直线接小半径曲线、连续急弯下坡等路段。因此,在这些路段设置大型、醒目的人性化标志也是一种行之有效的安全手段。

(4)设置标志、标线、路侧振动带、路缘石

设置标志、标线、路侧振动带虽然不能阻止车辆驶入边沟,但可以从视觉、听觉、触觉方面提醒驾驶员,使驾驶员意识到危险而远离边沟返回行车道。

道路穿越城镇、村庄、学校的路段可采用以下安全措施:①进入城镇、村庄之前设置"进入××,减速慢行"的提示标志及注意行人和儿童等警告标志,提醒驾驶员减速慢行,注意行人和学生。②设置人行横道线在侧分带开口处,设置人行横道线,提醒车辆,注意避让过街行人和非机动车辆,同时,规范行人过街的行为。③易超速行驶的村庄路段可以设置强制性减速措施。④穿越村庄的二级公路路段,应画黄色中心实线(或双黄线),禁止车辆超车和跨越;四级公路在穿越村庄路段时,画黄色中心实线,禁止车辆超车和跨越。

(5)净区宽度改善措施

车驶出路外,首先遇到的是路肩,如路肩够宽,可提供比较大的容错空间。接着就是边沟,其中交通量、排水量都不大的道路可采用浅碟形边沟,如用矩形边沟要硬化路肩,并在边沟上加盖板(图 7.37),使净区由原来的硬路肩处一直延伸到路堑边坡的坡角处,净区宽度得到了很大的改善,路侧安全性大幅增加。

图 7.36　速度反馈标志

图 7.37　加盖板边沟

7.4.2.2 被动预防措施

城镇化公路上路侧安全被动防护措施主要包括护栏的设置、护栏端头的处理以及解体消能设施的设置。

(1) 护栏

路侧护栏是指设置于道路横断面两边土路肩上的护栏,用来防止失控车辆越出路外,保护路边构造物和其他设施,也可以保护行人、非机动车等弱势交通群体的安全。

根据碰撞后的变形程度,护栏一般分为刚性护栏、半刚性护栏以及柔性护栏。调查中发现绍兴城镇化公路上柔性护栏一般很少见,主要形式是半刚性及刚性护栏。

1) 半刚性护栏

波形梁护栏是半刚性护栏的典型代表,浙江城镇化公路上护栏基本形式都为波形梁护栏(图7.38),它是一种以波纹状钢护栏板相互拼接并由主柱支撑的连续结构,具有一定的刚度和柔性。波形梁护栏钢柔相兼,具有较强的吸收碰撞能量的能力,具有较好的视线诱导功能,外形美观通透性好,能与道路线形相协调;缺点是在事故频发路段不宜使用,因为碰撞后的维护成本较高,工作量较大。适用于美观性要求较高的路段以及经济发达地区的中等级道路。

2) 刚性护栏

刚性护栏是一种基本不变形的护栏结构,主要形式是混凝土护栏。绍兴城镇化公路上的桥梁护栏的普遍形式为混凝土护栏(图7.39)。这种护栏对于驶离车道的摩托车、三轮车等农用车辆可起到一定的拦截作用,但对于客车、货车等中大型车辆来说,一旦车辆失控冲向路侧,护栏不能有足够的强度进行有效拦截,结果是车辆易冲出桥面,产生重大事故,并且也经常容易破损,一旦不能及时修补,对于小型车辆也起不到保护作用。因此,应该将此类桥梁护栏进行改善加固,将其替换为混凝土护墩或者非通透性混凝土护栏。

图 7.38 波形梁护栏　　　　图 7.39 桥梁混凝土护栏

(2) 护栏端头处理

护栏端部应进行妥善处理,以免失控车辆失稳、翻车或被护栏端部穿透造成重大交通事故。

隐藏端部是对护栏端头处理的首选方法,因为它可以消除暴露的护栏端部,例如把护栏埋于后坡隐藏端部(图7.40)。但值得注意的是把端部向下弯曲隐藏的方法是不可取的,很容易使车辆发生跃起和腾空而造成翻车的严重后果。

图 7.40 护栏端部的隐藏

对于护栏的端部,一般做成圆形端头,最好是做外展处理(如图 7.41)。这样就大大降低了车辆撞上端部造成贯穿伤害的可能性。对于路基与桥梁的连接处,应保证护栏的顺接,不要存在过大的间距(图 7.42)。桥梁护栏不能仅仅为桥梁的长度,应进行一段外展,避免车辆在桥梁两端以倾斜的角度冲到桥下。

图 7.41 护栏端部外展　　图 7.42 顺接处间距应尽量减少

(3)可解体杆柱设施

路侧的交通标志杆柱或其他杆柱也是一种潜在危险物,如果造成危险的杆柱不能移除或者进行有效的防护,则应使用可解体消能设施。其主要靠承受的剪力荷载触发其解体装置,当其受到车辆撞击时,通过自身的剪切或断裂、弯曲屈服、滑动,实现解体,并吸收车辆的冲击能量,失控车辆可穿越但不至冲出更远,减轻交通事故的严重性。

城镇化公路应用解体消能设施的路段不多,主要在源于其较高的造价,一般在经济发达的乡县地区或通往旅游景点的地区道路可选用。

7.4.2.3 综合防护措施举例

绍甘线 K71+000~K71+500 路段:

(1)路段环境现状与事故成因

该路段为双向四车道二级公路的长直线路段,路面宽(图 7.43),交通量相对较小,车速较快,但沿线左侧为居民区,时有行人、电动自行车及摩托车车辆横穿,与车辆发生碰撞,引发死伤事故。

图 7.43　K71+000~K71+500 路段

（2）改善方法

①在沿线开口处设置道口标柱，提醒主线车辆驾驶员提高警觉，防范支路车辆（特别是摩托车和电动自行车）突然出现而造成意外；在宽度大于 3 m 有路面的开口处设置减速让行标志和橡胶强制减速带。

②控制该路段特别是接近开口和人行横道处的速度，在 K70+880 右、K71+100 左设置双车道减速标线。

7.4.3　路侧安全保障措施确定方法

（1）确定方法

城镇化公路上安全设施虽然较之农村公路来说完善一些，但较于高等级公路来说，还是有一定的差距，并且城镇化公路的驾驶员及行人多为安全意识不高的人群，且常常因为过于熟悉道路而忽略安全细节，或者其他原因而更容易发生事故，而一旦发生事故，造成的生命财产损失又是惨重的。传统的改善安全设施的方法是经过安全评价之后，由工程设计人员按照标准规范给出的规定来确定安全设施的采用，此处我们给出对城镇化公路的安全设施设置进行的一种效益费用比的方法评估，来确定安全设施的设置情况。

美国 2002 版的《路侧安全设计指南》中给出了成本效益分析的定量方法，提出了一种路侧安全分析程序（RSAP），对路侧安全改善方案的优劣进行评估，增量效益成本比见式（7.13）：

$$\frac{B}{C_{\text{Ratio},2-1}}=\frac{\text{AC}_1-\text{AC}_2}{\text{DC}_2-\text{DC}_1} \tag{7.13}$$

式中　$\dfrac{B}{C_{\text{Ratio},2-1}}$——方案 2 与方案 1 的增量效益成本比；

AC_1,AC_2——年事故或社会损失；

DC_1,DC_2——年直接成本。

如果 $\dfrac{B}{C_{\text{Ratio},2-1}}$ 的值大于 1，则视为方案 2 优于方案 1，减少事故损失及社会成本比增大直接成本的效果更佳。

（2）存在问题

效益成本分析法应用的难点在于各个概率的确定，即不同路侧条件下的车辆入侵路侧的概率、入侵后发生事故的概率、发生各个严重度等级不同的概率。我国尚没有简便可行的用于路侧安全状况评估和辅助路侧安全改善项目实施的方法，并且此效益成本分析法在国内公路上的应用只能依靠国外的相关数据，而美国的城镇化公路与我国有着很大的差别，因此，如果能够收集到足够的城镇化公路事故资料以及地形条件资料，则可以建立起适合我国的事故侵入模型，应用于我国城镇化公路的安全设施评价。

第 8 章

不良气候条件下城镇化公路安全保障措施研究

近年来,随着我国道路建设的快速发展以及有关部门对道路交通安全的高度重视,我国的交通事故发生率已呈逐年下降的趋势,然而,因不良气候条件而导致的交通事故在交通事故总量中所占的比重不降反升。公路在城镇段不仅承担了过境的交通压力,通常也承担了所经城市和乡镇的一部分的内部交通,能满足城镇内部的客、货、慢车以及行人的出行要求,甚至许多公路成为城镇的主要道路和经济发展地带,所以不良气候条件对城镇化公路的影响往往比其他类型的公路更为严重。

8.1 不良气候对交通影响分析

不良气候主要是指雨、雪、高温、雾、沙尘、路面结冰等。据统计资料显示,我国公路上发生的交通事故有 50% 发生在不良气候下,71% 的重特大交通事故和 65% 的直接经济损失发生在不良气候环境下。根据美国国家公路交通安全管理局的数据统计显示,从 1995 年至 2005 年,全美平均每年有 6400000 起交通事故,其中 24% 的事故与天气有关;在与天气有关的交通事故中,平均每年有 7400 人死亡,超过 673000 人受伤。

雨是影响交通安全最常见的气候因素,它主要是使车轮和路面之间摩擦系数降低,比如,干燥水泥路面的摩擦系数为 0.7~1,潮湿水泥路面的摩擦系数减小为 0.4~0.6,即减少 1/3,而刚开始下雨时路面的摩擦系数会降为 0.3~0.4,减小了 50% 左右,极易发生车辆侧滑和控制失灵,而危及行车安全。同时,降雨使得能见度降低,驾驶员视线模糊不清,增大了驾驶员的心理压力和事故风险。

雪和路面结冰对驾驶员的主要影响是制动距离加长。例如,汽车以每小时 70 km 的速度行驶时,在干沥青路上的制动距离为 58 m,而在雪路上的制动距离增大为 117 m,在结冰路面上的制动距离更是高达 216 m。在积雪或冰冻道路上行车时对驾驶员威胁最大的是滑溜,滑溜有以下四种:后轮滑溜、前轮滑溜、动力滑溜、横向滑溜。同时,降雪也会影响驾驶员的视线,雪后路面反光也会对驾驶员的视线造成一定的影响,低温对车辆的性能影响也比较明显。

大风和沙尘暴对车辆行驶阻力、能耗、抗侧向倾翻及抗滑性能都有很大影响,特别对高厢、双厢汽车的行驶影响更为突出。沙尘暴也会影响能见度和驾驶员的视线。

雾主要降低能见度,从而威胁交通安全,在不良气候条件中,雾的影响度最大,其中,局部存在和突发的"团雾"现象是引起车辆追尾的主要原因,为此,公安部专门下发了《关于加强低能见度气象条件下高速公路交通管理的通告》。

高温对交通安全驾驶影响也非常大,高温导致的车辆爆胎、疲劳驾驶常常成为道路交通事故的诱因。高温对驾驶员的生理影响也比较大:高温不仅使人易中暑,而且使人休息不好,致使驾驶员在行车中易疲劳、犯困,驾驶员处于疲劳状态时,感知能力降低,反应迟钝,动作协调能力下降。高温对车辆也有很大的不利影响:高温条件下,汽车自身的故障率会大大提高。当夏季气温过高时,汽车散热性能变差,水箱温度居高不降,发动机冷却系统散热困难,从而影响发动机的动力性,使车辆易熄火,甚至可能引起自燃、自爆,轮胎受热后不易散热,胎内气压增高,一旦长距离行驶易爆胎;高温也会减少车辆蓄电池的性能和使用寿命。高温对车道的影响:柏油路面因暴晒易产生"虚光",使驾驶员的视觉判断大受影响;若柏油路面温度达到 40~60 ℃,柏油路面会变得软、黏,摩擦系数增大,影响行车速度,形成不容忽视的道路交通安全隐患。高温也使车道摩擦系数减少,制动距离增大。

据美国国家公路交通安全管理局的统计数据显示,在与天气有关的事故中,75%发生在潮湿的路面上,47%发生在降雨的过程中,15%发生在雪天或雨夹雪天气,13%发生在结冰路面,11%发生在泥泞路面上,2%发生在大雾天气。与天气有关的事故统计见表8.1。

表8.1 与天气有关的事故统计

道路天气条件	与天气有关的事故统计		
	平均每年的事故统计	占事故总数的百分比	占与天气有关的事故总数的百分比
路面潮湿	1170000 起事故	18%	75%
	544700 人受伤	17%	81%
	5700 人死亡	13%	77%
降雨	739200 起事故	12%	47%
	357300 人受伤	11%	53%
	3400 人死亡	8%	47%
雪和冰雹	232600 起事故	4%	15%
	75700 人受伤	2%	11%
	900 人死亡	2%	12%
路面结冰	197300 起事故	3%	13%
	67300 人受伤	2%	10%
	700 人死亡	2%	10%
泥泞路面	168400 起事故	3%	11%
	49500 人受伤	2%	7%
	600 人死亡	2%	9%
雾	38700 起事故	1%	2%
	16300 人受伤	1%	2%
	600 人死亡	2%	9%
与天气有关的事故	1561400 起事故	24%	
	673200 人受伤	22%	
	7400 人死亡	17%	

通过上述分析,根据浙江省的实际情况,对不良气象条件下的公路安全保障措施进行研究。由于浙江省地处南方地区,冰冻以及雪的出现概率很小,因此本书的研究对象主要为雨、雾两种不良气象的影响。通过不良气象对城镇化公路影响的研究,以提高城

镇化公路的运输效能。

8.1.1 雾对交通的影响分析

根据气象观测规范的定义,雾是指大量微小水滴浮游空中,使水平能见度小于 1 km 的天气现象。雾对环境和人类无害,但是却是公路常见的灾害性天气。城镇公路因其交通混杂,交通压力大,遇大雾和浓雾天气的时候往往会造成多车追尾等交通事故。

本次调查对浙江省 5 条城镇化公路进行了大规模的问卷调查,对象主要为驾驶员,目的是确定不利气象条件下驾驶员受影响程度,结果见表 8.2 和表 8.3。

表 8.2　235 份调查问卷中驾驶员认为影响交通安全的主要恶劣天气

天气	雨	冻雨	结冰	积水	雪	雾	霜露	沙尘暴	风	高低温	潮湿
关注度	28	70	160	20	75	158	3	22	2	12	7

表 8.3　235 份调查问卷中驾驶员认为易发生重大交通事故的天气

天气	雨	冻雨	结冰	积水	雪	雾	霜露	沙尘暴	风	高低温	潮湿
关注度	26	52	142	16	56	146	6	21	4	5	2

上述数据表明,雾天对行车驾驶影响比较突出,会使驾驶员增加较重的心理负担。大雾对道路交通安全的影响主要表现在以下几个方面:

(1) 能见度

由于雾对光的散射及吸收的作用,目标物轮廓的清晰度下降,使得司机的可视距离缩短,造成车辆控制困难,以致发生交通事故;因雾中对比度减少甚至没有参照物,导致司机在雾中判断速度和距离出现失误,进而引发交通事故;冬季大雾天气时,还会造成车窗内侧水汽凝结,致使司机视线受阻,难以分辨路况,增加了事故风险。

雾对公路行车安全的影响,不是雾物质本身,而是雾的光化学现象。雾使能见度发生变化,引起公路上行车速度的变化,进而引发交通事故。研究表明,雾造成大气能见度降低的主要原因是雾滴散射和吸收光线导致能见度降低。雾中能见度与雾滴数密度、雾含水量和雾滴散射消光因子有关。雾中能见度与雾滴数密度的立方根成反比,与雾滴散射消光因子成反比,与雾的含水量 2/3 次方成反比。也就是说雾含水量相同时,大量的小雾滴融合成大雾滴时,能见度就会增加;雾含水量由于蒸发而减少时,能见度也会增加。

将这一理论应用于消雾措施中,就是要在空气中含水量无法有效减少时,应尽量使空气中的小雾滴融合成大雾滴,以增加能见度;或直接采取措施降低空气中的含水量来达到增加能见度的目的。

(2) 信息感知

驾驶员在行车的过程中,所需信息大约有 80%~90% 是靠视觉获得的,驾驶员几乎所有的车速选择行为都是以视觉信息为基础。

由于雾会使光线发生散射,并且吸收光线,使得驾驶员对车距、车速估计不准确,对交通标志和路面设施识别困难,容易造成追尾等事故;由于不同路段大雾的严重程度可能有所不同,驾驶员很难根据上一路段的能见度距离来调整车速和车辆间距,使驾驶员难以做出及时有效的判断,增加了驾驶员的心理负担,增大了事故风险。调查数据显示,大约70%左右的驾驶员在进入雾区时心理过度紧张,85%左右的驾驶员在雾天开车感到疲劳,87.5%的驾驶员驾驶姿势会发生变化。

(3)附着系数

由于雾水与路面上的积灰、尘土混合,导致轮胎与路面之间的附着系数减小,特别是在严寒冬季时,冰雾会在路面形成一层薄冰,使得轮胎与路面之间的附着系数减小更为明显,从而导致制动距离加长,行驶打滑,制动跑偏等现象的发生。在特定的天气条件下,路面极易形成薄霜,车辆打滑造成翻车、追尾事故。

8.1.1.1 雾对运行速度的影响

(1)良好天气条件下的速度采集和分析

为了分析雾对交通流速度的具体影响,有必要获得正常天气条件下的速度数据。本研究的速度数据收集地点均是在浙江省绍兴市 S32 绍甘线一处路段,此路段邻近山地,是雾的多发地区。调查某良好天气条件下该路段 9:00~11:00 的速度数据,进行分析得出其速度分布如图 8.1 所示。根据图中分析可知车辆的在正常天气下的运行速度为 60.6 km/h。

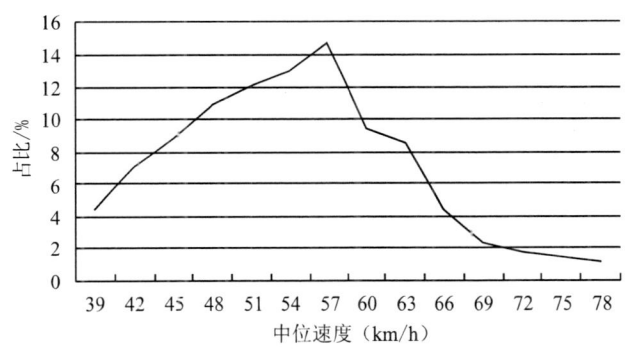

(a)正常天气条件下速度分布图

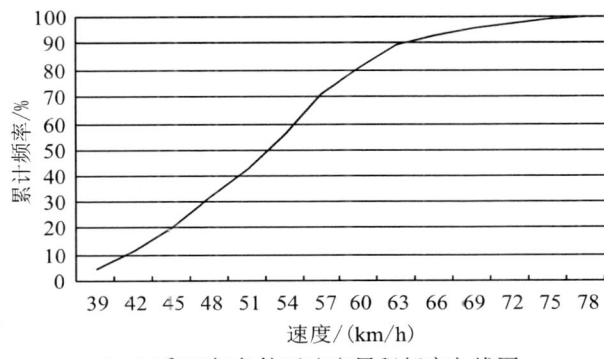

(b)正常天气条件下速度累积频率曲线图

图 8.1 正常天气条件下速度分析图

(2)薄雾天气条件下速度采集和分析

能见度在 500~1000 m 的雾称为薄雾,此次薄雾一共持续了 1.88 h,在薄雾条件下车速的速度分布图与累积频率图如图 8.2 所示。根据下图可以看出该路段薄雾条件下车速跟正常天气条件下的车速差距并不明显。据图分析可知,车辆在薄雾条件下的运行速度为 59.2 km/h。

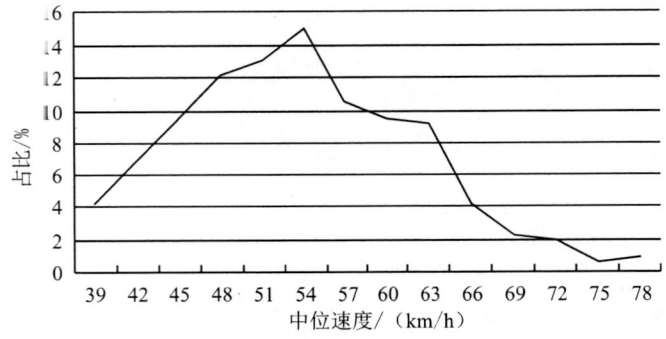

(a)薄雾天气条件下速度分布图

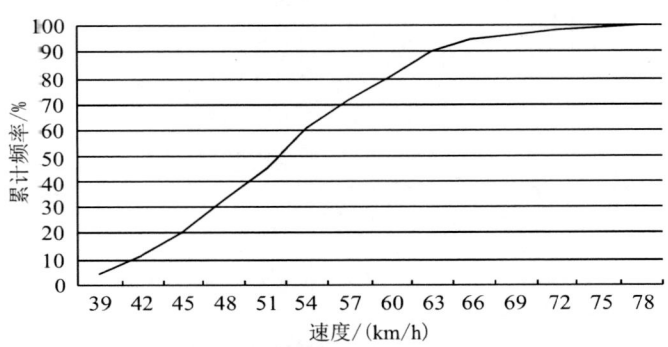

(b)薄雾天气条件下速度累积频率曲线图

图 8.2　薄雾天气条件下速度分析图

(3)中雾天气条件下速度采集与分析

能见度在 200~500 m 的雾称为中雾,此次中雾一共持续 46 min,在中雾天气条件下车速的速度分布图与累积频率图如图 8.3 所示。从图中可以看出,中雾天气条件下车速与良好天气条件下的车速相比发生了一定变化,但是速度变化并不显著。据图分析可知,车辆在中雾天气条件下的运行速度为 57.3 km/h。

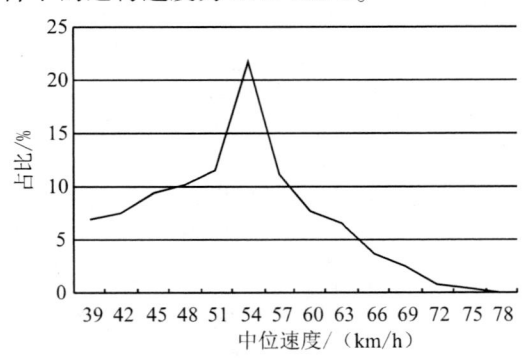

(a)中雾天气条件下速度分布图

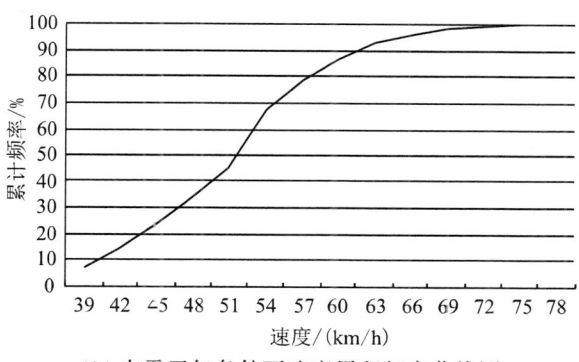

(b)中雾天气条件下速度累积频率曲线图

图 8.3　中雾天气条件下速度分析图

(4)大雾天气条件下速度采集与分析

能见度在 50~200 m 的雾称为大雾,此次大雾一共持续 1.2 h,在大雾条件下车速的速度分布图与累积频率图如图 8.4 所示。从图中可以看出,大雾天气条件下车速与良好天气条件下的车速相比发生了明显的变化,据图分析可知,车辆在大雾天气条件下的运行速度为 49.7 km/h。

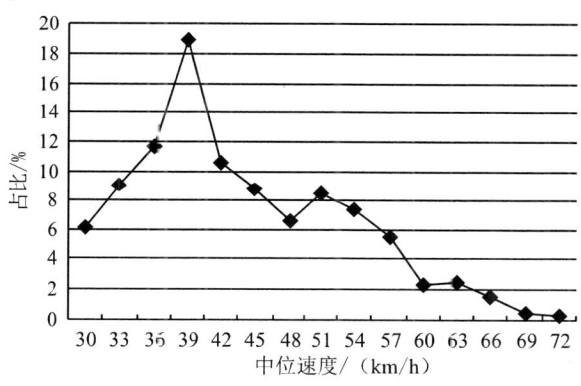

(a)大雾天气条件下速度分布图

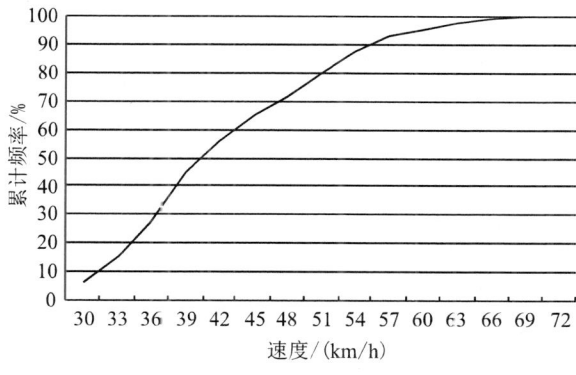

(b)大雾天气条件下速度累积频率曲线图

图 8.4　大雾天气条件下速度图

(5) 小结

根据在这三种雾态下速度数据的分析与对比可以看出,薄雾对车辆运行速度的影响并不明显,薄雾条件下车辆的运行速度相对下降了 1.4 km/h,下降的百分比为 2.3%;在中雾天气条件下,运行速度相对下降了 3.3 km/h,下降的百分比为 5.4%;在大雾天气条件下,城镇化公路交通流的运行速度变化比较明显,相对下降了 10.9 km/h,下降的百分比为 17.9%。

8.1.1.2 雾对交通量的影响

(1) 正常天气条件下的交通量

对于正常天气条件下该路段的交通量数据的采集,采用人工观测的方式进行,每 10 min 统计一次。在正常天气条件下,其每 10 min 交通流量 40.5 辆。其统计结果如图 8.5 所示。

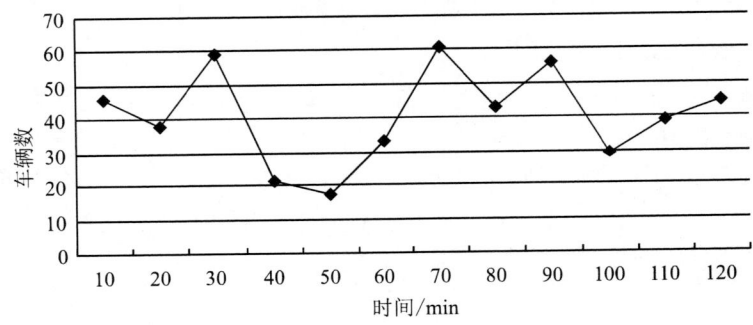

图 8.5 正常天气条件下交通量统计图

(2) 薄雾天气条件下的交通量

在薄雾天气条件下,该路段的每 10 min 的交通流量为 38.9 辆。其具体统计结果如图 8.6 所示。

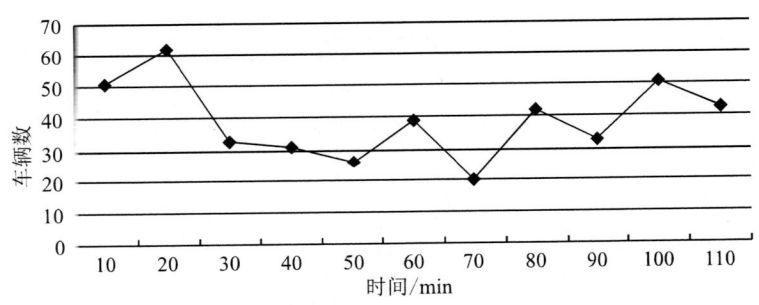

图 8.6 薄雾天气条件下交通量统计图

(3) 中雾天气条件下的交通量

在中雾天气条件下,该路段的每 10 min 的交通流量为 42.8 辆,具体统计结果如图 8.7 所示。

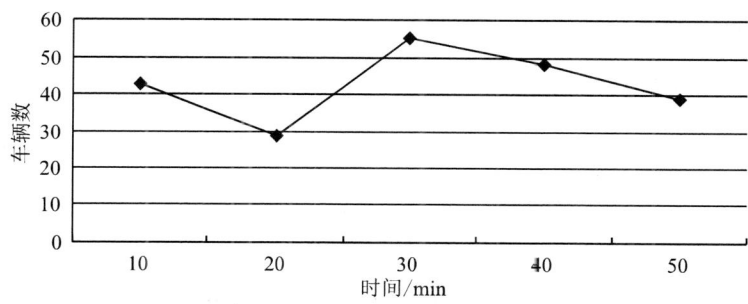

图 8.7　中雾天气条件下交通量统计图

(4) 大雾天气条件下的交通量

在大雾天气条件下,该路段的交通流流量比正常天气条件下有着明显下降,其每 10 min 的交通流量为 35.7 辆,具体统计结果如图 8.8 所示。

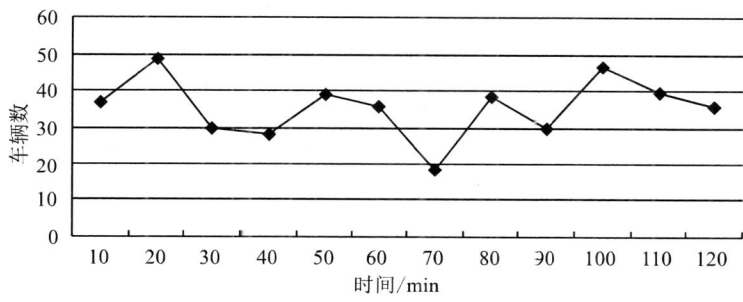

图 8.8　大雾天气条件下交通量统计图

(5) 小结

通过以上几种情况的分析可以看出,薄雾和中雾天气条件下的交通流量与正常天气下的交通流量相比几乎没有什么改变,但在大雾条件下,交通流量有了明显下降,下降比例为 11.8%。发生这种情况的主要原因是在大雾条件下,驾驶员在驾驶过程中非常注意与前车的车距,且大雾条件下轮胎与路面之间的附着系数小,这些因素都影响着道路交通量。

8.1.1.3　雾对车头时距的影响

(1) 正常天气条件下的车头时距

对于车头时距分析,本书只考虑车头时距在 5 s 以内的车辆,这是由于根据已有分析当车头时距大于 5 s 时车辆基本处于自由流状态,其运行状态基本不受前车影响。正常天气下的车头时距如图 8.9 所示。

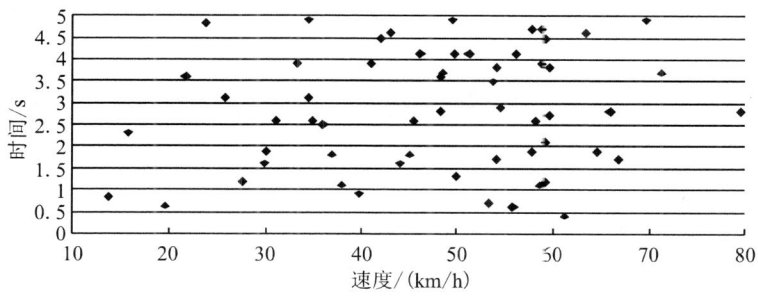

图 8.9　正常天气条件下的车头时距分布图

(2) 薄雾天气条件下的车头时距

薄雾天气条件下的车头时距分布如图 8.10 所示。

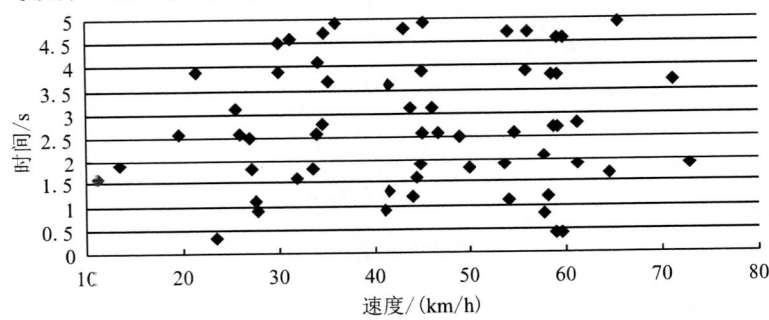

图 8.10　薄雾天气条件下的车头时距分布图

(3) 中雾天气条件下的车头时距

中雾天气下的车头时距分布如图 8.11 所示。

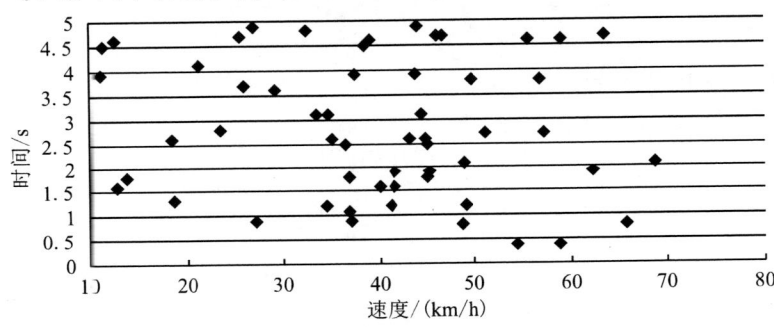

图 8.11　中雾天气条件下的车头时距分布图

(4) 大雾天气下的车头时距

大雾天气条件下的车头时距分布图如图 8.12 所示。

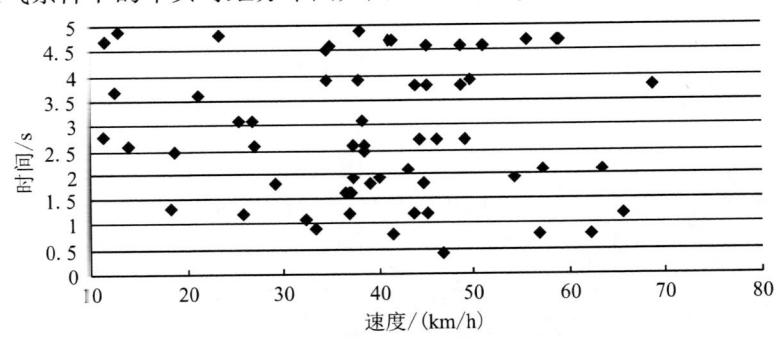

图 8.12　大雾天气条件下的车头时距分布图

(5) 小结

从以上不同条件下的车头时距对比可以看出，随着天气状况的下降，点集有向上偏移的趋势。根据计算可知，在正常天气条件下的平均车头时距为 2.88 s，在薄雾、中雾和大雾时的平均车头时距分别为 2.91 s、3.09 s 和 3.13 s。由此说明，雾对于车头时距虽然有一定的影响，但是影响的效果并不明显。

8.1.1.4 雾对道路识别能力的影响

当公路上有雾存在时,光的散射作用减少了目标物与背景之间的亮度对比,改变了驾驶员的视觉信息。这种影响可用能见度或可见距离来描述。能见度是标度人眼视程的一个物理量,它不仅与大气的光学特性有关,而且与人眼的视觉生理有关,气象上规定:标准视力的人眼在当时天气条件下,能够从天空背景中看到和辨认出(视角为 0.5°~5°)黑体目标物的最大水平距离称为气象能见度。1957 年世界气象组织(WMO)定义了气象光学距离,即指一个色温为 2700 K 的白炽灯发出的平行光辐射通量被大气衰减到起始值的 5%时,在大气中所需经过的路程。该定义的水平视程即称为气象能见度,用 L 表示。据此,由 Lambert-Beer 定律

$$L = 2.996/k \tag{8.1}$$

其中 k——介质的消光系数,1/m;

本研究对于雾天条件可视距离采用不同人进行目视的方法进行测量,不同天气条件下,限速标志的可视距离如表 8.4 所示。

表 8.4 不同天气条件下限速与提醒标志的可视距离

标志类型	可视距离/m		
	正常天气	淡雾	浓雾
限速标志	132	121	82

8.1.1.5 雾对道路附着系数的影响

当大雾发生的时候,雾水会与路面上的积灰、尘土相混合,导致路面附着系数下降,从而会严重影响行车安全。根据相关研究可以判断出此次测量的三种雾态下对应的路面附着系数如表 8.5 所示。

表 8.5 该路段不同雾态下对应的附着系数

天气	对应附着系数
薄雾	0.89
中雾	0.76
大雾	0.53

8.1.2 雨对交通的影响分析

降雨对公路交通的影响是多方面的,主要表现在降水天气使路面摩擦系数减小,能见度减小,另外降雨过后,路面积水也对交通影响非常严重。

雨天行车,视线障碍较大,并且雨天情况下的路面摩擦系数不到干燥铺装路面的一半,因而车轮极易打滑。在干燥路面上,车辆加速,轮胎和路面之间的附着系数几乎没有变化;而在潮湿路面上,随着车速增加,路面的摩擦系数急剧减小,车辆制动距离会随之增大,对道路行车来带了严重的安全隐患。不同状况下的道路摩擦系数和道路摩擦系数见表 8.6 和表 8.7。

表8.6 不同状况下的道路摩擦系数

道路状况	摩擦系数
干燥水泥路面	0.7~1
潮湿水泥路面	0.4~0.6
下雨开始时	0.3~0.4

表8.7 不同车速下的制动距离

车速/(km/h)		50	60	70	80	90	100	110
制动距离/m	干燥沥青混凝土路面	12.3	17.8	24	31.5	39.9	49.2	59.5
	潮湿沥青混凝土路面	24.6	35.5	48.2	63	79.7	98.4	119.1

同时,雨水易造成路面积水和视线不良,雨天在道路上行驶时,因轮胎与路面间的积水不能及时排除,水的阻力使轮胎上浮,严重时,将产生"水膜溜滑现象",易造成车辆失控,导致事故发生;如果轮胎花纹沟槽变浅或气压变低时,更易发生这种危险。不同气压条件、不同水膜厚度下的临界车速见表8.8和表8.9。

表8.8 不同气压条件下的临界车速

车辆类型	轿车	载重汽车
轮胎气压/kPa	147~197	343~588
临界车速/(km/h)	73~84	111~145

表8.9 不同水膜厚度下的临界车速

水膜厚度/mm		2	4	6	8
临界车速/(km/h)	新胎	120	110	100	90
	花纹磨秃胎	80	80	80	80

雨天潮湿路面对光线的反射作用,致使路面上的车道线难以看清,使驾驶员视野整体降低,而视线触及范围也因雨刮滑动部分的限制而缩小,加之雨雾、水花等的作用也将对行驶产生不利影响。

8.1.2.1 雨对运行速度的影响

(1) 良好天气条件下的速度采集和分析

为了分析雨对交通流速度的具体影响,有必要获得正常天气条件下的速度数据。本研究对于雨天交通流数据的调查地点选择为浙江省绍兴市一处城镇化路段,考虑采集数据的典型性,路段应距离交叉口较远,同时附近没有较大的出入口及人行过街横道,车辆运行不受其他因素干扰。

通过调查在正常天气条件下车辆在路段的运行规律可以得出,在此路段行驶的车辆速度一般在30~85 km/h。其运行速度统计如图8.13所示,得出正常天气条件下路段的运行速度为59.3 km/h。

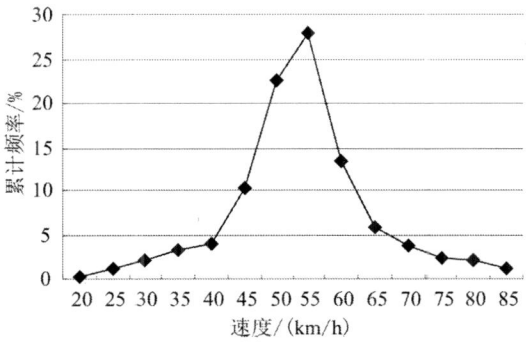

(a)正常天气条件下速度分布图

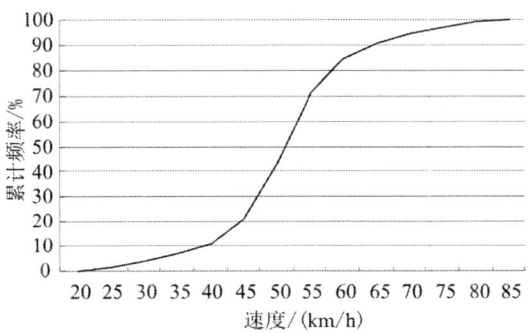

(b)正常天气条件下速度累计频率曲线图

图 8.13　正常天气条件下速度分析图

(2)小雨天气条件下的速度采集和分析

调查在小雨天气条件下车辆在路段的运行规律可以得出,在将要进入路段时车辆速度一般在 22~75 km/h,其运行速度统计如图 8.14 所示,得出小雨天气条件下该路段车辆的运行中位速度为 56.2 km/h。

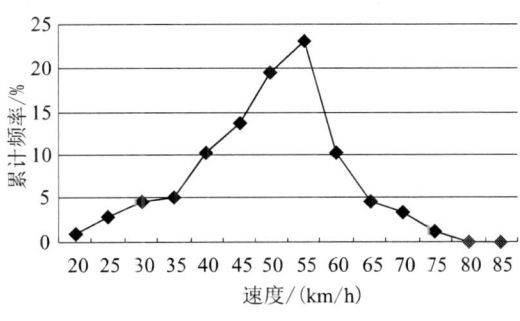

(a)小雨天气条件下速度分布图

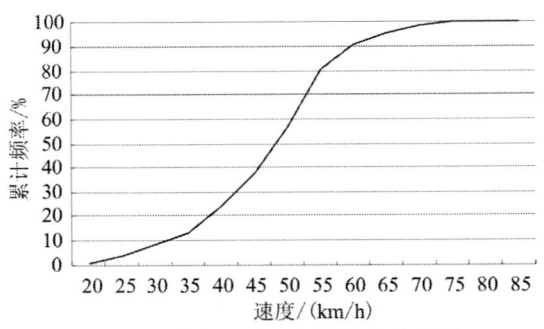

(b)小雨天气条件下速度累计频率曲线图

图 8.14　小雨天气条件下速度分析图

(3)中雨天气条件下的速度采集与分析

通过调查在中雨天气条件下车辆在路段的运行规律可以得出,在将要进入路段时车辆速度一般在 20~70 km/h,其运行速度统计如图 8.15 所示,得出中雨天气条件下该路段车辆的运行中位速度为 52.1 km/h。

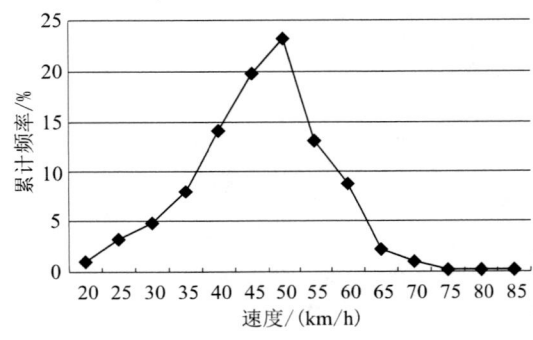

(a)中雨天气条件下速度分布图

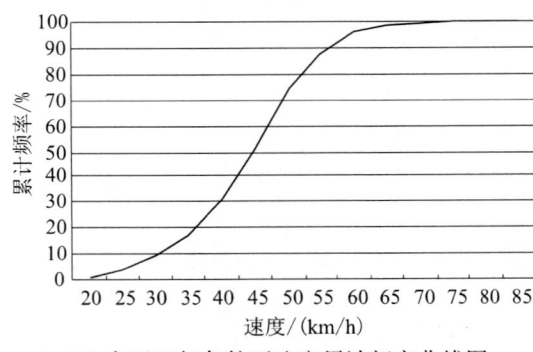

(b)中雨天气条件下速度累计频率曲线图

图 8.15　中雨天气条件下速度分析图

(4)大雨天气条件下的速度采集与分析

通过调查在大雨天气条件下车辆在路段的运行规律可以得出:在将要进入路段时车辆速度一般在 16~68 km/h。其运行速度统计如图 8.16 所示,得出小雨天气条件下路段的运行速度为 46.7 km/h。

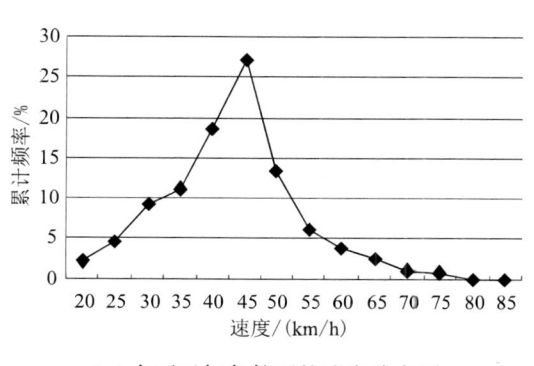 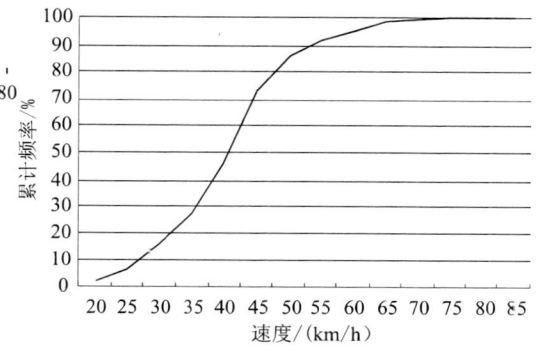

(a)大雨天气条件下的速度分布图　　　(b)大雨天气条件下速度累计频率曲线图

图 8.16　大雨天气条件下的速度分布图

(5)小结

通过对比以上几种情况我们可以得出,在小雨状态时,车辆在通过路段的运行速度比正常天气时降低了 3.1 km/h,下降的百分率为 5.2%;中雨状态时,车辆的运行速度为 52.1 km/h,速度下降了 7.2 km/h,下降的百分率为 12.1%;大雨状态时,运行速度降低了 12.6 km/h,下降的百分率为 21.2%。这主要是因为当处于大雨状态时,道路的能见度大幅降低,同时路面的湿滑状态以及大雨所造成的路面径流都很大程度上影响了车辆的行驶。

8.1.2.2　雨对交通量的影响

(1)正常天气条件下的交通量

通过调查观测正常天气条件下高峰时段的路段多个特征断面的交通量,统计交通流量如图 8.17 所示。

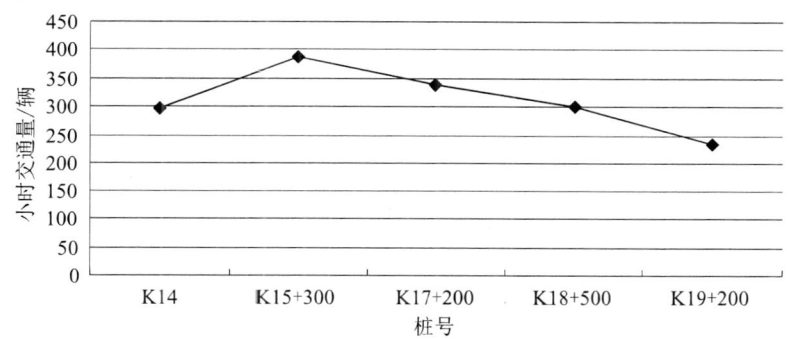

图 8.17　正常天气条件下的路段交通量

(2)小雨天气条件下的交通量

小雨天气条件下相应的特征断面交通量统计如图 8.18 所示。

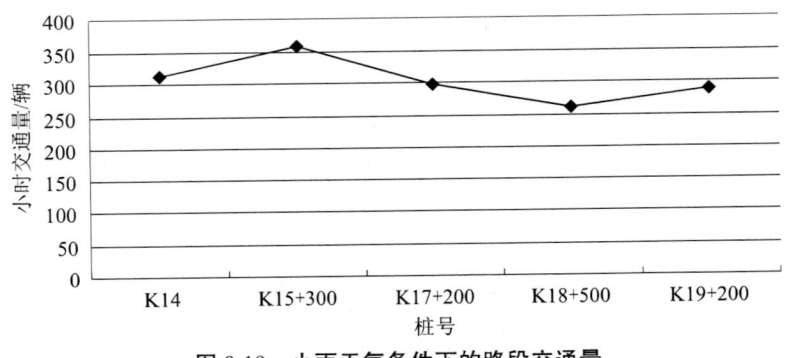

图 8.18　小雨天气条件下的路段交通量

(3) 中雨天气条件下的交通量

中雨天气条件下相应的特征断面交通量统计如图 8.19 所示。

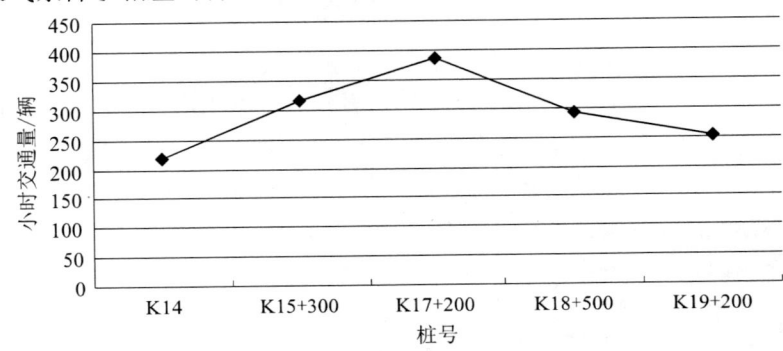

图 8.19　中雨天气条件下的路段交通量

(4) 大雨天气条件下的交通量

大雨天气条件下相应的特征断面交通量统计如图 8.20 所示。

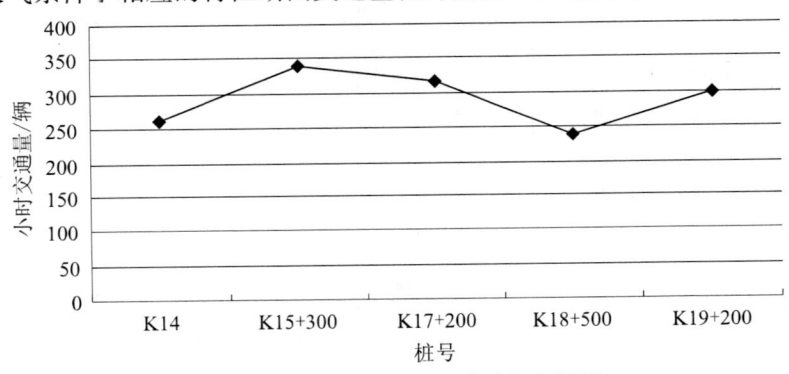

图 8.20　大雨天气条件下的路段交通量

(5) 小结

通过对调查数据的分析可知,雨对城镇化公路的交通量有一定的影响,但影响效果不明显。通过分析可知,小雨天气条件下路段的交通量相比正常天气下降了 2.7%;中雨时下降 5.4%;大雨时下降 6.6%。

8.1.2.3 雨对车头时距的影响

（1）正常天气条件下的车头时距

对于车头时距的分析，只考虑车头时距在 5 s 以内的车辆，这是因为车头时距大于 5 s 时车辆的运行基本处于自由状态，而不会受到前车因素的影响。正常天气条件下的车头时距分布如图 8.21 所示。

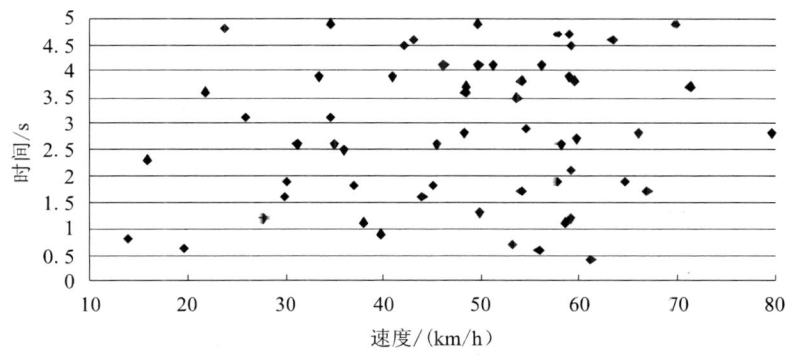

图 8.21　正常天气条件下车头时距分布图

（2）小雨天气条件下的车头时距

通过统计分析得知，小雨天气条件下的车头时距分布如图 8.22 所示。

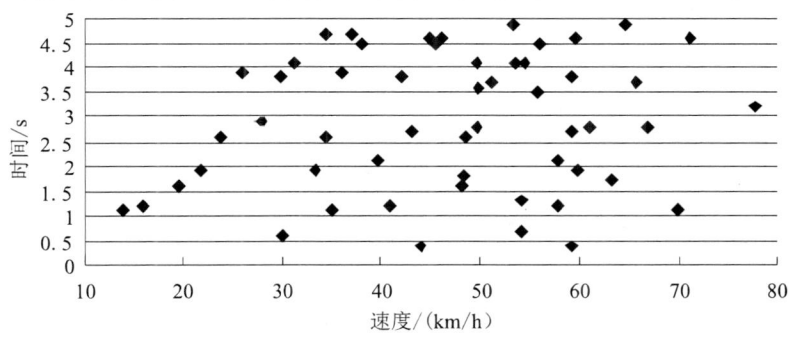

图 8.22　小雨天气条件下的车头时距分布图

（3）中雨天气条件下的车头时距

通过统计分析得知，中雨天气条件下的车头时距分布如图 8.23 所示。

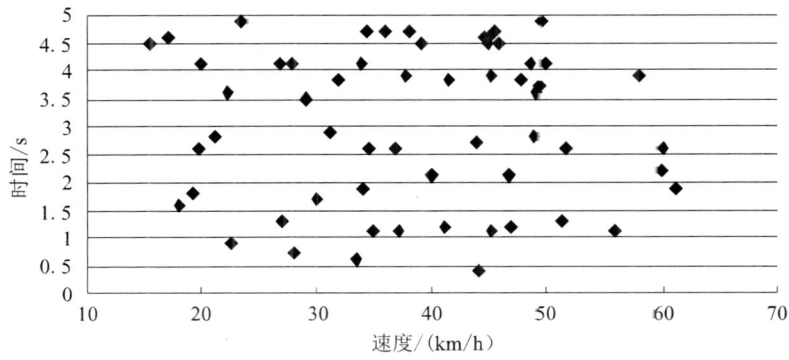

图 8.23　中雨天气条件下车头时距分布图

(4) 大雨天气条件下的车头时距

通过统计分析得知,大雨天气条件下的车头时距分布如图 8.24 所示。

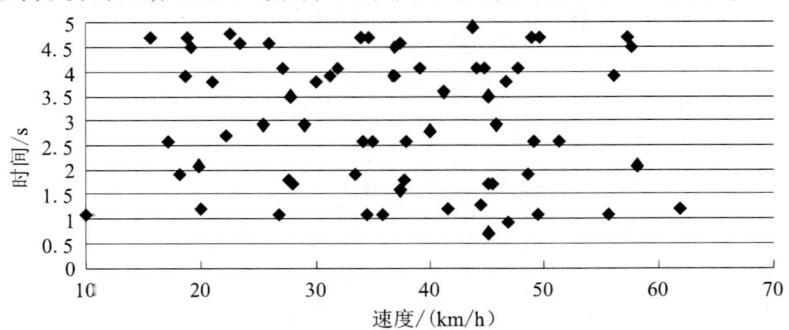

图 8.24 大雨天气条件下车头时距分布图

(5) 小结

从以上不同天气条件下车头时距分布图的对比可以得知,车头时距的分布有很大的离散性,在不同雨量状态下其分布规律的变化并不十分明显,随着天气状况的下降,点集有向上偏移的趋势,这说明,在不良气象的影响下,司机为了交通安全的考虑,会注意与前车的距离以保证安全。根据计算可知,在正常天气条件下的平均车头时距为 2.88 s,在小雨、中雨和大雨时的平均车头时距分别为 2.82 s、3.05 s 和 3.12 s。

8.1.2.4 雨对道路识别能力的影响

道路交通安全在很大程度上取决于道路能见度的大小,驾驶员所获得的信息大约 80%~90% 都是通过视觉获得的。本研究对于可视距离的测量采用不同人进行目视的方法进行。在不同天气条件下,限速标志与提醒标志的可视距离如表 8.10 所示。

表 8.10 不同天气条件下限速与提醒标志的可视距离

标志类型	限速距离/m			
	正常	小雨	中雨	大雨
限速标志	126	118	96	81
提醒标志	154	149	142	121

通过观察可知,由于下雨的影响,使得交通标志的可视距离下降。小雨对道路能见度的影响微乎其微,而在大雨时,雨雾会使驾驶员对周围的路况信息产生模糊的认识,同时也会对附近路段交通标志的识别产生一定的影响。

8.1.2.5 雨对公路附着系数的影响

不同的降雨量会对道路的附着系数产生不同程度的影响。根据已有的调查统计分析可以得出该路段三种降雨条件下的附着系数,如表 8.11 所示。

表 8.11　三次降雨条件下的附着系数

天气	对应附着系数
小雨	0.62
中雨	0.53
大雨	0.39

8.2　不良气候条件下城镇化公路交通安全保障措施

8.2.1　不良气候条件下车流安全控制

8.2.1.1　安全间距

安全间距是指为了满足行车安全需求而需要保持的最小车头时距,用 h 来表示。

由于道路上的车流呈车队形式,因此应从跟车行驶状态来推导安全间距公式。在跟车行驶状态,前后车车速相等,考虑行车过程中的停车需要,则安全间距应为前车紧急停车时,后车亦停车且不至于发生追尾事故所需要的最小车头间距。可得安全间距的表达式为:

$$h = l + l_2 + L_2 - L_1 = l + vt + \frac{v^2}{2g(\varphi_2 \pm i)} - \frac{v^2}{2g(\varphi_1 \pm i)} \quad (8.2)$$

式中　h——安全间距,m;

　　　l——最小车头间距,$l = l_安 + l_车$,$l_安$ 为车辆间最小安全停车间隙,$l_车$ 为车辆平均长度,m;

　　　l_2——后车反应距离,$l_2 = vt$(t 为后车司机反应时间,s,为知觉反应时间 t_1 与抬脚到制动生效时间 t_2 之和,m;

　　　L_2——后车制动距离,$L_2 = \frac{v^2}{2g(\varphi_2 \pm i)}$,m;

　　　L_1——前车制动距离,$L_1 = \frac{v^2}{2g(\varphi_1 \pm i)}$,m;

　　　v——车辆行驶速度,m/s。

其中:φ 为车轮与路面之间的滑动摩阻系数,在制动过程中不是恒定的,而是随着车速、路面结构、轮胎表面花纹、气候条件等因素而变化,i 为路段纵坡,上坡为正,下坡为负,若路段纵坡较小可忽略不计。

(1) 一般安全间距

满足式(8.2)的安全间距称为一般安全间距,不计纵坡,公式为:

$$h_{一般} = l + l_2 + L_2 - L_1 = l + vt + \frac{v^2}{2g\varphi_2} - \frac{v^2}{2g\varphi_1} \quad (8.3)$$

在实际应用中,l 受道路交通环境影响甚小,可视为常数。因此,安全间距将随着车速、反应时间及前后车制动性能等因素而变化。

(2) 充分安全间距

通常情况下,前车的停车进程是急刹车状态,后车则由于前车刹车灯的提示,可认为

是缓刹车状态。考虑极端情况,前车为瞬时停止,即 $L_1 = 0$,则安全间距的关系式变为:

$$h_{充分} = l + vt + \frac{v^2}{2g\varphi_2} \tag{8.4}$$

(3) 基本安全间距

考虑较为理想的状态,假设前后车的制动性能相同,即 $L_1 = L_2$,则安全间距关系式变为:

$$h_{基本} = l + vt \tag{8.5}$$

式(8.5)反映了保证安全停车的最低要求,所以把满足式(8.5)的安全间距称为基本安全间距。

实际上,车辆的安全检查要求车辆具有规范的刹车距离,而且前车的刹车尾灯也将保证后车能及时收到前车的减速信号,所以通常不会发生最不利的前车瞬间停止状况,所以,基本安全间距比较符合实际情况,可以保证行使车辆的一般安全要求。由此可知,安全间距为安全水平的判定提供了一个客观尺度。从基本安全间距、一般安全间距到充分安全间距,其安全水平是递增的,而且从理论上讲,只要保持基本安全间距,就能保证行车安全。

(4) 期望间距

实际车流中的车头间距是随着道路条件、交通条件、环境条件及驾驶员特性的不同而变化的,采用何种间距主要取决于驾驶员的自身感受和主观愿望。

期望间距就是驾驶员根据实际的道路条件、交通条件以及环境条件,按照自己的主观愿望所选择的行车间距,记为 $h_{期望}$,单位为 m。在车流稳定的跟车状态下,期望间距就是实际间距。当实际间距不等于期望间距时,驾驶员就会采取措施调整调整实际间距,因此容易造成车流失稳。

期望间距的确定是一个综合的判断过程,虽然涉及很多因素,但是最直接的因素还是车速。用 Greenshields $k-v$ 线性模型来导出期望间距和速度的关系,根据 Greenshields 的观测试验,密度 k 与速度 v 有如下的线性关系:

$$k = k_j(1 - v/v_f) \tag{8.6}$$

式中　k_j——阻塞密度,pcu/m;

　　　v_f——自由车速,m/s。

因此有

$$h_{期望} = l \cdot v_f/(v_f - v) \tag{8.7}$$

8.2.1.2　不良气候条件的车距控制

按照对驾驶员影响的严重程度不同,可以将不良气候分为三类:Ⅰ类是仅影响驾驶员有效视距 S_D 和需调整驾驶员知觉反应时间的气象,如雾天、小雨、下雪初期等;Ⅱ类是仅影响道路路面条件而需改变轮胎与路面之间附着系数的气象,如雨、雪天之后路面积水、潮湿、结冰等;Ⅲ类是既影响驾驶员有效视距又影响道路路面条件,如大雨、大雪等天气。为反映不良天气下车辆行驶最高安全状态和最低安全状态,以下主要考虑三类天气对充分安全间距和基本安全间距两种安全间距的影响。

(1) Ⅰ类气象条件下

Ⅰ类气象条件下由于驾驶员有效视距 S_D 缩短,为了保证交通安全而需要增加驾驶员知觉反应时间 t_1 而调节车辆间距和车速,这种情况下对车流安全控制模型中的变量约束条件的调整分为:

①当有效视距 S_D 大于车辆安全间距 h 时,需要修正驾驶员的必要知觉反应时间 t_1,并相应调整车速 v,使车辆间距 H 满足 $H \geq h$。

式中,若

$$h = h_{充分} = l + (t_1 + t_{1s} + t_2)v + \frac{v^2}{2g\varphi}$$

车流保持充分安全间距行驶,才能够保证城镇公路车流不发生追尾事故。其中,l 是最小车头间距,$l = l_{安} + l_{车}$,$l_{安}$ 是车辆间的最小安全停车间隙,$l_{车}$ 是车辆平均长度;t_1 为知觉反应时间;t_{1s} 为由于天气能见度下降使有效视距缩短,为保证驾驶员知觉反应时间而对 t_1 的修正值;t_2 为驾驶员抬脚到制动生效时间;φ 为轮胎与路面之间的附着系数。若 $h = h_{基本} = l + (t_1 + t_{1s} + t_2)v$,车流保持基本安全间距行驶,在跟车状态下保证最低安全。

②当有效视距 S_D 小于车辆安全间距 h 时,要保证车流运行安全的充分条件是:车队中的每辆车的驾驶员必须清楚地看见其前导车,以确保前导车运行状态突然变化时跟随车驾驶员能及时并有足够的车间距离和时间来采取相应措施。因而这种情况下需要调整车速 v,使车流安全控制模型的变量约束满足

$$S_D \geq H \geq h - L_S$$

式中:L_S 为天气能见度下降使驾驶员有效视距 S_D 缩短,而对有效安全车辆间距 h 的修正,$h = h_{充分} = l + (t_1 + t_{1s} + t_2)v + \frac{v^2}{2g\varphi}$ 或 $h = h_{基本} = l + (t_1 + t_{1s} + t_2)v$,其余同上。

(2) Ⅱ类气象条件下

Ⅱ类气象条件下对车流安全控制模型的影响实质是改变安全车辆间距 h 中的轮胎与路面附着系数的修正值,以及调整从制动开始到制动结束的时间 t_2。此时车辆间距 H 满足:

$$H \geq h$$

式中,h 为充分安全间距时:

$$h = h_{充分} = l + (t_1 + t_2)v + \frac{v^2}{2g(\varphi - \varepsilon)}$$

h 为基本安全间距时,$h = h_{基本} = l + (t_1 + t_2)v$,其中 ε 为不良气候条件对 φ 值的修正系数,其余同上。

此类条件下,改变的是轮胎与路面的摩擦系数,即要对附着系数进行修正。这只影响一般安全间距、充分安全间距,对基本安全间距的影响不大。

(3) Ⅲ类气象条件下

Ⅲ类气象条件下对车流安全控制车流的影响是 Ⅰ、Ⅱ 两类气象条件的综合。

①当有效视距 S_D 大于车辆安全间距 h 时:$H \geq h$;

②当有效视距 S_D 小于车辆安全间距 h 时:$S_D \geq H \geq h - L_S$。

在①和②情况的公式中，h 为充分安全间距时：

$$h = h_{充分} = l + (t_1 + t_{1s} + t_2)v + \frac{v_2}{2g(\varphi - \varepsilon)}$$

h 为基本安全间距时：$h = h_{基本} = l + (t_1 + t_{1s} + t_2)v$。

通过修正后按前述方法仍可求出临界安全间距和临界安全速度。

在实际应用中上式的停车间距 l 受道路交通环境的影响很小，可以视为常数。制动时的车速 v 可从速度表上读出，故对驾驶员来讲是已知的数据。驾驶员的知觉反应操作时间 $t_1 + t_2$ 需要考虑道路行驶和气象条件对人的反应能力、空间视觉功能等生理心理特性的影响进行实验测定并修正。对于制动距离中的轮胎与路面附着系数 φ 及其修正值 ε，由于在路面有水、有雪和结冰等特殊条件下有较大变化，对高速行驶中的车辆的制动距离有很大影响，驾驶员很难依据自己的经验正确判断不同路面条件对 φ 值的修正程度并确定安全车辆间距，所以需要通过科学实验来确定各种特殊气象和路面条件下的 φ 值，并确定出相应的不同车速下的安全车辆间距。

8.2.1.3 不良气候条件下的安全限速

为了保证在各种不良气候条件下的行车安全，除了向驾驶员提供车辆安全间距信息外，还应该向驾驶员提供相应的安全车速，这就要针对不同的气象条件来控制行车速度。车速控制是在道路上设置可变限速标志来限制行车速度，从而使道路上的车辆能够安全有序地行驶，同时提高道路的通行能力。

车辆运行中的转向和制动操作都以车轮和路面之间的附着力为前提，路面积水、积雪、结冰等都会降低车轮和路面之间的附着力，减小路面的抗滑能力，而浓雾、大雨、大雪都会降低驾驶员的能见度。针对不同的行车安全需要，这里主要介绍行驶安全限速和事故安全限速两种安全限速。

（1）行驶安全限速

在不良气候条件下，如果车辆保持基本安全间距行驶，此时车辆速度即保证安全停车所要求速度的最低要求。基本安全间距只与车辆速度和司机的反应时间有关，路面的变化对其没有影响。

①有效视距 S_D 大于基本安全间距 $h_{基本}$ 时，车辆能在保证基本安全的条件下正常行驶。

②有效视距 S_D 小于基本安全间距 $h_{基本}$ 时，把有效视距 S_D 视为基本安全间距 $h_{基本}$，得出相应的行驶车速即为车速限值。即

$$S_D = h_{基本} = l + \frac{vt}{3.6} \tag{8.8}$$

式中　　v——车速，km/h；

　　　　t——为后车司机的反应时间，即知觉反应时间 t_1 与抬脚到制动生效时间 t_2 之和，在不良气象条件下，对其修正为 $t = t_1 + t_{1s} + t_2$，s；

　　　　l——最小车头间距，$l = l_{安} + l_{车}$，m。

可得安全行车限速：

$$v = \frac{3.6(S_D - l)}{t} = \frac{3.6(S_D - l)}{t_1 + t_{1s} + t_2} \tag{8.9}$$

(2) 事故安全限速

为了保证行车安全,车辆行驶过程中驾驶员应该在一定的距离外就能够清晰地辨认前方车道上的障碍物。对于单向行驶车道,这个距离称为停车视距 S,即充分安全间距。

$$S = \frac{vt}{3.6} + \frac{v^2}{254(\varphi - \varepsilon)} + l \tag{8.10}$$

式中　　S——停车视距,m;

φ——路面和轮胎之间的纵向附着系数,在制动过程中不是恒定不变的,而是随着车速、路面结构、轮胎表面花纹、气候条件等因素有关,在不良气候条件下可修正为 $\varphi - \varepsilon$。

Ⅲ 类气象条件为 Ⅰ、Ⅱ 两类气象条件的综合,因此 Ⅲ 类气象条件反映了最不利的情况。

① 有效视距 S_D 大于停车视距 S 时,车辆在道路上行驶时,驾驶员在车内所见到的环境能见度应大于该车速下的停车视距。这样,即使车道上突然出现障碍物或前车突然停住,驾驶员都能及时发现并有足够的时间采取应急措施。

② 有效视距 S_D 小于停车视距 S 时,为了预防浓雾、大雪、大雨天气出现交通事故,应该检测能见度,把检测结果视为停车视距,并找出相应的行驶车速作为事故安全限速值。

$$S_D = \frac{vt}{3.6} + \frac{v^2}{254(\varphi - \varepsilon)} + l \tag{8.11}$$

求得事故安全车速

$$v = \frac{\sqrt{64516(\varphi - \varepsilon)^2 t^2 + 13167.36(S_D - l)} - 254(\varphi - \varepsilon)t}{7.2} \tag{8.12}$$

气象检测仪可根据雾、雨、雪的情况自动计算出能见度 S_D。附着系数 φ 根据不同的车速、轮胎类型、路面状况而变化,在实际计算过程中,采用迭代计算方法,可得出实际摩阻系数 φ 和事故安全限制车速。

8.2.2 不良气候条件下城镇化公路交通安全设施

由于本研究的内容是不良气象条件下城镇化公路的交通安全影响,所研究的公路等级大多数为低等级路段。由于所研究公路等级较低,故一些在高等级道路上所采取的交通安全措施并不适用于城镇化公路的交通安全管理。

8.2.2.1 不良气象下的交通安全标志类别

(1) 固定标志

1) 固定标志牌

不良气象下,在低等级道路上固定标志的设置主要起到提醒驾驶员注意交通安全,限制速度的作用。其设置的位置应该选取不良气象多发路段的前方,以起到提醒驾驶员和限速的目的。

考虑到不良气象对能见度的影响,应对交通标志做适当处理以提高可视距离。如在标志上涂抹反光材料或在交通标志旁设置照明措施,都可以有效地提高可视距离。如图 8.25 和图 8.26 所示。

图 8.25　限速标志　　　图 8.26　多雾路段告示牌

2) 诱导标志

由于城镇化公路等级较低,道路线形标准不高,所以对于道路急弯或陡坡路段,考虑到不良气象下能见度的降低,需要增设线形诱导标志。

轮廓标可以设置在公路的路肩上或附着在路侧护栏上,如图 8.27 和图 8.28 所示。城镇化公路中的柱式轮廓标也可以采用其他反光效果较好而造价较低的材料来代替价格昂贵的视线诱导设施附着于支撑物上。

图 8.27　线形诱导标　　　图 8.28　附着在护栏上的轮廓标

(2) 临时性标志

鉴于固定标志的设置很难覆盖路段全段,所以临时标志的设置也是必不可少的一个方面。在增加投入较少的情况下,临时标志的设置也可以起到较好的作用。如起到提醒作用的临时性标志,其设置的地点大都在收费站、加油站以及服务区附近的路段的设置。在城镇化公路上,临时性标志以折叠式标志为主。折叠式标志的主要作用在于其不仅可以使驾驶员及时了解道路信息和异常条件下的交通状况,另外也可以使道路管理者对交通流进行及时管理。临时性标志还可以起到路线诱导作用,如图 8.29 所示。

图 8.29　临时性诱导标志

折叠式标志,这种标志呈圆形、三角形或长方形。在通常情况下,它们对折在一起,一旦出现异常状况,如交通事故,雨、雾等不良气象出现时便将对折在一起的标志打开,用以指示紧急信息或注意事项等。

8.2.2.2　交通标志设置参数

(1) 路旁标志的识认模型

为了更好地理解雾对路旁交通标志识认的影响,需要对标志的识认进行分析。对于交通标志的识认,驾驶员大致要经历如下过程:发行、认读、理解和行动。交通标志识认模型如图 8.30 所示。

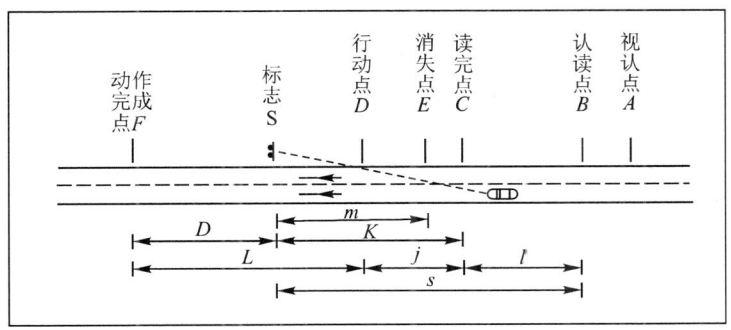

图 8.30　交通标志识认模型

图中标志 S 为路侧标志,通常在行驶过程中驾驶员在视认点 A 处已发现标志 S,但在这点并不能看清其内容;行驶到 B 点时可以看清标志的内容,此时开始读取标志上的信息,到 C 点时读完标志信息,B 到 C 这段距离称为认读标志的距离 l;读完标志后,驾驶员在 C 点开始作出相应的反应,行驶至 D 点反应完毕,这段距离称为反应距离 j;从这一刻开始采取行动,从行动点 D 到行动完成点 F 的距离称为行动距离 L,驾驶员在这段时间内必须安全顺畅的完成必要的动作,如变换车道、改变方向、减速或停车等。从 B 点到标志 S 的距离称为标志的视认距离 s,从读完点 C 到标志 S 的距离记为 K,从消失点 E 到标志 S 的距离称为消失距离 m，标志 S 到动作完成点 F 的距离称为交通标志的前置距离 D。

由于雨、雾的作用，与正常天气条件下对交通标志的识认相比，其视认点 A 要相应提前。同时，由于雾的影响，其认读时间相应增长即由认读点 B 至读完点 C 之间的时间也会增长，但考虑到在雾中车速会比正常天气下的速度较低，其视认距离将在下文阐述。

（2）固定标志识认参数的计算

1）正常天气条件下的参数确定

本研究选取浙江省绍甘线已经设置的限速标志为对象，为了研究雨、雾对其识别能力的影响，对于识别参数的计算我们只考虑视认距离 l 的变化。距离标志认读距离 l 指的是驾驶员由可以看清标志处开始认读标志内容到读完标志信息的距离。其计算公式如下：

$$l = \frac{v}{3.6} t_1 \quad (8.13)$$

式中　v——车辆接近标志时的车速，km/h；

　　　t_1——看完标志牌上内容所必需的时间，s，它取决于标志牌上的字数和语言种类，可根据下式计算：

$$t_1 = t'_1 \times \omega_1 \times \omega_2$$

　　　t'_1——读完一定数量拉丁字母所必需的时间，s，取值参考表 8.12；

　　　ω_1——文种修正系数，根据日本土木研究所实验结果，取值参考表 8.13；

　　　ω_2——汉字复杂性修正系数，以标志板上最复杂的汉字为对象，根据日本土木研究所实验结果，取值参考表 8.14。

表 8.12　认读标志牌上拉丁字母所需时间

字母数	5	10	15	25	30
t'_1/s	1.3	1.5	1.9	2.5	3.2

表 8.13　认读标志牌上拉丁字母所需时间

文字种类	汉字	平假名	片假名	拉丁字母
ω_1	2	1.3	1.2	1

表 8.14　汉字复杂性修正系数

汉字笔画	10 画以下	10～15 画	15 画以上
ω_2	1	1.1	1.2

根据城镇化公路的特点以及以上分析可知，正常天气条件下固定标志视认距离如表 8.15 所示。

表 8.15　正常天气下不同车速对应的限速标志视认距离

速度	120	100	80	60	40
认读距离/m	43.33	36.11	28.89	21.67	14.44

2) 有雨天气条件下的参数确定

在有雨的条件下,由于路面附着系数的下降,导致车辆速度的下降,而且由于雨的影响,也会使得能见度产生一定程度的下降。由此计算得出不同雨天条件下的固定标志的视认距离,如表 8.16 所示。

表 8.16　不同速度以及不同雨天条件下的视认距离

速度/(km/h)	视认距离/m				
	细雨	小雨	中雨	大雨	暴雨
40	17.04	18.05	18.56	21.13	27.60
60	25.57	27.10	27.87	31.71	41.42
80	34.09	36.13	37.16	42.27	55.22
100	42.61	45.16	46.43	52.83	69.02
120	51.13	54.19	55.72	63.39	82.82

3) 有雾天气条件下的参数确定

由于雾的影响,光线在大气中的传播会发生散射现象,即雾对于光有消光作用的存在,这就使得能见度下降,导致视认距离的增加。对于不同雾的浓度需要对于视认距离进行修正。其修正参数为 K,见表 8.17。

表 8.17　有雾天气条件下的修正系数

雾的浓度/m	>1000	500~1000	350~500	150~350	50~150	<50
修正系数	1	1.06	1.09	1.24	1.62	2.13

根据雾天条件下修正系数的视认距离得到有雾天气不同速度条件下的视认距离,如表 8.18 所示。

表 8.18　不同速度以及能见度下的视认距离

速度/(km/h)	不同能见度下的视认距离/m					
	<50 m	50~150 m	150~350 m	350~500 m	500~1000 m	>1000 m
40	30.75	23.39	17.91	15.73	15.30	14.44
60	46.15	35.10	26.87	23.62	22.97	21.67
80	61.53	46.80	35.82	31.49	30.62	28.89
100	76.91	58.49	44.77	39.35	38.27	36.11
120	92.29	70.19	53.72	47.22	45.92	43.33

(3) 临时标志设置参数的计算

临时标志的设置主要考虑锥形诱导标志对于交通流状态的影响。锥形诱导标志设置的主要参数为其设置的间距 $S(\mathrm{m})$,针对不同锥形诱导标志的间距,本书做了车辆遵循试验,即对于不同的设置间距,用录像观测的方式进行车辆遵循的观察试验。试验所选择道路为一处双车道城镇化公路。

其试验方式如下:

①分别在急弯路段设置锥形诱导标志,其设置的间距 $S(m)$ 分别为 0.5 m、1 m、1.5 m、2 m 和 2.5 m,设置如图 8.31 所示。

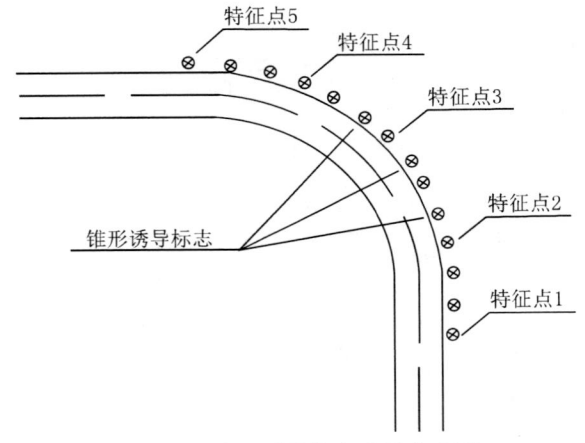

图 8.31　锥形诱导标志设置方式图

②用录像观测的方式记录车辆通过急弯时的行驶轨迹;
③记录车辆经过特征点时与道路边缘的距离;
④分析数据,统计不同车型距离特征点的平均距离。

统计平均距离如表 8.19 所示。

表 8.19　车辆在锥形诱导标志不同设置距离下距特征点间距

设置距离 S/m	距特征点 1 平均距离/m	距特征点 2 平均距离/m	距特征点 3 平均距离/m	距特征点 4 平均距离/m	距特征点 5 平均距离/m
0.5	1.08	1.36	1.29	1.31	1.12
1	1.13	1.33	1.3	1.29	1.05
1.5	1.07	1.28	1.36	1.37	1.09
2	0.98	1.03	1.12	1.15	1.03
2.5	0.92	1.12	1.08	1.09	0.97

由表 8.19 分析得出,车辆在转弯阶段有着向道路中线靠拢的趋势。在锥形诱导标志设置在 0.5~1.5 m 时,车辆可以较好地遵循标线,并刻意与其保持一定距离,在标志设置间距超过 2 m 时,驾驶人员便有了贴近诱导标线的趋势,这说明,标志设置的距离如果过大,对交通流的诱导作用就会减弱,因此建议设置间距在 0.5~1 m,建议取值 0.8 m。

8.2.2.3　安全标志的有效性验证

(1)提醒标志的有效性研究

本研究对于交通标志有效性验证主要考虑了大雾情况下,交通提醒标志对于驾驶员速度的影响,从而判断标志设置的有效性。

1)试验方案

本研究在调查雾对交通流影响的同时,做了大雾条件下标志有效性验证的试验。其试验方案如下:①选取一处雾多发路段,地点是浙江省 S32 绍甘线一处雾多发路段。②当雾发生时在雾区设立一标志牌,上面书写"进入雾区,小心行驶"字样,如图 8.32 所示。③分别在路段上下游设立速度检测人员,速度记录为记录通过设立点的车辆的瞬时车速,并每 15 min 统计一次平均车速。记录见表 8.20。

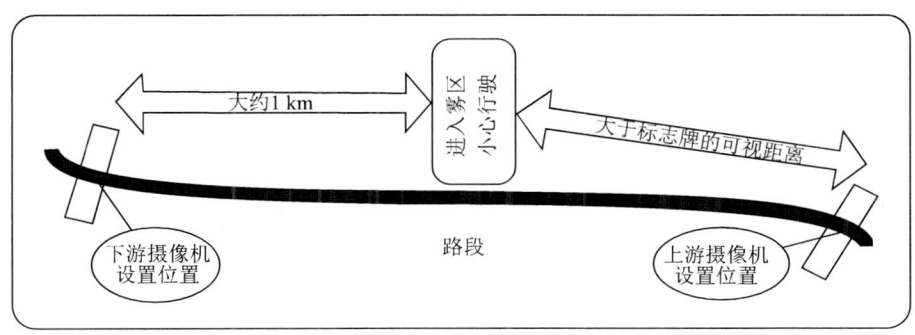

图 8.32　路段标志以及速度测量位置

2) 试验数据

第一次雾时上下游速度数据见表 8.20。

表 8.20　第一次雾时上下游交通流统计

速度		上游数据		下游数据	
速度范围/(km/h)	中位速度/(km/h)	车辆数/辆	频率/%	车辆数/辆	频率/%
38~40	39	13	4.14	15	4.78
41~43	42	22	7	27	8.6
44~46	45	30	9.55	36	11.48
47~49	48	38	12.1	44	14.01
50~52	51	41	13.06	52	16.56
53~55	54	47	14.97	44	14.01
56~58	57	33	10.51	28	8.92
59~61	60	30	9.55	23	7.32
62~64	63	29	9.24	19	6.05
65~67	66	13	4.14	12	3.82
68~70	69	7	2.23	5	1.59
71~73	72	6	1.91	4	1.27
74~76	75	2	0.64	4	1.27
77~79	78	3	0.96	1	0.32
合计		314	100	314	100

第一次上下游速度对比如图 8.33 所示。

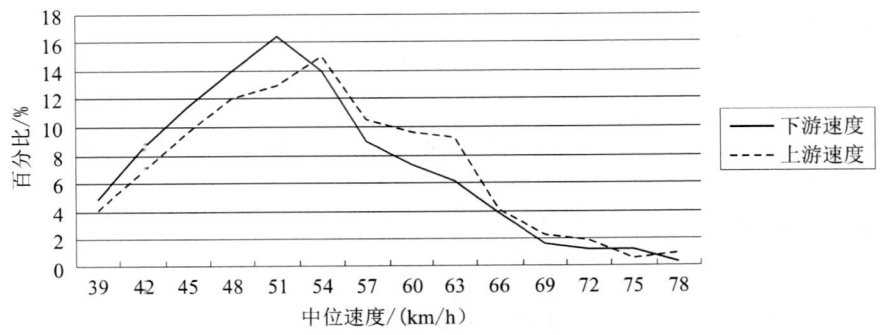

图 8.33　第一次雾时上下游速度对比图

第二次雾时上下游速度数据见表 8.21。

表 8.21　第二次雾时上下游交通流数据

速度范围/(km/h)	中位速度/(km/h)	上游数据		下游数据	
		车辆数/辆	频率/%	车辆数/辆	频率/%
38~40	39	14	4.96	16	5.67
41~43	42	28	9.93	31	10.99
44~46	45	38	13.48	46	16.31
47~49	48	59	20.92	54	19.15
50~52	51	42	14.89	48	17.02
53~55	54	56	19.86	50	17.73
56~58	57	21	7.45	23	6.03
59~61	60	7	2.48	9	3.19
62~64	63	7	2.48	6	2.13
65~67	66	6	2.13	3	1.06
68~70	69	3	1.07	2	0.71
71~73	72	1	0.35	0	0
74~76	75	0	0	0	0
77~79	78	0	0	0	0
合计		282	100	282	100

第二次上下游速度对比如图 8.34 所示。

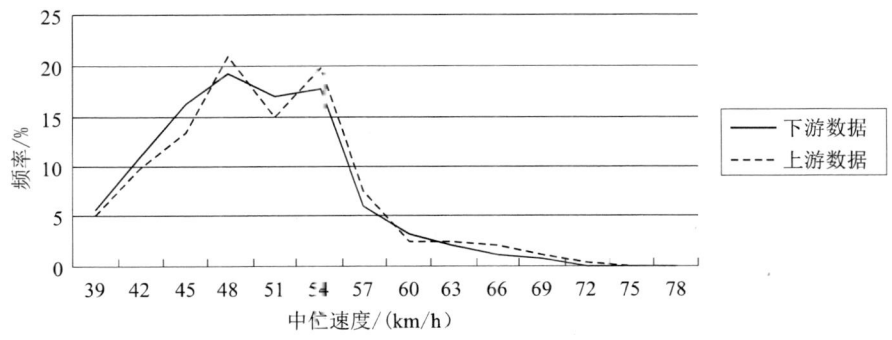

图 8.34 第二次雾时上下游数据对比图

3）数据整理

对比两次速度数据可以发现，当车辆运行到下游时其频率曲线较比车辆在上游时的曲线产生了向左偏移的趋势。经过计算分析表明，在第一次雾发生时其下游速度比车辆在下游时平均下降了 1.41 km/h，其平均速度下降了 2.62%。第二次雾发生时其下游速度比车辆在下游时平均下降了 0.72 km/h，其平均速度下降了 1.41%。这表明提醒标志的设置起到了对驾驶员提醒的作用，使其对驾驶速度做出了调整。

(2) 限速标志的有效性验证

为了验证限速标志对车流的影响，本研究选择浙江省绍兴市绍甘线（S32）K18+500一处限速 60 km 的路段作为调查对象。其调查数据如表 8.22、图 8.35 所示。

表 8.22 交通流速度分布表

速度范围/(km/h)	中位速度/(km/h)	观测车辆数及频率		累计观测车辆数及累计频率	
		车辆数/辆	频率/%	车辆数/辆	频率/%
38~40	39	14	4.69	14	4.69
41~43	42	28	9.38	42	14.06
44~46	45	21	7.03	63	21.09
47~49	48	38	12.50	101	33.59
50~52	51	59	19.53	159	53.13
53~55	54	42	14.06	202	67.19
56~58	57	56	18.75	258	85.94
59~61	60	21	7.03	279	92.97
62~64	63	7	2.34	286	95.31
65~67	66	7	2.34	293	97.66
68~70	69	7	2.34	300	100.00
合计		300	100		

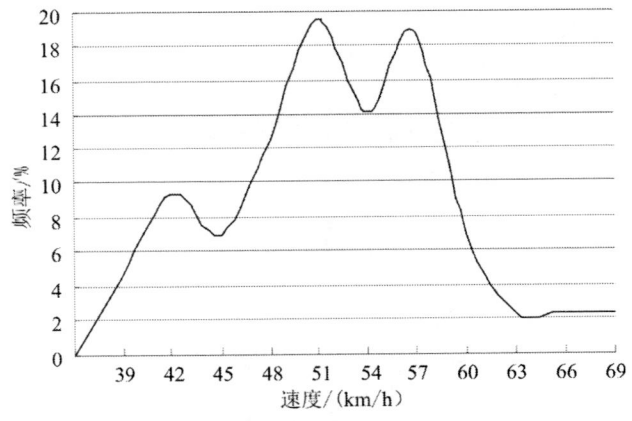

(a) 速度频率分布曲线图

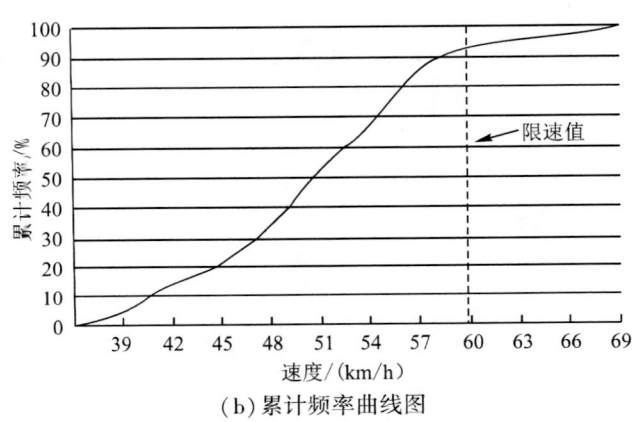

(b) 累计频率曲线图

图 8.35　所有车辆的速度分布曲线图

该点共观测了 300 辆汽车的行驶速度，其中客车 190 辆，货车 110 辆。统计结果显示：所有调查车辆的平均速度为 52.02 km/h，均方差为 6.85 km/h，v_{85} 为 58 km/h，v_{15} 为 44 km/h，驾驶员对于限速值的服从率是 91.67%。这证明限速标志对车辆的速度控制较好。

8.2.2.4　不良气候下其他的交通安全设施

(1) 增设减速带

雨天对道路行车安全的影响主要是制动距离及制动特性。城镇化公路的技术标准普遍较低，路侧一般采用排水性能较差的土边沟进行排水，有些城镇化公路甚至不设置边沟，在无其他排水设施且路面坑洼不平的情况下，极易造成路面积水，车辆行驶在积水路面上时，由于路面湿滑，制动作用距离明显加长，遇到险情车辆不能及时停止，极易导致事故发生。据统计，路面湿润时的事故率大约是干燥路面的 2 倍。而且如果车辆在积水的路面上紧急制动或制动过猛，由于路面上附着力减小，很容易使制动力超过附着力，引起侧滑。

调查资料显示，在城镇化公路上，中型及小型货车的交通量常常占折算后总交通量的 40% 以上。值得注意的是，空载货车雨天行驶在下坡路段时特别容易发生事故。因为空载货车在制动时最容易引起左右摇摆，尤其是空载的中、小型货车，在制动时的摇摆性最强,若再遇有急弯,还有发生侧翻的可能。所以应使车辆下坡前就开始减速,在下坡时采用发动机制动,才能减小上述情况发生的可能性。因此,多雨地区城镇化公路下坡和急弯路段的车速限制尤为重要。

建议在城镇公路的下坡和急弯路段增设振荡减速标线。振荡型减速标线有两个显著的特性:首先,具有良好的雨夜可视性,普通减速标线的涂料是较为光滑的平面,在夜雨环境中极易被雨水淹没,而失去标线的回归反光特性;振荡型道路标线凸起块之间的间隙能形成众多的排水沟,因而此类标线始终有一部分凸起块突出水面,能保持该类标线的雨夜反光。其次,振荡型标线上的凸起块在车轮的碾压下会发出一种轰隆声,能提醒驾驶人员,保证行车安全。震荡减速标线如图 8.36 所示。

图 8.36　震荡减速标线

(2)增设减速带、减速带标志

减速带是指在路幅宽度正常范围内较正常路面高度隆起的强制性减速设施,通常设置在平面交叉口支路进口道上或路侧干扰较大、行人或非机动车流量较大的集散性公路、支路。其作用是强制高速行驶的车辆减速,能够在出现紧急情况时采取有效地制动措施,避免与其他车辆或行人碰撞,达到预防和减少交通事故的目的。减速带是一种较为有效的限速手段,且工程造价低、经济实用,在我国公路的平交路口应用较多,实施效果明显。

水泥混凝土减速带和橡胶减速带是目前最常用两种减速带形式。水泥混凝土减速带具有经济、耐用、便于施工的优点,但缺点是由于弹性不足,随之增加的冲击力可能会对汽车的安全行驶产生不利的影响。实验结果表明,当货车通过不同材料的两种减速带时,由于水泥混凝土减速带刚性较大,给驾驶员的不舒适感较强,因此使用橡胶减速带效果稍好一些。所以建议在城镇化公路的支路上设置橡胶减速带,这样在雨天可以控制进入主线车辆的速度,提醒驾驶员注意主线直行车辆的运行状况,避免盲目驶入主线而与主线车辆发生碰撞。

(3)安全护栏

在不良天气条件下,路侧护栏能防止失控车辆冲出路外,碰撞路边障碍物或其他设施,其设置主要以路侧事故严重度为依据,间断布设,具体布设地点为:路堤填土高度大于 3 m 的路段;路侧有河流、池塘等危险路段;路侧有需要提供保护的结构物(桥墩、大型标志柱、紧急电话等);路侧护栏最小设置长度为 70 m。

参考文献

[1] 中国统计年鉴,国家统计局.中国统计年鉴[M].北京:中国统计出版社,2021.

[2] 刘运通.道路交通安全指南[M].北京:人民交通出版社,2004.

[3] WEE P P,TIAN Q Q.Assessment of urban road traffic safety based on bayes discriminant analysis method[J].Advanced Materials Research,2013(639,640):544-547.

[4] OPPE S.Development of traffic and traffic safety:global trends and incidental fluctuations[J].Accident Analysis and Prevention,1997,23(5):413-422.

[5] American Association of State Highway and Transportation Officials. A Policy on geometric design of highways and streets[M].Washington D C:2001.

[6] 刘志强,王文锦,李亚强.论道路交通安全环境[J].中国安全科学学报,2002,12(4):27-30.

[7] 裴玉龙.道路交通事故成因分析及预防对策研究[D].南京:东南大学,2002.

[8] 郑柯,容建,任福田.高速公路平曲线半径与车辆行驶速度之间的关系分析[J].公路交通科技,2003(2):28-30.

[9] 徐道涵.双车道公路线形安全评价研究与应用[D].西安:长安大学,2005.

[10] 杨宏志,许金良,李健士.基于计算机仿真的公路线形设计评价[J].中国公路学报,2005,18(1):14-18.

[11] 刘国富.青海省长大下坡工程安全改善对策与措施研究[D].西安:长安大学,2007.

[12] 周荣贵,江立生,孙家凤.公路纵坡坡度和坡长限制指标的确定[J].公路交通科技,2004(07):2095-2104.

[13] REAGAN J A.The interactive highway safety design model:designing for safety by analyzing road geometrics[J].Public Roads,1994,58(1):41-45.

[14] 唐琤琤,吴凡.标志设置的路侧安全性考虑及对策[J].公路交通科技,2005,37(9):142-145.

[15] 交通部公路安全保障工程技术组.公路安全保障工程实施技术指南[M].北京:人民交通出版社,2007.

[16] 张殿业,陆化普.道路交通安全管理评价体系[M].北京:人民交通出版社,2005.

[17] RAYMOND A K.Interactive highway safety design model:design consistency module[J].Public Roads,1997,9(10):47-51.

[18] 刘运通.道路交通安全宏观评价[J].中国公路学报,1995(6):158-162.

[19] 郑柯,容建,任福田.高速公路平曲线半径与车辆行驶速度之间的关系分析[J].公路交通科技,2003(2):28-30.

[20] 陈永胜,刘晓明.道路安全设计理论体系回顾与展望[J].北京工业大学学报,2001,27(1):1-3.

[21] 李淑庆.道路线形车速与交通事故的关系[J].重庆交通学院学报,1993,12(1):71-79.

[22] 钟小明,刘明,荣建,等.基于高速公路路线设计一致性的中型卡车运行速度模型研

究[J].公路交通科技,2005,22(3):92-96.
[23] 钟小明.平曲线半径及纵坡对高速公路自由流运行速度的影响[D].北京:北京工业大学,2002.
[24] 刘士奇,王剑平,张毓贤.公路交通安全评价指标体系探讨[J].北方交通大学学报,1994,18(4):582-585.
[25] 刘志强.道路交通安全研究方法[J].中国安全科学学报,2000,10(6):14-19.
[26] 刘志平.我国道路交通安全现状分析与对策[J].交通科技,2003(1):11-13.
[27] 路平,龚瑞康.道路交通事故的基本规律与对策[J].长沙交通学院学报,1999,15(4):77-81.
[28] 郭腾峰,刘建蓓,汪双杰.基于运行速度特征的公路平曲线设计半径推荐取值研究[J].中国公路学报,2010(S2):8-12.
[29] 程文,郭忠印,孔令旗.路线线形与道路安全关系的研究[J].合肥工业大学学报(自然科学版),2002,25(5):703-706.
[30] 徐宝龙,杨春东.道路条件与交通安全关系研究[J].河北工业大学成人教育学院学报,2001,16(3):18-21.
[31] JESSEN D R, SCHURR K S, MCCOY P T, et al. Operating speed prediction on crest vertical curves of rural two-lane highways in Nebraska[J]. Transportation Research Record, 2001(1751):67-75.
[32] 潘晓东,杨轸,朱照宏.驾驶员心率和血压变动与山区公路曲线半径关系[J].同济大学学报(自然科学版),2005,33(7):900-903.
[33] 周伟,罗石贵.路段交通事故多发点的冲突判定方法[J].中国公路学报.2000,13(1):81-86.
[34] 郑柯,江立生,容建,等.高速公路平曲线半径对行车心生理反应影响研究[J].公路交通科技,2004,(5)5-7.
[35] 徐道涵.双车道公路线形安全评价研究与应用[D].西安:长安大学,2005.
[36] 梁夏.公路几何线形与道路安全性关系的研究[D].上海:同济大学,2002.
[37] 杨宏志,许金良,李健士.基于计算机仿真的公路线形设计评价[J].中国公路学报,2005,18(1),14-18.
[38] MISAGHI P, HASSAN Y. Modeling operating speed and speed differential on two-lane rural roads[J]. Journal of Transportation Engineering, 2005, 131(6):408-418.
[39] 胡圣能.双车道二级公路平曲线要素与交通安全关系研究[D].西安:长安大学,2006.
[40] 苏英平.双车道二、三级公路纵断面线形与交通安全的关系[D].西安:长安大学,2006.
[41] 周晓光.青海省长大下坡交通事故预测模型的建立[D].西安:长安大学,2007.
[42] AMUNDSEN F H, RANES C X. Studies on traffic accidents in Norwegian road tunnels[J].Tunnelling and Undergrcund Space Tencnology,2000,15(1):3-12.
[43] PAL R, SINHA K C. Optimization approach to highway safety improvement programming

[J].Journal of the Transportation Research Record,2007,1640(1):1-9.
[44] 刘运通.道路交通安全的宏观模糊评价模型[J].中国公路学报,1995,8(1):169-175.
[45] 王继山,高志安.宽行车道边线与交通安全[J].辽宁交通科技,1998(4):37-40.
[46] 杨少伟,许金良,李伟,等.路线设计中车辆行驶速度预测模型[J].长安大学学报(自然科学版),2003,23(3):53-55.
[47] 李建士.路线安全设计方法的研究与应用[D].西安:长安大学,2004.
[48] 韩跃杰.道路横断面因素对自由流车辆行驶速度及交通安全影响研究[D].西安:长安大学,2006.
[49] JEFFREY F P, FORREST M C. The highway safety information system: transforming data into knowledge[J].Public Roads,1997,32(1)129-140.
[50] 邹健.论道路线形设计对交通安全的影响及改善措施[J].公路,2002(6):42-47.
[51] HAUER E TERRY D, GRIFFITH M S. Effect of resurfacing on safety of two-lane rural roads in New York State[J]. Transportation Research Record 1467, 1994:30-37.
[52] GWYNN D W. Relationship of accident rate and accident involvements with hourly volumes[J].Traffic Quarterly,1967,21(3):407-418.
[53] 石茂清.道路交通安全设施设计研究[D].成都:西南交通大学.2005.
[54] 张乃苍,张朴.公路路线纵坡设计问题的研讨[J].西安公路学院学报,1989(9):9-20.
[55] 杨少伟.道路勘测设计[M].2版.北京:人民交通出版社,2004.
[56] 中华人民共和国交通部.公路工程技术标准:JTG B01—2003[S].北京:人民交通出版社,2004.
[57] 中华人民共和国交通部.公路路线设计规范:JTG D20—2006[S].北京:人民交通出版社,2006.
[58] 杨少伟,许金良,李伟,等.路线设计中车辆行驶速度预测模型[J].长安大学学报(自然版),2003(3):51-55.
[59] 陈胜营,张剑飞,汪亚干.运行速度与道路设计[J].公路,1998(11):40-43.
[60] FITZPATRICK K,ELEFTERIADOU L, HARWOOD D W,et al. Speed prediction for two-lane rural highways[R].Virginia:Federal Highway Administration,2000.
[61] SOLOMON D.Accidents on main rural highways related to speed, driver, and vehicle[R].Washington D C:Federal Highway Administration, 1964.
[62] 张开冉,李国芳.限速条件下驾驶员行车速度选择问题研究[J].公路交通科技,2003,20(5):75-77.
[63] 雷斌,许金良,刘洁.长大上坡路段载重汽车运行速度预测模型[J].长安大学学报:(自然科学版),2013,33(6):8-15.
[64] 张亚平.高速公路速度-流量模型研究[J].中国公路学报,2000(3):75-79.
[65] 杜博英.运行速度与道路线形[D].上海:同济大学,2003.
[66] 中华人民共和国交通部.公路项目安全性评价指南:JTG/T B05—2004[S].北京:人

民交通出版社,2004.
[67] 陈胜营,汪亚干,张剑飞.公路设计指南[M].北京:人民交通出版社,2000.
[68] 唐琤琤,张铁军,何勇,等.道路交通安全评价[M].北京:人民交通出版社,2008.
[69] 李丽芳,马璐.山区高速公路特殊路段安全保障措施研究初探.公路交通技术,2006, (6):133-135.
[70] CEDER A. LIVENH M. Relationship between road accident and hourly trafficflow – I and II[J]. Accident analysis and prevention,1982,14(1):19-44.
[71] 赵新才.交通事故多发点整治原则、方法与策略[J].重庆道路交通管理,2002(6): 1-33.
[72] 高海龙,李长城.路侧安全设计指南[M].北京:人民交通出版社,2008.
[73] 刘小明,段海林.平面交叉口交通冲突概率分布模型及安全评价标准研究[J].交通工程,1997(1):32-37.
[74] American Association of State Highway and Transportation Officials. Roadside design guide 2002[S]. Washington D C,USA,2002.
[75] 刘小明,段海林.平面交叉口交通冲突技术标准化研究[J].公路交通科技,1997,14 (3):29-34.
[76] American Association of State Highway and Transportation Officials. Highway Safety Design and Operations Guide[S]. Washington D C,USA,1997.
[77] 罗石贵,周伟.路段交通冲突技术研究[J].公路交通科技,2001,(1):65-68.
[78] 王海星,肖贵平.基于交通量的平面信号控制平面交叉口交通冲突模拟研究[J].中国安全科学学报,2004,14(3):20-22.
[79] 成卫,丁同强,李江.基于知识库的平面交叉口多相位信号设计理论研究[J].公路交通科技,2003,(3):137-139.
[80] 交通部公路安全保障工程技术组.公路安全保障工程实施技术指南[M].北京:人民交通出版社,2007.
[81] 过秀成.道路交通安全学[M].南京:东南大学出版社,2001.
[82] 刘德武.平面交叉口的交通组织与管制[J].公路与汽运,2002,(6):60-62.
[83] 王跃辉.基于交通安全的指路标志位置确定及调查方法研究[D].上海:同济大学,2003.
[84] 杨宏志,许金良.公路设计与仿真协同框架[J].重庆交通学院学报,2004,23(2):36-39.
[85] HUYBERS S, HOUTEN R, MALENFANT J E. Reducing conflicts between motor vehiclesand pedestrians: The separate and combined effects of pavement markings and a sign-prompt[J]. Journal of Applied Behavior Analysis,2004,37(4):445-456.
[86] 杨宏志,许金良.基于 Multi-Agent 的公路仿真系统框架[J].西安:长安大学学报(自然科学版),2005,25(1):28-31.
[87] 许金良,叶亚丽,苏英平,等.双车道二级公路纵坡段车辆运行速度预测模型[J].中国公路学报,2008,(6):31-36.
[88] 高海龙,李长城.路侧安全设计指南[M].北京:人民交通出版社,2008.

[89] 李长城.路侧安全灰色聚类评估方法研究:国际公路安全研讨会论文集[C].北京:人民交通出版社,2005.

[90] 唐琤琤,吴凡.标志设置的路侧安全性考虑及对策[J].公路交通科技.2005,37(9):142-145.

[91] 张殿业,陆化普.道路交通安全管理评价体系[M].北京:人民交通出版社,2005.

[92] 冯桂炎.山区道路交通安全属性评估[J].人车路,2003,5:10-14.

[93] Nicolas Saunier, Tarek Sayed. Automated analysis of road safety with video data[J]. Transportation Research Record,2007,2019:57-64.

[94] 张开冉,陈刚.道路边缘线对驾驶行为影响的研究[J].人类工效学,2001,7(13):15-17.

[95] 刘志强,王文锦,李亚强,等.论道路交通安全环境[J].中国安全科学学报,2002,12(4):27-30.

[96] 乔建刚.基于驾驶员因素的山区双车道公路关键参数研究[D].北京:北京工业大学,2006.

[97] 唐铮铮,张铁军,何勇.道路交通安全评价[M].北京:人民交通出版社,2008.

[98] 徐道涵.双车道公路线形安全评价研究及应用[D].西安:长安大学,2005.

[99] 刘士奇,王剑平,张毓贤.公路交通安全评价指标体系探讨[J].北方交通大学学报,1994,18(4):582-585.

[100] 赵恩棠.国外公路交通安全[J].公路交通科技,1999,16(A1):54-56.

[101] 刘志强,王文锦,李亚强,等.论道路交通安全环境[J].中国安全科学学报,2002,12(4):27-30.

[102] 赵文光.水泥混凝土安全护栏[J].筑路机械与施工机械化,1994,1(2):9-14.

[103] 应朝阳.美国关于行车交通安全的研究[J].海外观察,2006(6):60-67.

[104] 黄天,方守恩,时晨.从驾驶员工作负荷视角评价公路线形设计一致性[J].山东交通科技,2003(4):71-73.

[105] 陈雪梅,魏中华,高利.驾驶员制动速度与生理反应的混合效应模型[J].江苏大学学报,2008(3):214-217.

[106] 杨宏志.人车路与环境系统仿真构架及实施策略研究[D].西安:长安大学,2003.

[107] 赵海青.基于驾驶员认知的车辆安全综合评价研究[D].北京:北京林业大学,2006.

[108] 张利,汪林.不利气象条件对公路交通安全的影响及对策[J].公路交通科技.2011(S1):120-123.

[109] 罗江涛,刘小明,任福田.道路交通安全的宏观模糊评价模型[J].中国公路学报.1995,8(4):78-83.

[110] 李淑庆.试论我国道路交通事故的特征及道路交通安全设施对减少交通事故的作用[J].重庆道路交通管理,2002(5):32-33.

[111] 刘晓辉.我国道路交通事故特征分析研究[J].科学之友,2013(12):130-131.